輕鬆做好準備，躍向人生顛峰

慣習

Sind Sie bereit für
den Sprung
nach ganz oben?

Habitus

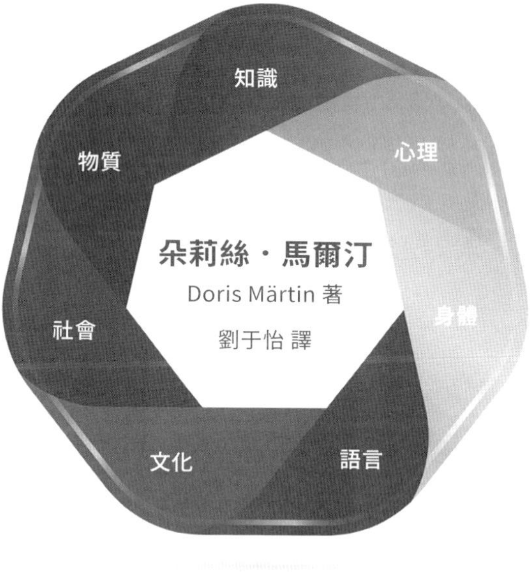

朵莉絲・馬爾汀
Doris Märtin 著
劉于怡 譯

推薦序

拓展我們的視野，去培養正向且良好的「慣習」

畢德歐夫

《慣習 Habitus》這個書名，一開始不太懂爲什麼不稱爲習慣，經過一番理解與查證後，慢慢更認識了這本書的涵義，慣習比較像是一個人的氣質與人格特質養成。很多人總以爲這個社會大家的財富應該都差不多，只有少數人是因爲上一代留下來的財富，所以才能栽培出一個又一個優秀的下一代。其實，富人家的孩子也沒有比較輕鬆，但他們的父母確實在他們年幼時，更嚴格地要求一些「慣習」的養成，這對於未來的人生道路有著莫大的幫助，導致我們看他們會覺得很輕鬆。

在這本書中，作者清楚分析了中產階級以上跟以下的差異，如果可以的話，我們當然也希望可以將孩子培養得更好，讓他們不管在學業上或求職上都更順暢，但一般家庭並沒有辦法這麼輕易認識到富人，更遑論一窺究竟。

書中有段話是這麼說的：「下一代的責任感與合宜的應對進退必須及早訓練，才能從小就學會用來標示階層差異及展現優越的慣習。」德國青少年生活環境調查顯示，中間上層階級的父母帶給下一代的是批判能力、生態及環保意識，以及文化修養，像是語言、音樂、社會參與。中間下層階級的家庭傳給下一代的核心態度是積極進取、腳踏實地，以及遵守規則。而無論前者或是後者，成就取向及牢靠的價值觀都是教養的焦點。

現在是網路資訊大爆炸的年代，書中提到：「在二十一世紀成功的關鍵在於，是否能從知識中創造經濟價值：活用知識，對已知進行批判性思考，嘗試連結各種知識，並公開分享，化繁為簡，或轉化成高超的技能。」這點我亦深有所感，假如只是一味認為完成了大學或碩士的學歷，出社會就可以順風順水，薪資節節上升，那眞的是天方夜譚。因為値錢的是如何呈現「價値」讓群眾認識，這個能力就可以賺到更多利潤。

作者也提到了，學歷絕對是必要的一環。根據調查，父母親都是高學歷的人，那孩子一樣是高學歷的機率就是比別人高上許多。各種形式的知識仍然還是珍貴的資本，至少在我們所處的社會還是。對個人而言，知識也是資本，擁有愈多知識，慣習散發出來的氣質也愈加從容自在。

此書最後提到九組詞彙，可清楚說明中間與上層社會的差異，並不是說中間階層就不好，而是如果要往上突破更高的天花板，那一定需要些什麼元素去改變才行。企圖心強的人必須試著改變自己的慣習，擁有愈充裕的知識、金錢、文化、社交、語言、身體和精神這七大資本，就愈容易改變慣習。

這本書也提出非常多的證據去佐證，我們也許沒辦法當富二代或富三代，但至少透過此書可以拓展我們的視野，進而去培養正向且良好的「慣習」，這樣就有機會讓孩子具備能力去突破現有階層的框架。

看完這本書只覺得如果能早十年理解這些事情，那該有多好，相信你們閱讀完也會有這樣的感受。

（本文作者爲最會說故事的理財作家，著有《我在計程車上看到的財富風景》）

推薦序

英雄不怕出身低？關鍵在於慣習！

愛瑞克

人們都說「英雄不怕出身低」，一個人若擁有強烈的企圖心，自然會突破層層阻礙，去實現始於他的英雄旅程。以前我認為，成功與否的關鍵在於一個人的心態和性格，當然還有某些不容易被具體形容的因素影響著；讀完此書，我發現「慣習」就完整代表了那一切的因素！

書中將慣習有關的「資本形式」分成了七大類，乍看之下，想要面面俱到並不容易；但讀完此書，我反而覺得不難。原因在於，並不是要這七種資本同時獲得高分才會成功，有些人光憑顯著突出的某幾項，就足以躍升到社會上層（當然若可同時具備較多項，成功機率又更高）。此外，作者提供了可行方法，讓每一個人都可以按部就班去累積這些資本，人人都可以。

儘管此書談到一個人出身環境非常重要，但並非宿命論。富裕的父母會將他們的優勢和特權地位傳給下一代，然而，富家子弟還是要自己發憤努力，才能延續這樣的優勢。當其他人都在努力累積資本的時候，一個不斷消耗資本的人總有一天會出現「死亡交叉」，也就是原本領先的狀態轉而落後，因爲大家都在超越他。

我小時候家裡開工廠，父親在年輕時就創辦一家鋁製網球拍的代工廠，顛峰時期員工人數達到近百人。父親發跡得早、三十多歲就事業有成，因此我小學之前算是小康之家，衣食無虞，但家裡崇尚節儉，因此也不能隨便花錢。一九八〇年代，整個鋁製網球拍產業逐漸被中國大陸取代，父親也因此被迫關閉工廠、遣散員工，我們家的經濟狀況有如雪崩。我就讀碩士班期間，是家裡經濟最吃緊的時候，我必須半工半讀來完成學業。順利畢業後謀職，雖然每月薪水有三萬八，在台北房租子花掉一萬一，還要拿一萬給爸媽補貼家用，想要在台北存錢，難上加難。然而，我工作後不到十六年，卻提早存夠了退休金，裸辭、投入公益和推廣閱讀。十六年內翻轉貧窮、提早退而不休，關鍵就在於從小所累積的慣習，持續在發揮作用。

按照書中的七種資本來看，自己是贏在剛出社會時，累積許多「知識資本」和「心理資本」，並且在職期間快速累積「物質資本」「社會資本」「語言溝通資本」；離開職場之後，我著重在「文化資本」「身體資本」的累積。一個人並不需要同時面面俱到，任何一種資本的累積都將明顯有助於我們發展，有時快、有時慢，但一切都在累積。

原來，一個人終其一生是否能夠獲得成功又幸福圓滿，光靠蠻勁、苦幹實幹，也未必會出人頭地，因爲努力的人太多，所以還需要用對方法！此書具體指出，該在哪些面向上去付出有效努力，翻轉貧窮、改變人生會變得更容易。我認爲，無論是出身具有優勢的環境，還是艱苦困頓的環境，只要能用對方法、有效努力，人人都可以活出豐盈圓滿的人生。

願好的慣習與你同在！

（本文作者爲TMBA共同創辦人，著有《內在原力》系列作品）

CONTENTS

Chapter 1

要先振翅才能高飛

慣習如何決定我們的生活、機會及社會地位

Chapter

2

知識資本

你的能力

Chapter 3

物質資本

你擁有的東西

Chapter

4

社會資本
你認識的人

Chapter 5

文化資本

如何脫穎而出

Chapter 6

身體資本

如何體現你的社會地位

Chapter 7

語言溝通資本

你的說話方式

Chapter 8

心理資本

你面對事物的態度

Chapter

1

要先振翅才能高飛

慣習如何決定我們的生活、機會及社會地位

所謂的「世界精神」並不想鉗制或約束我們，它要我們一步一步向上躍升。

——赫曼・赫塞

它就像氣場一樣，總是環繞在人身邊，無論是去開會或約會，參加商務餐敘或在投票亭裡，去看房子、參觀幼兒園或在超市裡，它都與你同在。它決定你如何計畫人生，是否受人尊崇；決定你思考、居住、飲食及說話方式；決定你是否能隨遇而安，是否勇於嘗試；決定你在社會上的地位，以及是否能接受生命的挑戰而成長茁壯。

這個它，就是所謂的「慣習」，決定我們在這個世界所有行爲，每個人都有。但某些人身上所具備的慣習，能使人披荊斬棘，走出康莊大道；而另一些人身上的慣習，不僅使人無法展翼高飛，甚至在想大步向前時形成障礙。不過，這可以改變。至於如何改變，就是本書的主題。

含著金湯匙出生

斑鬣狗是種群居動物，生活在一個相當複雜的社會結構裡。居主導地位的雌性斑鬣狗，率領一群最多可達一百隻的斑鬣狗，形成階級分明的族群。也就是說，對一隻剛出生的斑鬣狗來說，出生洞穴之所在，決定了牠一生的發展。如果牠的母親屬於族群裡的上層階級，那麼這隻幼獸美好的一生也隨之展開。這是柏林萊布尼茲動物園暨野生動物研究中心研究員奧利佛．漢那及貝蒂娜．瓦赫特在坦尚尼亞的研究結果。在恩戈羅恩戈羅火山口多年的研究經驗，他們知道：「若母親身居上層，幼獸打從出生起就享有極大的優勢。」❶

階級低下的雌性斑鬣狗，分娩後不久就要出去追捕獵物。而斑鬣狗界的王子、公主卻可以在母親的庇蔭下安心成長，因上層雌性斑鬣狗不必自己出去獵捕，牠只要命令別人出去，之後再從那些地位不夠高的雌性斑鬣狗，取走牠所需要的東西即可。而牠的後代，直接受益於這樣的優勢：出生在上層洞穴的幼獸，能得到較好的保護，也可以獲得更好的營養，因此成長較快。而且牠們從小便熟悉上層斑鬣狗的典型行為模式，可說是從母奶中就獲得保證成功的慣習，使牠們一生都處在族群的上層。出身於上層家庭的雌性斑鬣狗，也會變成斑鬣狗母性社會中的領導者，雄性斑鬣狗則會加入新的族群，知道如何討得最具主導優勢的雌性斑鬣狗歡心，能比對手更早且更頻繁地產生後代。

領養的斑鬣狗幼獸也跟養母的社會地位一樣，從這一事實中，我們可以看出斑鬣狗幼獸的地位是由社會繼承而得。而領養與親生的幼獸之間的地位高低，則與牠們是領養或親生並沒有什麼關係。❷

就像斑鬣狗一樣，人類也是以不同的條件開始一生的發展。

根據一個人出生在上層、下層或中間階級，一個成功因子是多或寡的慣習也就形成了。這也造成一個人在行爲、生活方式、社會地位、語言、資源、成功機會及生活期望等各方面前進的推力或阻力。

細微的差異

我十六歲時到法國當交換學生，第一次明確體會到慣習所導致的差異。我們這一團來自巴伐利亞東部的中學生，到離艾菲爾鐵塔十公里左右的巴黎近郊參訪遊學。隨團老師將我這個頗受家庭保護的典型西德中產階級小孩，分配給這樣一個接待家庭：住在灰暗無光的公寓大樓住宅區裡，父母是輪班上工的工人，晚上打開義大利餃子罐頭熱一熱就是晚餐，拉開廚房抽屜還會發現蟑螂。這種地方我待上一天已經非常勉強，但隨團老師只是聳聳肩，在沒有手機，沒有 WhatsApp 的年代裡，爸媽也是遠水救不了近火。這時，我的一位朋友說服她的接待媽媽，讓我跟她住在一起。如同童話一般，我突然置身於一個富商家庭裡：雕花天花板、古董家具、父母之間仍然使用敬語稱呼彼此、餐桌上談論的是高尚的話題、家庭音樂會、龍蝦，書架上是封面燙金，內頁採用聖經紙印刷的七星文庫版法國文學經典名著。典型的法國大資產階級，或者至少很像是。不過這樣的生活方式也跟我家截然不同，儘管這一切都讓人心動，我努力想融入，也受到非常友善的待遇，但是，我仍然無法擺脫身處異境的陌生感：無論我多努力，我的數學或法文成績再好，但這仍然不是我的世界。

巴黎短短幾週的遭遇，形塑了我對美好生活的想法，也令我生出從未有過的企圖心。不過，要等我進入大學後的第四或第五個學期，我才有能力處理這段經驗。身處兩種有如天壤之別的環境，儘管理由不同，但對我來說都是陌生的。那年我修的課程書單出現法國社會哲學家皮耶·布赫迪厄的著作《區判：品味判斷的社會批判》。[3]當時才剛出版的這本書，如今已成爲社會學經典。書中，布赫迪厄分析了上層、中層及下層階級典型的生活方式和人生觀。我還記得，這是一本精彩的書，儘管超過千頁，且不容易消化，但它教我認識一個概念術語，可以精確描述我在法國當交換學生時的體驗，這個術語就是「慣習」（Habitus），源自拉丁文動詞 *habere*，意思是「擁有、持有、隨身攜帶」。

我從布赫迪厄那裡學到，我們面對這個世界的態度、偏好、品味判斷、行爲準則及習慣，都是從慣習衍生出來的。出身環境及所受教育帶給我們的經驗，形塑了我們面對這個世界的基本態度：是入不敷出還是綽綽有餘，孩子房間裡擺的是五十本書還是PlayStation遊戲主機，去哪裡度假或者根本沒去度假，父母鼓勵孩子發展的性格是勤奮還是想像力，爸爸喜歡慢跑還是打獵，以上這一切在我們生活中視爲平常之事，決定了我們如何定義人生，以及生活追求的目標。許多我們認爲應該注意的事物，都與我們成長的社會條件有關，但在表面上看起來卻似乎只是個人決定而已。意思也就是說：

慣習既是社會地位的結果，但同樣也是表現。不必特別做什麼事，它就會洩漏出我們所處的社會階層。

身處一個跟我們想法類似、生活習慣相近，且有相同行爲舉止的群體中，慣習更是如魚得水，在這樣的世界裡我們也最自在。身處其他的社會環境，我們就會覺得陌生，缺乏熟悉感。這一點，無論身處哪個社會階層，每個人都一樣。不同的地方是：雖然每個人的慣習都是從原生家庭帶出來的，但在世人眼裡，不同慣習的價值是不一樣的。雖然今日劃分社會階級的界線已愈來愈模糊，也有愈來愈多的人能自在地遊走於不同的世界之間，但基本上，進星級餐廳吃飯，總是比自己在家做物美價廉的健康飲食還要引人注目。隱藏在這兩種不同價值的後面，是很現實的邏輯：

在地位與區隔的遊戲裡，（大）資產階級的慣習是衡量萬物的尺度。它享有更多的聲望，且能開啓更多的機會。

具備前一〇%——或者前三%更好——階層慣習的人，能起飛高升，沒有的人就無法。這很不公平，可是現實就是如此。

可擴充的資本

到底誰是人上人，是菁英中的菁英？是那些賺最多錢的人？還是擁有最多錢的人？大企業的繼承者？還是樂透得主？有好爸媽的人？還是背負重責大任的高階經理人？引導社會政治或藝術風潮的人？爲世界上各種問題，像是醫學、電腦科技，或是交通等等，帶來創新解決方案的人？還是握有大權的從政者或法官？或者是各行各業中頂尖專業人士，例如頂級廚師、奧運冠軍，或者贏得超級名模大賽的人？又或者應該是在 YouTube 上，有好幾百萬訂閱者的網紅？

不管怎麼說，光是有錢並不代表什麼。對一個有意義的人生，或者要稱得上偉大、有影響力，以及自我實現，除了財富之外，還有其他資源也同樣重要。這些讓人無須太費力就能出人頭地的先決條件，布赫迪厄稱之爲資本形式。資本形式除了財富跟能力之外還有許多，包括出身及社會關係、教育、應對進退，以及美感、口才與懂得什麼是合宜的說法及語氣，充滿自信的外表，還有，別忘了樂觀和健康的心理。

想要脫穎而出有許多方法。一個人是否有辦法完全發展自身的潛能，需要靠不同範疇的資本：經濟資本、知識資本、社會資本、文化資本、語言資本、身體資本和心理資本。所有資本都會匯集到慣習上。[4] 當一個人融會愈多這些資本於一身，就能在這個社會爬得愈高。

經濟資本：所有物質財產，從收入、金融資產、不動產、企業價值，到退休金額及保險金額計算，以及預期繼承的遺產。

知識資本：畢業證書、頭銜，以及再進修、專業知識、職場知識、學術和職務上的頭銜，還有知道如何充分利用個人知識和技能的能力。

社會資本：認識什麼人，以及與人或團體打交道的能力；一個能給予力量的家庭後盾；一個能讓人知道各種可能性的榜樣；能帶來助益的人際關係；充滿幹勁的人生導師；能直接接觸決策者；彼此鼓勵的同伴；影響力、權力與能見度。

文化資本：熟悉能增加聲望並製造區隔的語言及品味偏好。像是熟悉高雅文化及彬彬有禮的行爲舉止便是典型的文化資本。近年來的新趨勢則是正念及永續生活，或者勇敢展現自我及大方展現怪癖。

語言資本：像是口才辨給、與人溝通的能力、知道如何針對主題提出創見、能分辨事理，且能從各方角度切入談論問題。最重要的是：知道在什麼場合該用什麼方式說話。

身體資本：指的是個人覺得自己多有魅力、多健康，以及是否充滿活力。對陌生人來說，外表展現的是一個人社會地位、韌性及內在價值的判斷依據。

心理資本：樂觀、熱忱、有創意且能堅持不懈。一個人是否能發揮潛能，實現自我，或者一生平庸，取決於他的心理狀態是否平穩健康。

這七種資本在一個人身上就像一張資本清單：每個人擁有的資本結構都不一樣，各個範疇高低不一。有些人很有錢，也有充沛的社會關係；有些人則因爲良好的能力及教養大放異彩；還有些人在其他同齡人士已準備退休之際，卻仍幹勁十足。社會最頂層的階級，擁有各式資本，且毫無匱乏。比起生在物質條件較差的家庭裡，名門後代打從呱呱墜地起便擁有更多、更好的資本。而接受一樣優秀的教育，並無法保證能產生相同的資本。

馬克思、珍妮佛和瑪麗三人大學都讀商管學系，畢業成績都是一流的，也在同一家熱門的知名企業完成訓練計畫。就社會人口學的定義來看，這三人相似程度簡直可以稱得上是三胞胎。但三人之間還是存在差異：二十六歲的馬克思父親是主治醫生，母親是管弦樂團成員，大學在斯德哥爾摩及耶魯就讀，從祖父母那裡繼承了一座位於瓦爾興湖畔的別墅。二十四歲的珍妮佛是靠助學貸款、打工及鋼鐵般的意志讀完大學。二十五歲的瑪麗非常熟悉這家熱門的知名企業，她的學士論文是在那裡寫的，行銷長就是她的嫂嫂。

出身於既得利益階層的孩子，身上所具有的資本稟賦大半是從父母及祖父母那裡繼承來的，他們不必花費什麼力氣，資本就自動送到他們手上。對這些人來說，有宏大的計畫是理所當然的事，天之驕子幾乎是一出生就完成人生目標。就像坦尚尼亞恩戈羅恩戈羅的斑鬣狗幼獸一樣，這不僅是擁有美好的童年，還提供了幾乎完全肯定的保障，保證這一生從出生到死都屬於高高在上的階層。從事菁英研究的米歇爾．哈特曼證明良好的出身帶給人極大的優勢。他分析研究各國頂尖企業高層人士的履歷後，得出以下結論：

在德國，分布於前四%職位的高階經理人，多半出生在富裕的資產階級，甚至是大資產階級的家庭。

富裕的父母會將他們的優勢及特權地位傳給下一代。儘管富家子弟還是要自己奮鬥，才可能在企業、政治及文化界成爲頂尖佼佼者，但情況仍然對他們有利，因爲菁英界招進新血輪的最高準則就是相似性原則：想坐上握有改變社會國家大權的位置，最好就像現在坐在上面的人一樣。[5] 雖然專業能力及資格也很重要，否則奧托貝森管理研究院的研究就不會出現一四%的頂尖領導階層仍舊出身自勞工家庭這種數字了。但是，有能力只是必備條件之一，一旦擁有上層階級的慣習，就更容易出人頭地，而且平均來說，速度會快上一倍。[6]

出身如何決定慣習的形成？

當中產階級的父母還在幫孩子釐清什麼是過去簡單式跟過去完成式時，當下層階級的孩子完全得不到任何幫助時，大出版商的兒子從小就在雙語環境長大；而母親是企業顧問的青少女，隨著父母到多倫多待了一整年。社會頂尖階層的孩子從小便跟隨父母的腳步，身處在一個代表高尚美好的環境裡。九歲的小女孩可以在歌劇演唱家黛安娜．丹姆勞獨唱晚會後上前獻花，因爲父親是樂團監事會成員。她現在還顯得有些害羞，但很快就會泰然自若。十一歲的男孩接受商場上父執輩朋友的邀約，坐在球場貴賓室中觀看決賽。中場休息時，他以精闢的語言跟一位市政府的財務專員解釋他就讀的文理中學的辦學理念。還有一位十六歲的女孩，坐在家族會議裡，一起討論企業重大決定。太誇張了嗎？或許。但上層階級的父母看法不一樣：

下一代的責任感與合宜的應對進退必須及早訓練，才能從小就學會用來標示階級差異及展現優越的慣習。

而中產階級家庭比較著重培養的品格，則是企圖心、自律，以及控制衝動。德國青少年生活環境調查顯示，中間上層階級的父母帶給下一代的是批判能力、生態及環保意識，以及文化修養，像是像語言、音樂、社會參與。中間下層階級的家庭傳給下一代的核心態度是積極進取、腳踏實地，以及遵守規則。而無論前者或是後者，成就取向及牢靠的價值觀都是教養的焦點。[7] 兩者也都注重禮貌，鼓勵進取，但對社交技能的精進及較不尋常的興趣嗜好，大半抱持懷疑的態度。

追求成就與地位的慣習，是所有中產階級的典型特徵。

即使上層、中間上層及中產階級之間的界線模糊，但出身上層階級與中間階級的下一代還是非常不一樣。唯一相同的是：只要條件許可，小孩必須拿到高中畢業會考文憑。[8]

在弱勢的社會階級裡，有這種要求的父母只占三分之一。布赫迪厄以拉丁文稱這種自我限制的態度為 *amor fati*，也就是臣服於命運之下。意思也就是說，一個人的抱負，會以其他處在同樣環境中的人所取得的成就為依歸。因此窮人家的父母，比較希望兒女接受商管職業教育，而不是到頂尖大學的商管科系研究全球經濟產業。

在低薪資且工作不穩定的環境裡，求生技能的慣習發展，會遠比在上層環境來得強勁。

目標必須實際，人們才會努力達成目標。眼前沒有能夠效法的人生發展計畫榜樣時，人們就不會爲自己或爲小孩制定這樣的計畫。儘管如此，焦點放在生活必需品上，也會培養出不同的能力，像是務實的態度、高挫折容忍度、團結，以及嚴格對待自己與他人。

就像所有分類必會簡化一樣，布赫迪厄也將慣習分成三種階級形式，這麼做是爲了彰顯並描述社會差異。但在實際生活中，世界顯得複雜多了：每個人的慣習是七種資本形式的特殊混和，因此會出現混和形式。這種情況特別容易發生在當某一項資本特別充沛，但缺乏其他資本時。只要有某一項資本高於平均值，就可以產生自信與聲望。但若想致富、表現區隔，以及擁有權力，七種資本都要夠充沛才行。

托比亞斯，三十歲，是頂尖大學裡的新生代研究員。他的關鍵資料如下：頂尖的專業知識、具備國際交流關係、口才辨給、定期的工作契約、收入不穩定、自我意象遭受打擊。在專業、文化、溝通及社會資本上，他遙遙領先，但在物質及心理資本上，顯然還需要提升。

但我們可以蛻變

最頂層、上層、中層及下層階級之間存在差異，而且不只是細微的差異而已。因此長久以來大家總是認爲：投對胎，人生就成功一半；反之，則會受出身帶來的慣習牽制。而布赫迪厄的名言，常被拿來引用以支持這種說法：「知道一個人的慣習，憑直覺便會知道他不可能出現什麼行爲。」[9] 如此說來，高尚的慣習是上層階級的特權，一種一般人無緣窺得全貌的祕密規則嗎？

不。

光是想像一個呆板僵化的慣習是不夠的。傾向與喜好的發展，自然與個人生活經驗息息相關，人們當然也會根據環境調整自己的行爲舉止。在每個階層、每種行業，人們都會充分利用機會，調整自己適應新環境，投資改善個人的外貌與地位，在這個世界發揮長才，並因此永久提高自己的水準。布赫迪厄講得很清楚：「新經驗的累積，致使慣習不斷變化。」[10] 他自己就是最好的例子。

布赫迪厄生長在一九三〇年代法國庇里牛斯山地區，父親是農家子弟，職業是郵差，還當上小村郵局局長。從出生環境，布赫迪厄就處在一個邊緣的位置，既不屬於農夫，也不是中產階級，因此缺乏歸屬感。長大後去城市就讀中學，到巴黎上大學，在學術界成為人類學及社會哲學的頂尖學者。他在巴黎法蘭西學院的教授職位，使他能在這個全球獨一無二的學術機構發揮重大的影響力。

慣習是能改變的。人也是會蛻變的。能意識到慣習如何決定個人的世界觀、品味及抱負的人，最容易成功蛻變。這點在心理學家妮可．史蒂芬斯與其團隊的實驗中已獲得證實。[11] 研究人員將出身不利於教育環境的大學新生，分派接受兩種不同的引導課程。其中一個課程著重在解釋造成學業成績低落的可能障礙，並教導學生如何跨越。另一個課程則特別針對父母沒有大學文憑的學生會遇到的難題，並找出克服的方法。當學年結束時，那些曾分析檢討自己出身劣勢的學生，成績明顯比對照組的學生好。還不僅如此，他們在成績上的優良表現，就跟出身中上階層的學生沒兩樣。這個結果代表：

出身所帶來的慣習雖然是我們的一部分，但並不能阻止我們成長發展。

而且如今機會再好不過。想想五十年前，家長、老師與教會都還具有很難反抗的權威。如今，受高等教育或專業教育的人口大增，可以自己決定要相信什麼、爲什麼而活、跟誰一起在哪個地方過怎樣的生活。數位化及全球化使我們的生活更加活潑多樣，獲得資訊的管道無遠弗屆，而且多半是免費的。當你覺得生涯規畫太過狹隘時，也有權利動手改變。比起上一代，我們更常換工作及生活伴侶，也更常改行和搬家。我們更容易認識新奇有趣的生活方式，更方便接受他人的啓發，也更容易融入陌生的企業文化中。我們的視野大增，有了更多的渴望，並看到更多從前根本連做夢都無法想像的可能性。

同時無可避免的，我們也會看到自己能力的極限，並在剛開始時對身處環境所需的慣習感到不足，甚至覺得一切都不對勁。這種情況會使我們不安且自信心大受打擊。面對新環境的社交密碼，需要啓動學習機制，而且還沒有網路研討會可以參加。不過，所有新環境引起的惶恐與不安，都是一種鼓舞，促使你走出個人的陰影，提升到更高的等級。

這種時候，對七種資本形式的認識，就可以助你一臂之力。無論是物質或非物質資源，都可以有系統地擴增，並直接影響個人慣習的變化。基本上就像電腦遊戲一樣，獲得劍或藥草之類的虛擬寶物後，就可以藉由這些東西的幫助，擴大個人的行動空間，提升對未來的展望。

不過別忘記，限制還是存在，從小養成的慣習是根深蒂固的。雖然新經驗會帶來改變，但並不是我們所期望的那樣迅速。或許你也有過類似的經驗：升職後進入一個要求更高的新環境；搬到一座充滿挑戰的城市；進入頂尖大學，競爭對手是菁英中的菁英；加入著名的社交俱樂部；與一個比原生家庭還要講究社交禮儀的上層家族聯姻。無論多麼努力融入，要在新環境中站穩腳跟是很困難的。特別是剛開始，一切都還很陌生，就像一個階級晉升者，處處如履薄冰，甚至覺得自己是個名不符實的騙子。

會有這種經驗並非個性軟弱所致。在新環境中，這是很正常的現象。

無論命運將我們帶到哪裡，慣習永遠緊跟在我們身後，拖著我們的大腿，要經過一段時間的調整，才可能適應已經改變的環境。布赫迪厄將慣習這種因循的特性稱爲遲滯現象。在升上最頂尖的階層後，多看書、學習社交禮儀，或是參與管理訓練課程，雖然可以在人格發展上助你一臂之力，但這些都無法讓你避免新習得的行爲舉止顯得生硬不自然。

只有在新環境生活一段時間後，我們才會開始內化新的遊戲規則。要到那時，我們也才會產生眞正的歸屬感，不再費心思索，而是自然而然地發揮本能應對進退。這時，我們逐漸培養出來的慣習，再也不是硬套上去，而是發自內心的眞實習性。就像菁英研究專家沙慕斯．拉曼．汗所說：「我們出生時並沒有自帶品味、觀念及傾向，而只是在生活中一次又一次不斷重複演練，直到這一切不再帶有表演——可能對我們有利的表演——的意味，變成像天生即是如此的自然本性。」⑫

也因此，在剛進入新環境時，建議不要急著馬上參與所有活動，而是放慢速度，給自己時間適應。先觀察，從後面慢慢追上，並抱持信心。只要培養時間夠長，合宜得體的慣習自然就會形成。

一旦成功形成，慣習的因循特性便會轉成優點，因爲無論正向或反向，都會產生遲滯現象：從高層階級往下滑落，之前養成的慣習一樣會長久持續下去。沒落貴族就是最典型的例子，沒了屬地，權威仍在。尤有甚者，慣習一旦形成後，便會根深蒂固，並傳給下一代。

所謂的頂峰是什麼？

傑夫・貝佐斯、海倫娜・菲舍爾、唐納・川普、前英國女皇、安娜・涅翠柯、匡特家族及汶萊蘇丹有什麼共通性？他們全都站在社會階層的頂峰，想再更高是不可能的了。因此，當我們問頂峰是什麼意思時，回答似乎很容易：當一個人比絕大多數的人都更有錢、更有權勢、享有更多名聲，以及擁有更高的成就時，便是站在社會頂端。這聽起來雖然很合理，但並未回答關鍵問題：

界線在哪裡？

區隔大眾與有格調的佼佼者之間的界線在哪裡？一個人要脫穎而出，必須有什麼樣的成就及表現？如果一個人身處社會階層的前三分之一，在德國也就是個人每年繳交所得稅占稅收七九％的群體，這樣就屬於社會頂峰了嗎？[13] 或者更窄，前一〇％的人才是？甚至應該更罕見，例如前一％或〇・一％？如果把門檻訂到這麼高，那就是一個超級富有的家庭所組成的世界，年收入從百萬到數百萬美元。[14]

無論界線訂在哪裡，不管是寬或窄，都沒有標準，都是任意而已。

不僅如此，定義什麼是頂峰還有另一個問題：身處頂峰或非常上層這種感覺是非常主觀的，並且和個人所處的社會地位，以及眼光所及之處有關。你對自己的期望是什麼？如何定義最高成就？什麼是最有價值的東西？什麼樣的人會讓你覺得傑出？

視角不同，結果也不一樣。對身處前三%的菁英而言，資訊業的主管或開業藥師都在他之下。而對身處後三分之一階層的人，就有可能認爲資訊業主管的生活已經相當奢華，而且一旦提升至平均水準，便已深感欣慰。因此，當人們地位升得愈高，對頂峰的定義也就愈接近天際。

身為一般外科主治醫生，她在病人眼中就像披著白袍的女神，她的兄弟批評她根本不懂一般薪資的人過的是什麼樣的生活。相反的，她一位自己開診所，賺得盆滿缽盈的同事認為：「你們這些大醫院醫生的生活真是悲慘。」而她自己的目標是升上主任醫師的位置，升到她這一專科的頂尖位置，對她來說就像職業生涯中的奧運比賽。

頂峰不只是統計資料上的排序及門檻的問題，也是個人認知的問題。從這個觀點來看，所謂頂峰，就是對你個人來說最高的位置、終身成就，以及豐裕富足的物質條件。

以菁英密碼晉升新境界

這本書不是爲了前三%的高等人寫的。這本書的對象是像你和我這樣的人，處在社會中等階層，認爲教育很重要，能爲社會貢獻較多，收入也足夠生活，甚至可能過得不錯。其中可能包括會計師、研究人員、醫療技術助理、經理、教師、創業者、政治人物、工匠職人、專案經理、大學生、心理師、醫生、網頁設計師、老闆、企業顧問等等。這些人大部分都具有成就導向的慣習，希望能實現夢想，在自己的領域裡更上一層樓，擺脫無法成大事的壓抑，找到管道進入更有意思的社交圈，在競爭中脫穎而出，升上更高的等級，比現在擁有更多創造空間，且更有影響力。簡而言之：培養出一種慣習，能在金錢與能力之外，爲自己創造更多的機會與可能。

而你需要的，並不是什麼祕密知識。因爲所有能夠豐富慣習的資本形式，全都是可以精準描述的系統。因此，對不是出生在上流社會的人，高尚的慣習並非遙不可及。看這本書，你就會了解：

- 出身成功、富裕的家庭，比別人多了什麼優勢——但這優勢可不是他們的專利。

- 慣習中哪些因素會使人堅強，又對一個人的成就、機會及影響力有什麼意義。
- 如何利用上層階級的祕密規則，發展出與眾不同的優秀慣習。
- 如何找到融入新社交環境的管道——上、下、橫跨、過渡地帶——以及爲什麼無法馬上在陌生環境裡找到歸屬感是很平常的事。
- 如何爲小孩創造出最佳的起始條件——就算你付不起哈佛學費。
- 如何打破高人一等的談話對象及目標群體的心防，並與其平起平坐。

無論你是正在追求事業上的宏圖大展，想要發揮長才，還是期望自己的成就能得到更多的肯定，提高你的慣習層次，不僅能使自己更接近目標，還能擴展視野，增加更多的可能，並且提供機會，創造你在這個世界上的新地位。

Chapter

2

知識資本

你的能力

知識資本：

1. 學位頭銜、學歷及證書。知識的基本價值，是由市場對所學知識的需求來決定。
2. 一個人所擁有、並能藉此圖利的知識與技能。

你一定聽過這樣的說法：學識及專業能力當然很好，但眞正能使一個人脫穎而出的，卻是性格、投對胎、自信，再加上一點肆無忌憚之類的行爲舉止。最好還能結交貴人，並懂得最新或捲土重來的復古潮流。

這種說法不能說毫無道理。主持像 BibisBeautyPalace 這類節目的美妝 Youtuber，自然也可能賺大錢；在某些突然竄起的成功人士身上，有時也看不出爲何能如此成功；也有創業者完全不具備任何專業資格證書，僅憑靈敏的嗅覺，利用從前東歐發展出來的奇特技術，重新包裝後高價出售；每天我們都聽說好的職缺被才智平庸的職場新鮮人搶走，只因他們的爸媽知道門路；還有某人當上企業總裁，只因董監會主席喜歡這個人。

的確，有時我們會覺得商界與政界金童其實對他們負責的事情並非眞正了解，對專業可能只懂一點皮毛，也常忽略行動背後蘊藏的抽象及概念思考。不過，認爲這些自我風格強烈的贏家完全無知，是相當偏頗的。他們在事業上當然是發揮了自己的長才，像是對市場、對產業的熟悉度，懂得受眾及客戶的需求，通曉技術竅門，知道該推什麼樣的產品上市，幾乎有未卜先知的能力，知道如何迎合市場趨勢。還有最重要，也最常被人輕視的：知道自己想要什麼、要達成什麼樣的目標。

我們當然可以將那些被吹捧成眾望所歸之人當成一時的明星，但也可以拿他們的成功作爲對照，以一種更細膩的方式檢視個人知識庫。到了這個地步，應該也會發現世上沒有人比得上Google的資料庫。不過，未來也不是單靠資料彙整就可以，腦袋存有大量資料，就像書架上的《百科全書》一樣，已然失去它的重要性。大腦現在更重要的工作是思想激盪，擁有資料是不夠的，重要的是如何運用。

二十一世紀成功的關鍵在於，是否能從知識中創造經濟價值：活用知識，對已知進行批判性思考，嘗試連結各種知識，並公開分享，化繁為簡，或轉化成高超的技能。

各種形式的知識仍然還是珍貴的資本，至少在我們所處的社會還是，這也是爲什麼有人稱它爲「知識社會」的原因。對個人而言，知識也是資本。儘管它並不總是對應到某個職稱頭銜，沒有明確的實踐權力，也無法直接變現。但知識能給予一個人優越感、創造力及表現能力。擁有愈多知識，慣習散發出來的氣質也愈加從容自在。

學位及證書絕非毫無意義

他是城內最優秀的牙醫，診所設在一幢堂皇的古老建築，就連給病人使用的廁所天花板都有四公尺高。洗手盆及鏡子對面的長牆上，掛著各式各樣鑲框的進修證書，一排四張：口腔外科專科牙醫證書、一般診所及牙醫診所醫療產品使用準備專業課程、導引式植牙應用課程、牙醫診所衛生及品質指標密集課程等等的證明。

這種在訪客廁所展現個人專業能力的做法，不是每個人都看得順眼。但無論如何，大多數的人多少還是會去注意各種學位、職稱頭銜，以及獎狀等等。而這也不是沒有道理的。放在名字前後的各種頭銜縮寫：博士（Dr.）、教授（Prof.）、法律碩士（LL.M.）、企管碩士（MBA）、理科碩士（M.Sc.）、文學碩士（M.A.）、皇家學會會員（RA）、放在電子郵件簽名檔的職稱、網頁上的獲獎清單，以及穿著印有耶魯字樣的帽T參加在攀岩場舉行的團隊建立活動，都能使人刮目相看。因爲它們是一種象徵資本，無須大肆宣揚就能說明一切。頭銜的意義是如此重大，因此幾年前德國威斯巴登市工匠協會甚至決定爲工匠師傅頒定頭銜縮寫 me.。此後工匠師傅也跟律師、醫生、工程師或教授一樣，可以在自己名字前面加上 me.，低調顯示出自身的價值。

學位與頭銜的分量不只存在於名片及名牌上，就像手機遊戲裡增強玩家競爭力的道具一樣，學位頭銜這東西可幫助人在現實生活中更容易上手，且更快向上攀升。

特別是對沒有特權背景的人來說，想提高社會地位，就算不是唯一，但也是最好的契機，就是接受良好教育。上一代的社會地位愈低，下一代的收入及展望就愈受學位及學識的影響。

英國奢華品牌 Burberry 前任首席設計師里卡多．提西出生於義大利南部，是家中九個孩子中的老么。父親去世後，他在社會住宅長大，青少年時期便要打工賺錢，幫忙家計。當時他唯一的慰藉是哥德次文化的世界：黑衣、白臉、厚底靴，「但我不做傻事，我有好成績，而且努力工作。」十七歲時他便到倫敦，進入著名的中央聖馬丁藝術與設計學院學習時裝設計。[1]二〇一四年名媛金．卡戴珊結婚時，身上穿的正是他為紀梵希設計的婚紗禮服。

不過，良好的教育並非達到頂峰的唯一途徑。超級富豪及名人大學僅讀一半就決定輟學的，也是爲數驚人，他們不汲汲營營在學位上，很年輕就有獨特的創意及人生計畫。但就算是這些人，也還是在大學待了幾個學期。在關鍵的年代，比起繼續讀完剩下的學期拿到學位，他們有更重要的事情要做。

偏偏是比爾．蓋茲這樣的人，十九歲便中斷大學學業。跟他一樣的還有歐普拉．溫芙蕾、女神卡卡、馬克．祖克柏，他們全都在《富比士》全球最具影響力的富豪排行榜上名列前茅。不過，比爾．蓋茲並不認為自己可作為他人職業規畫的榜樣：「我認為接受良好教育，也就是讀大學，這樣的價值常被輕忽。深具挑戰的工作需要大學畢業生。」❷

二〇一七年慕尼黑Ifo經濟研究所接受德國資產管理公司委託，進行一項關於教育的大型研究計畫，其結果與比爾．蓋茲的說法不謀而合。就統計資料來看，在教育上多花一年時間，不只能豐富人格發展，更是一門好投資。基本上，投資於教育上的所有付出，就一生的職涯發展來看，每年平均收穫利息高達一〇%。❸從金錢角度來看，投資在正確、良好教育所收到的回報，幾乎比任何其他形式的投資都要高。

比較有或沒有接受完整教育的人的職涯總收入，便可看出明顯的差距。

比起未接受過專業訓練的人，接受完整專業訓練者的稅後職涯總收入平均高出十四萬三千歐元。比起接受完整專業訓練者，獲工匠師傅及技師證書者再多出十二萬九千歐元，技術學院畢業生則多出二十六萬七千歐元，大學畢業生則是三十八萬七千歐元。差距最大的職業是醫學及牙醫：擁有醫學院學位，職涯總收入會比醫技人員多一百萬歐元。[4] 至於這樣的差距是大或小，生活條件不同，感覺也就不一樣。對一般中產階級家庭而言，二十五萬歐元已經不是小數目了。但對繼承慕尼黑兩棟公寓住宅的富家子弟而言，上述的職涯總收入差距實在不算什麼。

以上是統計數據，現實生活裡自然有更多更細膩的差別。同樣擁有高等學位，不同行業、不同學科領域，收入也有極大的差別。就像頂尖的工匠師傅收入沒有上限，一家績優中小企業的經營者，職涯總收入遠遠超過擁有高等學位的雇員。就算沒有學術理論背景，光憑出色的工藝技術一樣能賺大錢。特別是，當你自己出來開公司當老闆，或是繼承公司。

若讀大學是必要條件，怎樣可以再加分？

可以確定的是，像你我這樣大多數的人，不會憑空擁有一家績優企業。因此，如今擁有高等學位也就益發顯得重要。這點統計數字會說話：在ABBA的〈滑鐵盧〉和〈Dancing Queen〉盤踞排行榜冠軍的一九七〇年代，德國擁有高等學位者僅占總人口數的六％，擁有工匠師傅證書者也是同樣比例。四十年後，擁有上述兩類證書的人已占總人口的三〇％。這個數字與SINUS市場及社會發展研究中心所確認的主導階層社會環境比例幾乎是一致的。❺同樣期間，未接受專業訓練者的人口比例從三八％降了一半，剩下一六％。這樣的趨勢如今仍然繼續維持：二〇一八年結束中學教育的應屆畢業生中，超過一半具有大學申請資格；二〇一七／一八的冬季學期，德國有兩百八十萬名大學生，創下歷史新高。❻

就連大學畢業生也對這波高學歷浪潮感到訝異。在一個社交禮儀訓練課程上，一位年輕的碩士便說自己出身阿爾高地區的村子，當年他上大學時，全村只有他一個大學生。十年後有了一百八十度的大轉變：「今年，全村的高中畢業生全都離家上大學，這樣的情形我們從未見過。」追求學位的新一代正在形成。

無論是商管證照、學士、碩士、博士或企管碩士，學歷顯得益發重要。儘管這些頭銜不再讓人一看便肅然起敬，反而是大家在比誰學歷高時，拿不出手才會引人側目。

理由很明顯：學位頭銜因數量暴增而貶值。若大家都嶄露頭角，對個人來說就更難脫穎而出了。

面對這種情形，頂尖富豪已經有所回應。在美國，最富有的一%人口投資在子女大學教育上的金錢，是同樣非常注重子女教育的前一〇%富人的兩倍。他們希望透過這樣的投資，確保子女在人生這場賽事中，能從頭位起跑，一開始便領先群雄。手握最負盛名的文憑，最好能進入高薪且最具前景的職場，例如對沖基金、私募股權及創投公司、投資銀行及管理顧問公司等等。

同樣的，德國教育系統也正在分化中，除了一般的公立文理中學之外，高標準的收費教育機構如雨後春筍般紛紛冒出：雙語學校、國際學校、藝術或音樂中學等等。中學如此，大學也不例外，不斷試圖在大眾及菁英教育之間找到平衡，並爲了爭取卓越計畫及優先排名而奮鬥。理由很簡單，當社會上每兩人就有一名學士或碩士時，單單學位頭銜本身並沒有什麼地位優勢，因此，母校名稱所代表的聲望與優勢也就更爲重要。

想在學位裝備競賽中脫穎而出雖然難上加難，但追逐文憑及學位之路並沒有其他替代的可能性。就算出身上流階層，一樣得擠進大學之門。沒有大學學歷，再好的出身及人際關係，效果都得打對折。不過，這道門檻也不算太高。德國大學生服務中心指出，父母親都有大學文憑，小孩拿到大學文憑的機率是其他人的四倍。這很容易想像，受過高等教育的父母跟世上所有父母都一樣，希望孩子至少跟自己一樣好，因此沒有學士或碩士學歷是無法想像的。在奧迪或愛迪達等熱門企業裡，沒有大學文憑的新世代，根本不可能有機會升到頂尖職位。

至少要有學士學位，通往高層職位的門路才可能開啓。

當然還有加分的可能。就像法律人士口中的「全套戰袍」：漂亮完美的空檔年、名牌大學、令人稱羨的實習經驗、優秀的畢業成績及雙學位，還有國外碩士學位，最好是史丹佛大學、牛津大學、蘇黎世聯邦理工學院或倫敦帝國理工學院，當然，有博士學位更棒。社會學教授米歇爾·哈特曼便曾明白指出：「想成爲菁英，就要上大學。今日德國九〇%的菁英都有大學學位。」[7] 德國國會也顯示同樣的趨勢：第十九屆七百零九位國會議員中，五分之四具有學士或碩士學位，五分之一擁有博士學位。[8]

從數據中我們可以看出，高等學位幾乎可說是職涯發展的保障。不僅如此，它還會增加文化及社會資本。也就是說，高學歷不僅可以從未來的收入裡得到回報，還能改善慣習，提高生活水準，帶來更有意思的人際關係。雖然出身中下階層的大學研究生很難與那些出身良好的同學表現完全一樣，但是進大學研讀，可以消弭差異，拓寬視野，並使得彼此的品味與企圖心相近。比較起來，專科教育則將焦點放在提升實用的專業能力，較少關注在個人發展上。

然而，再完美的教育水準還是無法提供保證：單純只是能幹，並不代表眞能進入菁英階層，因爲具有同樣資格的競爭對手太多了。只不過，缺乏這些正式的資格證明，想躋身於大企業的菁英管理階層，無異是天方夜譚。除非自己創立公司，就無須受限他人。

克莉絲緹娜．羅伊特與芙蘭茲．庫內都是三十出頭，兩人不久前剛成為母親，也都成為德國有史以來最年輕的監事會成員。前者是在凱傲集團，全球第二大堆高機和倉儲設備製造公司；後者則是在德國電信公司 Freenet。不過，兩人的晉升之路並不相同，克莉絲緹娜．羅伊特較為典型：大學在阿亨與北京就讀工業工程，最後拿到工程博士，在阿亨工業大學機械工具實驗室擔任總工程師、小組組長及專案負責人。芙蘭茲．庫內走的則是完全不一樣的路：在柏林潘科區長大，法律系念一半輟學，與兩位朋友一起創立數位代理公司 TLGG，為德國聯邦經濟部、Spotify 和 BMW 提供諮詢服務，在紐約設有據點，並朝著領先全球的數位商業代理邁進。[9]

缺乏卓越的專業能力，一切都是空談

若詢問政界、商界和文化界的傑出人士成功原因爲何，答案幾乎是一致的：能力及勤奮最重要。像德國薩克森邦首任總理庫爾特．畢登科夫，就是很典型的例子。他口才辨給，很少政治人物能與他匹敵。關於這點，畢登科夫曾說過：「不會，還是懶得學，這兩者有很大的差別。當然得花時間訓練，你知道我得花多少時間準備一場四十五分鐘不看講稿的演講嗎？」[10]

一九三〇年出生的畢登科夫屬於老一代的人，但不只是那一代的人如此，年輕一輩的頂尖成功人士也一樣喜歡強調動力及努力的重要。就像年紀輕輕便列名知名企業監事會的克莉絲緹娜．羅伊特提到她的成就時所說：「先立下目標，爲了達到這個目標，我時時都得竭盡全力工作。」德國知名小提琴家茱莉亞．費雪，二十三歲便成爲音樂學院教授，也同樣強調努力勤奮的絕對必要：「音樂家這種職業是一輩子的事，連日常生活也必須配合。不是只在星期一到星期五工作，連星期六、星期天、聖誕節、生日都一樣要工作。」[11]

修練自我、精進專業、恪守紀律，或許還要加上犧牲個人生活。大多數成功人士都認爲想要事業飛黃騰達，個人的決心、毅力與出色的表現是最重要的先決條件。[12]

最多再補上家庭的支持，但從沒聽過有人會將資產階級的慣習、出身、強大的經濟後盾或良好關係列入成功因素裡。這難道是因爲菁英容易高估自己的貢獻嗎？並且把那些源自出身優勢所獲得的勝利視爲自己的功績？

關於高階經理人的統計數字特別能說明這一點。菁英研究專家米歇爾·哈特曼多年前便指出，商界中擁有頂級階層職位者，出身分布極端不平均。受訪者中，工人階級出身並擁有博士學位的人，只有十分之一能進入企業決策中心，而大資產階級出身則有五分之一。[13] 具同等能力與資格，家世良好的人有雙倍的機會獲得晉升。這也證明了擁有與目標環境相類似的慣習，是晉升的加速器。特別是想進入跨國大企業決策中心，或者成爲全球前十大管理顧問公司的管理團隊的人。

但在今日，優越的慣習與出色的專業能力不再有直接的關聯。

競爭若是激烈，擁有穩健台風，以及與職位環境最爲匹配的競爭者，一樣還是要展現出個人能力才行。就像哈特曼所言：「那些因爲個人出身背景而升上高位的人，並非穿著昂貴西裝的閒散漢，而是勤奮工作且做出不少成績的人。」[14]

一定是這樣的，不然無法解釋他們的成功。試想：一位身著白袍，受人尊敬的外科主任醫師，遇到複雜的手術總是迴避不親自執刀；或者，一家總是端出可口香檳給顧客品嘗的髮廊，染剪技術卻停留在二十年前；又或者，一位在簡報時侃侃而談的企業顧問，卻在被問到細節時支支吾吾，含混其詞。如今，了解專業發展現狀，屬於知識資本中必要的一環，至少分析現今時事，比起過去歷史重要多了。

根據美國心理學家安德斯·埃里克森在一九九三年提出的說法，理論知識的習得只是開始，接下來要經過一萬小時的訓練，才能將知識內化成自身技能。一萬小時這個數字如今仍然相當具有爭議，畢竟一個人能多快吸收某項專業知識並化爲行動，與個人天賦息息相關。但是，這並不減損下列事實：唯有努力不斷擴展自身能力，才可能內化習得的知識，將專業慣習變成個人慣習。能夠從各種細節推導出大局，準確抓到最佳化的契機，才能在專業領域中創造新局面，並在精神及時間上仍有餘裕贏得除了知識以外的所有重要資源：人際關係、自我展現、辦公室政治。

一位年輕的耳鼻喉科醫生，無論家世背景如何，不管媽媽是醫院院長，還是餐廳清潔工，專科醫生培訓就是五年。然後，第一次執刀的時刻來臨了：扁桃腺摘除手術。手術並不複雜，教科書上就有，他也親眼看過主治醫生執刀過程。在哪劃下第一刀，如何以鑷子夾住扁桃腺，如何縫合傷口，全都按照教科書指示。之後這位醫生摘除了無數次扁桃腺，並在不斷重複中，愈來愈輕鬆。直到某一天發生術後併發症，學習曲線再度上升。

毫無疑問，高水準的專業能力與學識絕對值得投資。這樣的知識資本可能保障你的工作職位，帶給你高薪，也許還能帶來機會，讓你參與具挑戰性及前瞻性的專案；或者爲你帶來聲望，使你成爲業界權威；又或者啓發你的靈感，想出絕妙的商業模式，使你能在等級位階及競爭遊戲之外，昂揚獨立。無論如何，豐富的知識絕對是優越感及安全感的基礎：你知道該說什麼、該怎麼做。

這是好現象。

不過，還有個問題得解決，特別是在職涯發展及升遷至高階的時候。沒有專業知識雖然萬萬不行，但就像學歷一樣，高水準的專業技能只在特殊情況下才可能成爲唯一賣點，還必須配合適當的專業慣習，才可能產生加乘效果，發揮最高功效。光靠專業能力便爬上職業顚峰的神話，早已被哈特曼揭穿：「能交出漂亮成績的人有上百位，但擁有家世背景的只有三、四位，而他們是最可能獲得頂尖職位的人選。」因此，哈特曼建議出身中下階級的菁英：「要比其他競爭者能力優秀百倍，這是個愚蠢的建議，卻也是唯一的建議。」[15] 雖然一點都不公平，但有企圖心的人都知道必須這麼做。

找出方向：確認自己的目標

奧地利哲學家暨藝術家麗茲·希恩曾說，成功既是相對的，也是絕對的。這同樣適用於最頂尖的成功。就像劇院裡哪個位置最好，每個人的看法可能大相逕庭，社會頂尖階層的位置也是。想要過著富裕、受人尊敬、施展抱負的生活，有各式各樣的可能性。就拿德國幾位占據頂尖位置的名人為例：

- 德國前總理安格拉·梅克爾，年收入估計為三十一萬五千歐元。
- BMW繼承人蘇珊娜·克拉滕，總財產估計為兩百五十五億美元。
- 連鎖美妝店老闆迪爾克·羅斯曼，白手起家的億萬富翁。
- 喬凡尼·迪羅倫索，《時代週報》總編輯，擁有一百五十萬讀者。
- 葛哈·李希特，當今在世的藝術家中作品最高價的畫家。

以上五位都處在社會頂級聯盟裡，分別屬於富豪菁英、權勢菁英或文教菁英，有些甚至全部涵蓋。儘管如此，還是有些差別，五人分別在不同的社會場域活動：政治、商界、媒體、藝術，他們的收入及財產也差別極大。就像他們的能力與經驗都不同，走在相異的人生道路上。因爲慣習不同，也在行爲舉止上有微妙的差別，還有他們的影響力及權勢所達的範圍也不一樣。

想達到顛峰地位及擁有成功人生，有許多不同的社會場域可以實現。出生在成功家庭的人，人生道路常常已先規畫好了，例如加入不斷擴張的家族企業，或加入祖母開設的公證人事務所。但對其他人而言，卻還有著種種問題：我能升到多高？驅使我向上的動力是什麼？我喜歡做什麼事？對我來說，一個成功人生最重要的條件是什麼？財富？社會大眾的賞識與肯定？實現夢想與活出意義？創新？善行？個人生活的幸福？尋求挑戰？還是安逸舒適比較重要？在考慮這些問題時，最好也將慣習列入考量：哪種領域會讓我有如魚得水的感覺？哪裡最容易一展長才？或者換個說法：在目前的人生發展階段，我的慣習爲我帶來什麼？何處會受到重視，何處可能不太適合？

只有少數人會及早考慮到這些問題。人們會受到他人成功的影響，並起而效法。管理及職場顧問斯文雅·霍費特曾在她的部落格上提過這個問題：「人們將個人經驗及慣習分殊化的意願很低，大部分人根本未曾意識到這是個問題。此外，慣習也會因地區文化而有所差異，有城市慣習與鄉村慣習，在特別的世代間，還有德東與德西地區的差別。甚至同城市、不同區域也有差別，就像漢堡，在施奈澤（文青聚集區）活動的人，與布蘭克內瑟（高級住宅區）的居民的慣習就大不相同。」[16]

受到擁有權力、金錢和聲望的吸引，具有優秀學歷的求職者大多朝著鉅額金錢流動之處發展，例如在跨國企業、大型律師事務所、投資銀行或管理顧問公司。在那裡，只要升上頂尖位置，成爲合夥人、執行長或總裁，財富及社會地位也會跟著一起達到顚峰。不過，有一點必須先知道：在所有菁英階層中，經濟菁英是最排外的。沒有哪個階層比經濟菁英還注意慣習及人格特徵。平凡家庭出身的人，也最難躋身經濟菁英之中。當然，你也可以不怕失敗，勇敢地跳進鯊魚圈中，這也未嘗不可，畢竟人要勇於接受挑戰才可能成長。不怕冒險犯難，勇於突破界線的先驅者，極受頂尖階層的賞識。只是，這樣的決定必須付出代價。

至於代價多高，英國作家琳賽．漢利在她闡述自身經歷的著作《端莊得體：跨越階級鴻溝》便已提及：「轉移到另一個階級，就像移民到世界的另一端，你必須放棄原有的國籍，學習新語言，並且要非常努力，才不會與過去生活的人事物失去連結……這樣的經驗儘管銘心刻骨，卻極少有人談論它。」[17]

晉升至較高階層並在其中如魚得水，必須經歷一段至爲痛苦的適應期。另一種可能是，避開像商業界這樣注重出身慣習，挑選一個較不注重個人慣習，憑恃知識資本便足以獲得豐厚回報的社會場域發展。哪些社會場域屬於這一類，可以從領導階層中出身平凡者的比例看出。德國聯邦政治教育中心就曾提供下列數據：在大型私人企業中，第一級與第二級的領導人才，出身平凡階級的比例爲二〇％，在法律及媒體界占三〇％有餘，學術菁英則略多於四〇％。而身處政界、軍界、教會、工會及各社會團體組織的菁英，則超過五〇％來自一般階級。[18] 因此模式相當清楚：

比起商業界的大型公司，出身平凡的人較容易在公用事業晉升至頂尖職位。

還有，在中小企業中，通常也較爲看重一個人的才能勝於出身。那些不處在核心地區的「隱形冠軍」，不只是征服國際市場而已，他們也比較喜歡雇用擁有腳踏實地慣習的領導人才。在中小企業的環境中，一個人愛喝啤酒還是香檳，對他的晉升之道不會產生任何影響。

在如魚得水的環境裡工作是一個不容忽視的優勢。若自身的慣習與場域相匹配，就會產生如魚得水的自在感，工作起來也更爲得心應手，因此值得花一點時間與力氣去尋找並進入這樣的場域。不然的話，就容易發生像奧地利經濟學家佛瑞蒙德．馬利克所觀察到的現象：「半數以上的員工及高層管理菁英，直到退休，仍然對自己所具備的長處一無所知。」[19]假使一家公司不是發揮長才、施展抱負的場所，那麼就算位高權重，助益也是有限。就像如果你是商務法律事務所的合夥人，就算是全德國最大的一家，但總感覺被各種瑣碎的規定及標準化的預期心態束縛，那可能就該考慮一下是否要轉換跑道重新出發。在賺得盆豐缽滿的時刻，可能正是創立個人王國的最佳時機。

因爲若想按照自己的慣習工作，無論在哪，都比不上自己創立的公司。與其拚命想改變自己，適應陌生的體系，不如根據自己的標準及價值觀創立公司，從事個人覺得合理且有意義的工作。自由職業者及創業者致富的比例相當低，十家新創公司中，成功存活的只有一家。不過，從另一方面來看：

最成功的新創公司老闆能運用及調動的資金額度，是許多列名德國 DAX 指數的大型企業董事會或大型法律事務所合夥人望塵莫及的。

身爲公司老闆，受到慣習的約束，不會像受雇的高階經理人那麼嚴格。專門研究經濟菁英潛規則的社會學家雷納．齊特曼便指出：「誰能進入董事會是公司監事會決定，而老闆或投資者能否致富，則由市場決定。市場並不像監事會成員那樣重視慣習。」[20]

廣泛的興趣能拓展視野

職場成績的意義如今已然改變：工時、出席率和產出不再是衡量標準，重要的是用大腦工作，像是創意、效益，以及解決方案。針對這種轉變，高等教育機構也有所回應，納入原來不屬於學術範疇的職業領域，設置新學程並開設新的研究領域，最典型的例子就是衛生保健相關職業的學院化。同時，某些大學裡的迷你領域也擴展為完整的學程，例如國際飯店、度假村及郵輪管理，或者大數據管理。

這種將學程精細化背後的考量，是希望學生能夠結合理論與實踐，深入一個較狹隘的領域裡。雖然用意良善，但其實遠遠不夠。因為太專業及職業取向的分殊化教育，雖然能夠為業界提供可立即上手的畢業生，但同時卻縮小了個人發展機會，並導致目光狹隘。

擁有專業過於精細的高等學位，很難晉升至頂級聯盟。

中下階層出身的人缺乏辨識的眼力，對他們來說，名字後面多了學士或碩士頭銜，就已經在教育一途達到奧林匹克等級了。但上層階級出身的人，對高等教育中這種職業取向的轉變相當不以爲然。與中產階級的父母不同，上層階級的父母對下一代的教育並不著眼在實際效益上，就連能直接運用於職業上的技能要求也很低。高等學位當然要有，但下一代不必、也不應該盲從甚或恪守社會標準。比起擁有知識，上層社會的人更注意一個人處理知識的方式：是否有能力跟上討論、獨立思考，並對一切陌生的人事物抱持開放的態度。從社交俱樂部舉辦的講座系列中，就可以看出社會前段班有多麼重視涉獵廣泛。

獅子會與扶輪社這兩大國際社交俱樂部，可說是社交生活的中心，俱樂部會員從能源企業總裁到劇院總監，都要針對自己的專業做二十分鐘的報告。長年下來，講座涉獵範圍相當廣泛，從行業技術、人文及自然科學、政治或歷史、科技與社會、文化、音樂、文學等等專題都有。每週都可以在自己的知識庫中，添增陌生領域的第一手資訊。當然，不是每個人對每個專題都有興趣，但是這一切大家都會聽到。

這種上層階級養成的慣習，也就是同時擴展知識深度與廣度的能力，能使每個人更上一層樓。在管理學研究中，這類人被冠以「T型人才」：字母T下一豎代表一個人專精的特殊領域知識，T上一橫則代表專業之外的所有知識。儘管不是專家，仍要廣泛涉獵專業相鄰領域的知識。如今，擁有T型知識已是最低要求，愈來愈多人更進一步成爲TT或TTT型人才，擁有兩個、甚或三個專業領域。

不斷擴展個人知識庫會有雙重回報：擁有資格證照，不僅提高個人的職場行情，還能增加個人的專業自信，這對剛晉升上位的人特別有助益。若個人知識庫缺乏廣度及深度，晉升時難免感到不安，與他人應對進退時，常會覺得自己不過是裝模作樣，並不眞的懂。這種覺得自己的成功只是僥倖的心態，心理學家稱爲「冒牌者症候群」。

但這不只是自我認知的問題，若個人知識資本表現太過片面，別人看你的眼光也會不同。若僅有泛泛知識，很容易被歸類爲「樣樣通、樣樣鬆」，甚至被當成花拳繡腿。而陷在特定領域裡的專家，遇到非核心領域的問題只會迴避，又會給人單調貧乏、無法掌握全局的印象。

這位神經科大夫，是她因手臂疼痛看的第三位醫生。只是，這位醫生檢查後也沒找到毛病。「那現在該怎麼辦？」她徬徨地問。沒發現什麼可怕的毛病，她自然鬆了一口氣，可是，疼痛也不會因此而改善。醫生答道：「要找出原因得往其他方向去。」

她問下一個檢查該掛哪一科？醫生聳聳肩：「很難講，或許該找專治風濕的醫生。」一位神經科大夫的診斷自然不會超出自己的專科，但指出下一個可能的治療方向屬於職業慣習的一部分：「如果妳同意，我可以將妳轉診給我的同事穆勒大夫，她是一名優秀的風濕病專家，先看看她怎麼說。」

對剛踏入職場的新鮮人而言，知識資本的重點首先在足夠的深度。提出「設計思考」理論的提姆・布朗也觀察到這種現象：「大學畢業初入職場的新鮮人，常是I型人。」[21] 他們通常在一或多個專業領域有深厚的知識基礎。專業知識愈深厚，職場裝備也愈充實，做起事情也因此更加得心應手，贏得的尊重也就更多。最好你所擁有的I型知識是落在求才若渴且報酬豐富的領域中，例如商界、科技、創新或娛樂業界。要知道，在今日的知識社會裡，寶貴的I型知識範圍益發狹隘且益發深厚。一個人若憑直覺就能說出正確答案，或者不必絞盡腦汁就能做出適切的決斷，就算必須打破既有規定也不慌張，代表這個人比其他大多數的人擁有更深厚的專業知識。相近的專業領域可彼此互補，較遠的領域則可能帶來新靈感。

成為某專業領域的明星雖然是件好事，

但要小心，不要陷入專業領域的泥沼，變成目光狹隘的技術宅。

危險可能來自兩方面：一是對工作內容太有興趣，所以鑽研得愈深。二是表現太過專業，而被視爲不可或缺。但與此同時，其他專業能力較遜一籌的同事，早就打好接受拔擢往上晉升的基礎了。

要提升知識資本的報酬率，除了足夠的專業知識深度之外，開闊的知識廣度也是必備。想發展橫向知識，就要對不同領域抱持開放的心態，閱讀、旅行、提問，還有培養宏觀的視野，留意專業職責以外的發展趨勢，多了解與行業相關的其他專業學科，並對陌生的領域抱持開放學習的心態，例如：心理學、神經學、數位化、倫理學、法律等等。知識廣度夠了，便能跟上許多討論議題，很快就能理解對方在說什麼。工作以外，你也會對生活中的重要疑問有所解答，例如：健康、伴侶關係、金錢管理、子女教育，以及生活藝術。廣泛的橫向知識能幫助你跨界思考，承擔管理職責，超越一般標準，找出獨一無二的解決方案。

暱稱希雅的舒科法·衣莎·雅美澈就快三十歲了。十歲時，她跟著家人一起從阿富汗逃到德國，拿到中等教育學歷，接受銀行人員職訓，會多種語言，進一步受訓成為私人健身教練。白天，她在姊姊位於慕尼黑著名時尚區鐘溪區的阿富汗餐廳幫忙處理經營事務，接著才來到她自己的王國：一位自由教練。希雅提供的課程還包含健康飲食，她將自己具備的所有技能全部整合在一起：銀行人員職訓、體育學、阿富汗料理中的食療知識、對呼吸法的鑽研，除此之外，還有流利的英文及俄文，這在多元文化的大城市裡特別重要。[22]

所謂創造力，就是將你想做的事付諸行動

讓我們先從創造力不是什麼開始。首先，創造力不是偶然發生的靈光一現，比較像是德國文豪托瑪斯・曼所說的：「擁有想像力不是無中生有的幻想，而是從已知的事物中創造出新的東西。」也就是將想法化成產品，例如：巧妙的應用程式、智慧科技、廣受歡迎的服務性產品。其次，創造力也不是上帝的恩賜，而是——借用德國戲劇大師卡爾・瓦倫丁的說法——要做很多事才會出現的美好事物。再其次，創造力也不是藝術家、畫家、演員或什麼創意總監之類「創意人」獨有的特權，而是人人共享之物，幸好如此。

因爲從今爾後，創造力是最重要的一種表現。在幾乎所有資料都可以靠Google搜尋得知的時代，重要的是創造出從前不存在的東西，無論大或小，或至少以全新的樣貌重現。如何在醫院購買的軟體中編寫一個附加程式，好滿足醫療團隊的迫切需求？如何設計出一棟能讓人們生活更加美好的建築？如何針對新世代管理者開發新課程？或者簡單一些：如何將我在葡萄牙麵包店吃到的特產引進我自己的麵包店作爲季節限定款？

要找到上述問題的答案，透過「腦力激盪」「設計思考」或「奔馳法」等等方法幫助有限。雖然這些講求創造力的技術在某些問題上可能有效，但最有活力的，還是一顆經年累月培養出創造性思考慣習的大腦。要培養出這樣的慣習，需要睜大眼睛走向世界，開拓新道路，嘗試新事物，偏離規範，要能抗壓，多方試驗，並掌握自己的技能。還有最重要的，就是堅持自己的想法。

若一個人生長的環境並不把成就視作辛勤或壓力，而是自由思考、創造價值，以及勇於承擔問題，就比較容易發展創造力。就算最終結果顯示，市場還未接受玻璃罐裝咖啡，也算是學到一個經驗。只是，若家境不夠富裕，就無法這樣輕鬆看待失敗。當經濟無憂，維持或改善社會地位仍是努力追求的重點時，太過出奇的想法就很容易被當成空想，試驗則是浪費時間。生長在物質條件有限的家庭裡，想發揮創造力，經常要抵抗周遭的壓力。不過，這並非辦不到。

時裝設計師嘉柏麗．史瑞莉在自傳中曾提到她幫姊姊縫製高中畢業舞會服裝的往事：「麗莎不高，但很結實，還有一張在當時也偏陽剛的臉，我知道她要穿樣式簡單的黑色禮服才會出色。這種想法對一個生活在一九六〇年代阿爾高偏郊地區的十六歲女生來說，算是非常前衛的。當時我就知道，當一個人擁有時尚風格品味，憑直覺便知道該怎麼裝扮，但其他人完全不在乎時，是一件相當惱人的事。」㉓

有好主意遠遠不夠，你還得付諸行動。創造力要有成果，想法與行動一樣重要。美國創造力研究專家羅伯特．史坦伯格的著作《創造力投資理論》正是基於這樣的認知而發展出來。史坦伯格認爲：

創意是一種有意識的決定：低價購入想法，然後高價賣出。

擁有豐富創造力的人，要將好主意變現，不能只是具備很快就想出好點子的能力而已。史坦伯格認爲，同樣重要的是，要懂得觀察市場趨向，能判斷好點子是否具有潛力，且能說服他人接受，並承受質疑，力抗所有可能破壞計畫進行的阻力。也就是說，創意需要一整套各式技能，除了剎那靈感，還要落實成可執行的計畫。就算大家都覺得你的創意太唬爛，同事競相批評，管控部門認為要實現太花錢，而且最終客戶可能會因為產品太過新穎而無法接受等等。

超市「廚房之家」的創辦人拉敏．顧擁有商管碩士學位，曾擔任過企業顧問，同時也是熱愛廚藝的業餘廚師。他是典型的TT型人才，擁有兩項以上彼此互補的I型專業知識。二〇一〇年，他在柏林開設第一間「廚師之家」，一家根據食譜來分類食材的超市。超市內一張張桌子，擺滿了如藜麥沙拉、芝麻鴨胸或蘋果蔓越莓脆皮奶酥等等食譜所需的食材，有兩人份、四人份或多人份等選擇。

這個點子是拉敏．顧在法倫達爾就讀奧托貝森管理學院時想到的。他在研究創業理論時，醞釀出自己創業的想法。有一天，他走進一家超市，突然靈光一閃：他要創造出能「走進去」的食譜。這個靈感來自個人經驗，他本身很愛下廚，但非常討厭採買過程，常常不是缺香料，就是需要的蔬菜不新鮮，更慘的是，最後才發現少了一樣最重要的食材。

有了好點子，但這難道不是大家都能想到的嗎？或許。

首先，這個點子的確是拉敏．顧最先想到的。其次也很重要的是：他將好點子付諸行動。他不斷琢磨，使點子更爲成熟，並讓別人也覺得這個點子可行。就像史坦伯格在《創造力投資理論》所敘述的，拉敏．顧以低價購入想法：不過幾分鐘他就想出了這個點子。一開始，這個點子的價值只有他這個創辦人知道，想因此獲利，就必須讓目標客群也喜歡上它。這部分的工作一直無法順利完成，他與創辦團隊花了兩年時間不斷修改超市的設計概念，嘗試各種食譜，尋找合適的員工和供應商，並翻修裝潢店鋪。在此期間，還要說服別人接受他們的想法。

同事及朋友都跟他說：「這只會帶來麻煩。」還未從金融危機回魂的投資者猶豫不決：「爲何偏偏選上食品零售？」但拉敏．顧沒有因此退縮：「我對這個點子充滿信心。」如今，除了柏林、漢堡、慕尼黑、法蘭克福和科隆都有「廚房之家」以外，也能線上購物。更成爲亞馬遜生鮮超市的合作夥伴，提供顧客一小時內到貨的服務。這個例子顯示出創造性慣習獲得回報的可能：從一個完全免費的點子，變成年營收高達一千兩百萬歐元的商業模式。

職場知識：看透系統，辨識捷徑

專業知識可以在大學、工作坊，或是在網路研討會習得。關於創造力的知識，如今也被研究得非常澈底，只要有心，就有足夠的資料閱讀。但是，企業到底在想什麼，就不是那麼容易摸透了。除了官方宣傳中的願景及組織結構，關於專業職場到底如何運作這種祕密規則，鮮少能在大學裡習得，其他書籍或專業部落格也不會洩漏太多。幸運的人在家耳濡目染便知道成功與權力的遊戲規則，至於了解有多深入，端視雙親的職業地位。根據雙親自身的經驗範疇，以及身處的企業文化，就會發展出不同的職場求生及晉升策略。身爲孩子最重要的榜樣，雙親對業界判斷的視角是從多人共用的大辦公室，還是從主管高層的角度，也是非常不同的。

她今年十七歲，只花了一季的時間就成為世界上最受歡迎的模特兒，而她的臉蛋簡直就是母親辛蒂．克勞馥的翻版。不過，凱亞．葛柏的成功不光只是因為美貌及完美的身材比例而已，時尚雜誌《ELLE》的報導透露了凱亞．葛柏在時尚界迅速崛起的祕密：「她在家就有可以百分之百信任的顧問。這些顧問在背後支持她，而且都是時尚界的專家，可以與她討論交流。」[24]

出身平凡的人，擁有好成績及畢業證書，不僅可以升上更高一級學校，也是進入好職場的入場券。因此這樣的年輕人會努力工作，設法以亮眼的成績單獲得他人的青睞，但對其他影響職場升遷的因素，例如市場發展、產業及企業文化，以及如何為職場升遷做策略性的準備等等所知甚微。他們的父母對這種事也是一知半解。對一般人來說，公司高層，特別是高階管理團隊所發生的事，只是道聽塗說，並不值得多花力氣理解。

上層社會的慣習自然不一樣。手握權勢的雙親，對孩子在學校的成績要求較為寬鬆。這種態度傳達給下一代的訊息是：專業知識固然重要，畢竟總得為未來的挑戰做準備，不過，比起專業知識上的枝微末節，可能還有更重要的東西。這些人的子女從小就能從第一手資料中得知：哪些行業充滿前景；透過哪些手腕可以獲得他人的尊重；如何與權勢人士交往；如何釐清自己三年後想站在什麼位置；為何從實習生開始，會比起直接拿全薪以正職開始工作更為有利；如何帶領團隊；為何最好從年輕時就開始為一個有發展遠景的目標奮鬥。這種階級特殊思考模式的影響，會表現在子女的職業發展機會上。

有人知道如何做出成績，但有人更知道如何呈現績效。

除了良好的教育，出身富裕家庭的孩子還擁有一種自身常未察覺，但早已內化的知識優勢，那就是職場平步青雲之道。這種職場知識再搭配上專業資格，成效加乘而成爲一張不容小覷的王牌。就連德國教師協會主席約瑟夫·克勞斯也不得不承認這種情況。根據他的經驗，職場上的成功與中學成績並不怎麼相關：「統計數據顯示，一個人後來在大學及職場上的成就，與中學成績的相關性只有五〇％。這並不多。」其他因素也同樣重要，像是選擇的專業、耐力與毅力，以及個人抗壓性。「最後很重要的一點：在人生的路上遇到貴人提攜。」[25]

對身處上層社會的人來說，這些認知都不是新鮮事。浸染於出身環境慣習中的他們，從小耳濡目染便懂得如何在企業組織中朝著既定的方向前進。儘管蘋果公司與采埃孚公司的遊戲規則並不相同，但無論哪家公司，大原則總是一樣的：只要你能從既有的企業文化中做出最棒的成績，就會出人頭地。剛進公司的新鮮人首先要明白這點，但這不是件簡單的事，因爲職場新鮮人通常缺乏對現實情況的認知。若家中又沒有長輩身處上位，等到自己體會到公司不只是才能展現，而是辦公室政治的競技場時，通常爲時已晚。

史丹佛大學教授傑佛瑞·菲佛曾說過：「在管理及領導力課程講座中，常常講述的是這個世界應該如何，而不是這個世界是如何。」[26] 因此，對那些教育菁英而言，職場晉升之路仍是難以捉摸，只能專注在下一步怎麼走，無法訂定長遠目標。新手若能成功，常常是因爲他們懂得發現並抓緊機會，如同社會學家阿拉丁．艾爾—馬法拉尼分析階級晉升成功者傳記時所發現。[27] 如果沒有把握良機，就會像希臘機會之神卡伊洛斯一樣，稍縱即逝，再也無法挽回。

拿到漢學碩士後，她便在一家資訊公司為管理高層擔任口譯，並教導員工中文及跨文化訓練課程，同時繼續撰寫博士論文。期間，一名董事臨時需要更多助理，想起這位年輕的漢學家。於是，她還未真正理解發生什麼事時，人就已經坐在高層辦公室助理的第二把交椅上了。不過，她對這個改變並不熱衷，也不想幫老闆處理個人事情，無論老闆多麼位高權重。就這樣過了三個月，她盡責處理完所有交辦給她的事項，不再有多餘的業務後，她又回到原來的工作崗位上。直到很久以後，她才恍然大悟自己錯失了一個大好良機：那位欣賞她專業的董事、正式溝通管道以外接觸高階經理人的機會，還有第一手的資訊，這些都是能讓她出人頭地的機會。只是她不知道如何利用這些關係獲得權力，剛離開大學的她對如何在事業上展現企圖一無所知。

每家公司都有極爲複雜的組織結構，其中的權力關係與非正式升遷系統，想摸透需要很久時間，而且也藏有風險。你的專業理論知識無法運用在這種系統上，只能透過敏銳的觀察慢慢熟悉，特別是那些未曾說出口的種種言外之意：誰握有實權、老闆注重什麼、誰與誰接觸密切、市場走向如何、哪些員工是非官方的意見領袖、有什麼專案在進行、合作單位是誰、哪一類的員工會被當成救世主且晉升特別快。這在每家公司都不一樣，在A公司是經驗豐富的工程師，到了B公司則是聰明、年輕的律師，在C公司可能是天才型暴君，出於某種不明的原因，這些人不會被當作自戀狂，而是很酷。

不幸的是，很少人會去分析公司裡這種不成文規矩，也很難問出個所以然來。如何得知這類內幕消息，顧問公司 Leanovate 的部落格曾討論過這個專題，並建議公司新人採取以下連鎖反應試探：

任意行動—覺察—反應。[28]

也就是說，捨棄固有的行爲模式，先做出假設，並化成行動（＝任意行動），觀察發生什麼事（＝覺察），並據此調整自己的行爲（＝反應）。這樣的實驗有時馬上見效，例如私下跟上司提出一個意想不到的解決方案，幫助他突破瓶頸。有時則感覺沒任何作用，例如團隊開會時直陳資訊設備太老舊。透過這樣的狀況也可以學到，對系統的批評就算再有道理，還是要付出信任代價，而且不易被接受。

這可以說是實驗行動：做些嘗試，測試界限，小心探試各種可能的方法。慢慢的就能從行動及覺察中，一步一步探得不言而喻的潛規則，知道小道與捷徑，並且愈來愈清楚用什麼方法或跟隨哪個人的腳步，能更快達到目的地。每一次的成功都會疊加上去，從失誤中習得的經驗知識會轉化成最好的教訓。只要記得，千萬不可錯得太過分，即使系統不求事事正確無誤，但明顯的策略性失誤仍會造成反噬。

為躍升做準備

於各個層面拓展個人知識

想晉升到一個領域的頂尖位置，並不需要擁有上流社會的出身。至少在專業知識上，每個人都可以像唐老鴨的富豪叔叔填滿錢櫃一樣，填滿自己的知識庫。更何況，目前知識資本能獲得相當不錯的利息。在德國，失業率來到新低點，人口結構的變化又使得專家更加搶手。缺乏專業人才，也導致出身變得不再那麼重要，高薪、高職位也對不同出身的人開放。

1 盡可能爭取最高學歷、最被看好的實習機會，以及最佳的在職訓練機會。這麼做的理由很多：第一、每一種分外的努力都能提高你的專業及技能優勢。第二、學校、培訓及在職訓練機構的聲望都會直接加諸在你身上。第三、學位及頭銜這樣的資本，就算在不景氣的危機時期也不會消失不見。第四、階級晉升者常有捉襟見肘的不安感，廣泛且大量的知識，就像禦寒大衣一樣，可以幫助你抵抗社交嚴寒。第五、就像生於特權階級家庭一樣，最優秀的教育機構及最熱門的公司也能擴展你的視野，豐富你的慣習。

2 無論是接受訓練或就讀大學，千萬不要只是爲了考試臨時抱佛腳。把握機會擴展你的社會、文化及知識視野，並設法參加必修課之外所有可能選擇的活動，像是實習、語言學習課程、個人成長課程、國外遊學，以及外賓講座等等。想提升慣習，就不能只局限在專業與實用知識，以及職業技能而已。出身富裕家庭的子女從小就明白這個道理，而靠著教育晉升上層社會的人，卻常常要面對出身慣習中強調有用的思考方式：「學這個要幹嘛？能賺錢嗎？」要有堅毅的信念，才能避免被這樣的想法禁錮。

3 考慮一下你的知識資本運用在何處可得到最高的獲利率。大部分人在尋找發展領域時都會受到個人慣習影響，這可能是最好的路，但未必一定是。先確認自己認爲最重要的是什麼：是一個你覺得如魚得水，可以輕鬆發揮所長的職場環境；或是一個你想融入，但剛開始並不那麼適應的慣習環境，充滿挑戰的環境更能激發你發揮潛能。很快的，在你展現出極有價值的專業知識，或者幫某位身負重任的公司一級或二級主管完成前置作業後，爲你贏得其他人的重視。此外，在時間運用及空間移動上保持高度彈性，也能讓你較快脫穎而出。

4 留意不要落入半桶水的狂妄，古希臘哲人第歐根尼的話：「我知道我一無所知」是至理名言。許多人缺乏正確評斷自身知識水準的能力，特別是職場新手，常會在首度成功後以爲自己無所不能。舉例來說，飛行員在累積八百小時飛行時數後，發生事故的機率緩慢上升。醫生則通常在進行第十六到二十次的手術時，最容易犯錯。也就是在尚未熟練到例行公事的狀態，但已不再那麼謹慎小心的時候，最容易失誤。[29]

5 知識不能只單靠閱讀獲得，還必須花腦筋思考，要能運用、連結並落實爲行動。從研討會、專業文獻、行業資訊、訓練、TED 演講、網路研討會、Netflix 紀錄片、Google Arts & Cultare 獲取知識只是開端而已。當然，這些也都很有用，但想要內化這些知識，只能透過邊做邊學、模仿、多方嘗試、討論、提問、發展更適合的變體、創造價值，以及突破界限等等方式完成。

6 全方位擴展個人知識。如果才剛畢業沒多久，成爲 T 型人才，讓你受到重視。第二及第三種 I 型知識可慢慢添加上去。與行業相關的知識要廣泛了解，並留意培養工作以外的各種關注話題。還有，別忘了發展社交技能，將生活中的各式挑戰化成廣泛的知識，例如教養小孩、挫折、疾病、照護他人的經驗，並強化個人性格。

7 晉升者的警鐘：假裝自己比別人厲害或自認天才的人，不可能升到頂尖位置。你要用好點子、解決方案，以及創新的知識說服他人。對自己的專業優勢最好不要太過張揚，要有自信，但不要咄咄逼人。社會地位愈高，展現成功就愈不是透過功績，而是透過慣習，因此強調自己的能力與成就也就愈不得體。千萬不要忘記，在頂級聯盟裡，汲汲營營並不被欣賞，重要的是沉穩自信。太過講求細節及處處挑毛病，會顯得小氣且讓人覺得莫名其妙。

8 若想在現在的公司發展事業，就算你再有實力，也千萬不要表現得讓你的上司顯得落伍過時。不要扯專案負責人的後腿，給予所有他需要的東西，這樣你能更迅速達到自己的目的，也能做出更可靠的決定，並獲得更好的觀感。將批評包裝成建議，訣竅是談論未來與改善的可能，並且以對方可接受的方式：在正確的時間以適當的語氣提出。

專家看法　你能做什麼，比你認識誰更重要

身為頂尖的獵頭顧問，馬提亞斯．克斯勒媒合過數百個大型和中型企業一級及二級主管的職位。根據他的經驗，能力最好的應徵者不會自然而然就拿到頂尖的職位。儘管如此，優秀的專業能力還是不可或缺。

朵莉絲．馬爾汀：「想做最有趣的工作，要大學畢業才行。」這話竟然是比爾．蓋茲說的。請問克斯勒先生，他說的對嗎？

馬提亞斯．克斯勒：許多藝術家、演員及音樂家都沒有大學學歷，而他們的工作對很多人來說也是有趣的。比爾．蓋茲也沒讀完大學，仍然靠自己成名並變成富豪。也有些人覺得職人工匠的工作非常有趣，並樂於以此為生。這是非常主觀的。我為企業尋找適合的人才，通常是執行長、財務長、法務長、人資長等等空降管理職缺，大學畢業是基本的條件，不過，並非人人都覺得這些工作是世界上最有趣的工作吧。

最好是菁英大學畢業嗎？

最好是，這是很有用的通行證，至少對經理類的職位而言。不過，也不保證一定會有結果。除此之外，自己也必須做出成績，然而很多人似乎不懂這一點。

在商業界，出身富裕家庭的人有較多的優勢。這也代表對其他人來說，想晉升高位只是做夢而已？

不，這些人更應該努力。這跟出身根本沒關係！有太多的例子顯示出身平凡而晉升至高位，實現夢想及找到理想工作更是比比皆是。或許出身富裕家庭的人，因為雙親有餘裕能助孩子一臂之力，通常學歷較高。而事業成功的雙親也有更豐富的人脈。但這不保證他們的孩子就會更有成就。他們也必須自我證明，如此一來，良莠之分就很明顯了。

大學選擇科系有多重要？

這就要看你想要從事的職業是什麼。一位想靠專業向上晉升的工程師，當然就要選擇相關科系，而且最好能以優秀的成績畢業。

頂尖職位呢？

某些頂尖企業裡的職位，專業學科的選擇的確相當關鍵。例如，要在德國DAX指數裡的大型企業擔任法務長，不可能沒有法律學位和法律實務經驗。但其他很多管理職位，大學讀什麼專業就不是那麼重要了。更重要的是理解總體經濟發展的影響，以及知道將要接手管理的公司或部門如何運作，也就是所謂的商業思維。

如何為畢業後的職涯發展做開放性及策略性的準備？

首先，不要期望太高，要腳踏實地。最好的衡量標準就是明確知道自己的能力。今日職場上最重要的要求就是彈性，也就是說，不必死守家鄉，要有到處飛、蒐集國內外經驗的心理準備。還有，建立人脈也很重要，這樣你才可以私下從社交圈中及早得知求才的消息。

這樣典型的專業宅不就沒機會？

正好相反！你看富比士排行榜上的人，就有不少專業宅！還有職業電競選手或職業撲克選手，也能透過做自己喜歡的事，也就是電玩、賭博而發財致富。

根據您的經驗，愈搶手的職位，是否就愈遵循「氣味相投」的原則？

基本上是這樣沒錯，決定性的關鍵通常跟專業無關，比較像是：「這個人跟我們比較對味，那就選他吧。」不過，公司做出這種選擇，也不會是因為買誰的帳。整個決策過程還是要保持客觀，認識誰不會是關鍵性的因素，最重要的還是能力。

今日，在德國拿到高中畢業會考文憑的女生明顯多過男生。她們該如何從這個優秀的表現中爭取更多優勢？

要牢牢記得：今日容易勝出的人，比的是誰速度快，而不是誰最優秀。所以，不要遲疑，發現合適的職缺就勇敢果斷地大膽下手。對自己要有信心，只要問自己：「為什麼這麼做？」不要拚命找理由反駁自己。

同樣的建議也適用於中學剛畢業的男生，我比較傾向不就性別來做區分。

懂得比別人多，有可能反而扣分嗎？**例如懂太多而顯得自大**？

最、最、最優秀的人才自然會引人注目，這種人稍微自大一點，基本上是會被接受的，畢竟他們的確有本錢，而且公司也需要這樣頂尖的人才！但如果一個人自大卻不夠優秀，就會在競爭職位時因不夠突出而落敗，甚至因此引人側目。

若明明就是公司中最重要的人，但總是有人擋路怎麼辦？

如果已處高位，還有被人擋路的感覺，那麼我只能建議你超車或換公司吧，畢竟總不能一直跟在慢車的屁股後面走。

如何提高獲得頂尖職位的機會？請用三個詞說明。

能力：記得，「我能做什麼」永遠比「我認識誰」重要。

毅力：沒有取得職位的毅力，再有能力也沒用。

運氣：在對的時間來到對的地方，也就是時機。畢竟人生無法事事按照計畫走，每個人都只能努力設法增加自己成功的機率。

馬提亞斯．克斯勒（Matthias Kestler）博士是獵頭公司 Xellento Executive Search 創辦人暨總經理，不僅了解企業、人事顧問和求職者的不同視角，對沉默且充滿神祕的頂級獵頭世界也有獨到見解。可參考他在二〇一八年出版的著作：《懸賞！獵頭、企業及尋找理想人選的荊棘之路》（*Wanted! Headhunter, Unternehmen und die knifflige Suche nach den idealen Kandidaten*）。

Chapter

3

物質資本

你擁有的東西

物質資本：

1. 物質財產，例如金錢、股票、不動產、企業資產、珠寶、黃金、藝術品。
2. 可預期的額外收入，例如退休金、養老金、人壽保險、遺產繼承。

歐洲首富阿曼西歐・奧特嘉創立服裝品牌ＺＡＲＡ，據估計，他的身家財產高達六百四十億美元。歐洲排名第二的富豪小卡爾・阿爾布雷希特與貝亞特・海斯特，他們是德國連鎖超市ＡＬＤＩ已故創辦人卡爾・阿爾布雷希特的孩子，富比士榜單列出他們財產額是三百億美元。排名第三的是奧地利籍的海蒂・霍頓，是繼承百貨業大亨赫爾穆特・霍頓財產的遺孀，名下財產有三十四億美元。想了解成爲頂級富豪最有效的路徑，只要看一眼全球富豪排行榜上的名字就可以得到結論：想要富可敵國，方法有三——創立公司、繼承或透過結婚進入豪門。

讓我們回到現實，離開全球前〇・一%頂尖富豪的奢華世界，回到相對來說還算樸實的主導階層的社會環境，也就是受過良好教育且薪資收入爲前三分之一的上層社會。身處這種社會環境的人，生活綽綽有餘，物質上一切幸福光明，至少從後三分之一的貧困階級及明顯樸實很多的中間三分之一階級的視角來看。然而，身處前三分之一、甚至前十分之一的人，卻很少人覺得自己富有。爲何會如此？實際上，在整個社會中，物質資本落差最大的，便是落在最高稅率繳交者當中最窮的、較富有的，以及最富有的族群之間。

上層社會的下層階級

二〇一六年，德國聯邦銀行一項關於德國家庭淨資產的研究，清楚顯現物質資本的衡量標準值：一個家庭在財務方面要處於前三〇%，在扣除所有支出後，擁有二十萬歐元左右的家庭淨資產。[1] 這個淨資產包含儲蓄、股票、房地產、汽車、珠寶等等所有有價值的東西。擁有近五十萬歐元淨資產的家庭，則屬於前一〇%。

就現實情況來說：從統計學上看，一個由SAP工程師與中學老師組成的家庭，住在斯圖加特近郊一棟快要繳清房貸的連棟透天厝裡，屬於德國最富有的前一〇%。相對來看，他們在社會及財務方面都處於上上層。

只不過，還有個問題：前一〇%族群之間的收入及資產差異很大，正確來說，是天差地遠。德國最知名的電視節目主持人金特．堯，身家資產據估計約有五千五百萬歐元，與近兩百名億萬富翁一起名列德國最富有的前一〇%。當中也包括德國首富，連鎖超市Lidl創辦人迪特爾．施瓦茨，身家財產據估計約有四百億歐元。從這裡可以推算出充滿超現實色彩的數字：德國最富有家庭的資產，是排名前三分之一家庭的二十萬倍，是前一〇%經濟菁英族群——當然僅限族群的下層——的八萬倍。

一對建築師夫妻，自由業，五十出頭，家庭和樂美滿，他們精彩的專案設計，曾獲幾個重要大獎肯定，扣除一切費用後的家庭淨資產約有三十萬歐元。有一業主家庭，三十多歲，繼承一家有四間店面的汽車經銷商，還有一棟城市別墅、兩棟度假別墅，以及流動資產約一千兩百萬歐元。兩家人品味及審美觀皆相近，有許多共同話題，兩家人是在狗狗訓練學校認識的。兩個家庭的最大的差別是：業主家庭屬於「中等有錢的百萬富翁」，擁有的財產是建築師夫妻的四十倍。

這前三分之一的族群，每個人都能過很好的生活。但他們和上方的距離，要比往下的距離遠太多了。比起一般人，擁有二十萬或五十萬歐元的財產的確是不少，但不必是數學天才也能看出，二十萬或五十萬歐元與頂峰的四百億歐元之間的落差，比起往下什麼都沒有的家庭之間的落差，根本是天壤之別。

儘管我們這些常常假裝不是這樣，但上層階級與頂尖富豪之間的經濟差距有如銀河系般遼闊。美國財經雜誌《Worth》某一期封面故事是關於前一〇%的富豪，其中一位受訪者描述自己身處頂尖聯盟，卻有著跟不上的無力感：

「我不配擁有這些，但我還需要更多。」❷

這種混雜著感激及沮喪的矛盾心態其來有自。許多身處前三分之一，特別是前一〇%的富人，有著相似的偏好與價值觀、相近的教育與雷同的文化慣習，他們努力成長，自我發展，設法在既有的基礎上創造出最好、最優秀的成績。無論是教師家庭或大企業家家庭，他們傾向購買地方生產的有機食品，喜歡到處旅行，欣賞有品味的設計及真品，無論想法傾向保守主義或自由主義，一律都是開明的。

但卑鄙的是：這些新的上層階級複製了家境小康、但財力遠遠不及自己的教育菁英身上的慣習。在這個低調奢華的時代，頂尖富豪很少讓人覺得特別，第一眼印象反而像是收入不怎麼樣，甚至少得可憐的學者。

另一方面，在收入最高的前一〇%、三%，甚或一%的階層裡，經濟不平等的情況比其他任何階層都嚴重。對高收入階層裡的低收入者來說，他們愈來愈負擔不起自己創造出來的生活品質。就像所謂的奠基時代風格區域，三十年前教育菁英相中這些老房子集中的區域，花了許多精力一步一步將其變成令人嚮往的社區。然而，一旦受到頂尖富豪青睞，大舉入侵社區後，這些身處上層社會的下層階級就明顯感受到壓力了。文化氣息濃厚的慣習雖然有品味，但支配這個世界的還是金錢。3

政府與統計數字忽視財富愈來愈集中在頂尖中的頂尖。《明鏡線上》就曾批評過：「對德國中產階級及窮人家庭有多少錢，政府跟統計專家看得一清二楚，但卻一點都不清楚真正有錢的人到底有多少財產。」[4] 就連金融界的菁英，也故意模糊財富分配不均的事實。與中國、俄羅斯或美國不同，德國身處金融界高位的菁英不喜張揚，常宣稱自己是「中產階級」，這給小康族群一種錯覺，覺得自己也屬於菁英階層。

財經記者烏麗克·赫爾曼在她的著作《哇，我們可以納稅：中產階級的自我欺騙》中，探討為何前三分之一的階層會接受一個損害自身利益的稅收及社會政策：「在為職涯發展耗盡心思時，中產階級並未注意到菁英階層是多麼遙不可及，因為他們的地位並不是因為自己的成就，而是家族內一代傳一代。」自我欺騙的原因很簡單：就連中產階級裡的上層階級，對富豪有多富有也是毫無概念。為何會如此？「德國聯邦統計局並不計算那些每月稅後收入超過一萬八千歐元的人，官方的統計數字裡，並不存在這群真正富有的人。」[5]

帳戶餘額當然是關鍵

提到錢，總是有人會說：金錢不能帶來幸福。這句話不僅膚淺，而且根本不對。

至少也該這麼說：光是金錢不能帶來幸福。生前被稱作德國文學教皇的馬塞爾·萊希——拉尼基曾這麼說過：

「光是金錢不能帶來幸福，但在計程車裡哭，會比在電車裡哭幸福一點。」

根據哈佛大學的研究，即便已經很富有了，但如果這些富豪的財產變成雙倍，他們會感到更幸福。[6] 但幸福研究專家認爲並非如此，的確有比金錢更重要的東西，除了健康之外，最重要的就是親密的人際關係：有人欣賞我們，跟我們一起歡呼，幫我們加油，陪伴著我們。此外，認爲自己生活充滿意義，也會帶來相似的幸福感：做出成績，幫助他人，從事能讓自己成長的工作。

馬格德堡大學社會系教授揚·德爾海也是幸福研究專家，他曾提出一個簡單好記的幸福配方：擁有、情愛與存在。[7] 這三種可以替我們製造幸福的要素，會因不同類型的人，分量有所不一，但沒有哪一個能完全被另一個取代。只有在錢財、情感依歸與意義這三大條件彼此調和時，我們才會覺得生命是值得的。

錢財也是其中一個條件。對個人經濟的判斷、可以利用財富做什麼事，以及與他人相比的財富狀況，都會影響個人的幸福感。不過，兩者之間的關聯倒也不像唐老鴨的富豪叔叔說的那樣簡單原始：「像隻海狗一樣跳進錢堆，像隻鼴鼠一樣在裡頭挖，這才是真正的幸福。」而這隻全世界最富有的鴨子，最後總是以一個可憐富人的慣習收尾。唐老鴨的富豪叔叔可說是「有錢真好」的具體表現。然而，要將錢財轉化成生活品質，就必須先有一點金錢心理學的認識。

如果一個人非常、非常有錢，那麼錢財的確不會是他幸福的主因。就像德國出版集團 Gruner + Jahr 執行長茱莉亞・傑克爾，或是二〇二四年歐洲盃足球賽主辦委員會主席菲利普・拉姆，不可能會因爲得到一小筆遺產而高興得手舞足蹈。不過，若一個人本來就阮囊羞澀，意外獲得一小筆橫財，的確會產生幸福感。至於雀躍與否的界線落在哪，諾貝爾經濟學獎得主丹尼爾・康納曼及安格斯・迪頓知道，大約是直到家庭收入比該國平均收入高出近一〇%左右：每回加薪，這些家庭都會覺得負擔又減輕一些，煩惱少了一點，經濟安全感多了一點，壓力少了一些，能負擔得起生活上的小確幸，度假費用也有著落，比起鄰居也較爲體面。[8] 意外獲得的橫財，也相對地帶來更多的快樂。

若問什麼是絕對無法讓人幸福的事，

那就是沒錢這回事吧。

對收入更高的族群而言，獲得更多錢，當然也是件愜意的事，但生活並不會因此變得更好。以經濟學術語來說，就是邊際效用下降，基本需求或更多的要求早已獲得滿足。這種金錢降低擁有的樂趣，不必是超級富豪，一般收入較高的族群就會有類似的體驗。

其實，發生這種狀況的原因你可能也已知道：輕易就能到手的東西容易貶值。就像看到一雙漂亮的黑色切爾西靴，如果你的鞋櫃已經有三雙類似的靴子時，再多買一雙只會造成沒地方放的煩惱，或者選擇變多，反而不知道該穿哪一雙。購買新車也會出現同樣的效應：即使新車比現在的賓士 C 系列還要高一級，但到辛德芬根領新車時，那些小點心、參觀車廠、拍照紀念等等活動也不再新鮮。說穿了，每回還不是都一樣。雖然比起商品本身，體驗的光環較不容易磨損褪色，不過，一旦升到無法再升級時，體驗也很容易變得無聊。據說就連搭瑪麗皇后號橫跨大西洋這種豪華體驗，到了第三次也就不再那麼令人興奮了。

這聽起來雖然有「何不食肉糜」的傲慢，但說實在的，我們每個人也都有過類似的經驗，就像連續過了五天舒適宜人的美好夏夜後，到了第五天已經不像第一天那麼幸福快樂了。要避免讓自己索然無味，我們可以選擇不斷獵奇尋新，或者修身禁欲。或者，我們也可以把省下來的錢捐給其他更需要的人，如此一來我們不僅做了好事，還可以順便增加自己的幸福感。這話聽起來雖然犬儒，但金錢能帶給人最大的快樂，莫過於發現自己活得富足闊綽，而別人遠遠不如自己有錢。

來做個小測驗，試想一下，你有兩個工作機會可以選擇：一、年薪十三萬歐元，其他同等職位同事年薪平均爲十六萬歐元；二、年薪十萬歐元，其他同等職位同事年薪平均爲八萬歐元。你會選擇哪個工作？

一項學術研究調查顯示，大多數人都會選擇第二個工作。很顯然，對大多數人來說，個人財富在社會中的相對表現，比絕對數量來得更爲重要。特別是成功人士，比起金錢，更重視社會地位，比起消費得起什麼樣的昂貴商品，社會排名更爲重要。[9]就連大富豪也是這麼想。就像排行榜上的億萬富翁，若是跌了幾個名次，其實根本毫無影響，但是他們還是會因此而悶悶不樂，因爲：

金錢不僅代表美夢成真，
還是功績、聲望，以及財務成就的衡量標準。

就像玩《大富翁》遊戲一樣，物質資本決定了我們在所處環境中的優勢。誰的物質資本愈多，不僅社會地位較高，成功的機率也更大。當窮人大部分的財產都花在日常消費上，有錢人則大部分投資在時間、教育、審美眼光、自我意志、休憩、健康、伸張正義和便利。現實的例子就是：獨棟木屋度假村安靜又有個人隱私，名牌及私人訂製西服確保外表體面，能幹的律師對付煩人的鄰居。如果有更多錢，就可以像祖克柏一樣買下房子周圍所有土地。就連更優秀的中等教育文憑也可以花錢買到。

在雷根斯堡生根茁壯的機構裡，私立平德文理中學是其中之一。歷屆學生總不免拿「家有笨孩就送平德」這樣的話來自嘲。當然，即使是私立學校，也不會隨便送出高中畢業會考文憑。不過，小班授課，加上充滿啓發性的學習環境與個人輔導，顯然更容易取得優異的成績。

一夜致富也不是件輕鬆的事

有錢很好，一直都有錢更好，因爲家裡好幾代都是有錢人的話，後代繼承的不只是金錢而已，從小耳濡目染，還會懂得如何運用及管理金錢等等。還有那些隨著職涯發展收入逐漸增加的人，也會一步一步自然地走進較精緻的生活方式。收入前一〇%的上層階級裡，幾乎四分之三的人超過五十歲，其中四〇%的人甚至已經退休。從初級顧問、顧問、資深顧問到事務所合夥人，這些人以很長的時間慢慢習慣財富的增加，因此相對的也能以穩健的方式處理金錢。

如果是因運氣、巧合，或者特殊情況突然致富的人，就很難找到合適的方式處理這麼大筆的金錢。這種情形就很容易發生所謂暴發戶的刻板印象：金錶、酒池肉林的夜店派對、氣派的豪華轎車、全身金光閃閃、開香檳到處噴。

至於那些花了二十年時間，將小生意經營成隱形冠軍的創業者又不一樣。在這種情況下，賺得的金錢展現出來的效應經常是太少，而不是太多。當一個人耗盡全力發展公司時，儘管責任增加，帳戶餘額也跟著增加，但通常缺乏時間，甚至根本沒有意識到自己需要去培養、發展符合當下財務狀況的世界觀。多年後才驚覺自己缺乏文化，缺乏美感，多了各式休閒活動的可能性、有自己事業及想法的伴侶，並且隸屬頂級聯盟。雖然擁有豪華轎車，住在有游泳池的別墅，在奧地利滑雪勝地基茨比厄爾有度假屋，但身處高處的環境中依然有格格不入的陌生感。雖然可以購買薩爾茲堡音樂節節專屬套裝行程，但卻找不到門路進入《穆森斯克郡的馬克白夫人》的歌劇世界。這些問題的主要原因出在慣習跟不上財富累積的腳步，兩者之間的調和還需要時間。一旦兩者可以彼此互相配合後，將會是驚人的成功。

當威廉王子授予她大英帝國勳章時，維多莉亞．貝克漢穿著一襲個人名下品牌的深藍色洋裝，頭髮簡單地紮成馬尾，臉上幾乎看不出化妝的痕跡。這位從前的辣妹並非總是這麼優雅，當她還是歌手及大嫂團的一員時，曾被時尚評論家選為全球妝扮風格最差的女性。當時她的造型：紙片人的零號尺寸，接長的頭髮，擠出巨胸。十年後維多莉亞．貝克漢享有一流的地位，被《今日管理》雜誌選為年度最佳女企業家。她與丈夫的財產合起來，據說比女王還要多。如今給人的印象：獨具一格。

美國心理學家史蒂芬．高巴伯特以「一夕致富症候群」形容意外飛來的橫財對個人心理所造成的影響。高巴伯特認爲，意外獲得一大筆與出身環境毫不相襯財富的人，很容易與舊有的世界失去連結。許多暴發戶因此走向極端，要不過度消費，要不過度節儉。他們常覺得自己被社會孤立，老朋友變得陌生，但在經濟匹配的社交圈裡，又不被人接受。這種最初的種種不適應是可預見的：擁有一大筆財富也是需要學習。

只要有錢，很容易買到芬迪包、法拉利、度假屋。生命中美好的事物都很有趣，但不是進入菁英圈的門票，因爲傳統富豪世家一直以來就比暴發戶謹慎低調。與電視上播了十四季的富豪實境秀《蓋森家族》流露出來的訊息完全相反，大多數的上層階級通常不會誇耀財富，反而接近默不作聲。除了川普及卡戴珊之流，大部分的人都喜歡生活中各種美好事物，欣賞高檔商品及注重工匠手藝的質感，但並不會敲鑼打鼓將有錢這回事宣之於口。任何會讓人聯想起下流或炫耀的東西、任何嶄新到閃閃發亮的東西，都會洩露出這麼做的人完全不了解遊戲規則，或者至少暴露出這個人剛進圈子不久。這種現象也不是現在才出現。

十九世紀末，在維也納，富有的「第二社會」成員紛紛在環城大道旁新建的宮殿別墅定居下來，包括金融大亨、工廠老闆家庭、剛被授予貴族頭銜的市民，他們全是有教養、崇尚自由主義的中堅分子。然而，對那些世代相傳高高在上的貴族而言，他們不過是「環城大道的伯爵」。諷刺漫畫總是將他們描繪成暴發戶的樣子：故意穿得體體面面站在別墅陽台抽菸斗，展示自己的富有。儘管第一社會與第二社會的成員彼此互相來往，但只限於男性。「從未見過第一社會的貴婦到第二社會人家作客，反之亦然。」一位時代見證者這麼寫道。

無論是一八七五年或二〇二〇年，都可能發生有人一夜致富，或者就算不是一夜，也是在極短的時間內。但有錢並不代表同時就會得到社會的肯定，就連《麻雀變鳳凰》

裡的茱莉亞·羅勃茲，也躲不過在精品店中試圖灑錢購物卻失敗的經典一幕。要被視爲有錢人，得先符合某些條件。首先自然是擁有的金錢數量，但比數量更重要的是如何處理這些金錢：如何謹慎投資，如何有格調地花錢。這並非人人都懂，根據知情者的估計，約有八〇%的樂透中獎者，兩年之內就將獎金悉數花光，甚至出現赤字。[10]數學家克里斯蒂安·弗里茲曾用一句話簡單明瞭地表達出這種現象：

「通往（財務）成就的道路是漫長的過程，不是一時發生的事件！」[11]

或許一個人可以快速賺大錢，但首先僅是經濟地位的上升，只有當品味迎頭趕上時，才可能贏得社會的肯定。

財富對人的影響

「小時候我曾相信金錢是生命中最重要的東西。如今老了才知道，眞的是這樣。」

王爾德的名言常常很尖酸，但也總是一針見血。金錢當然不是一切，但錢還是能買到很多東西。這裡指的不是像卡地亞手錶，還是凱歌皇牌香檳。即使手腕上的經典名錶看起來很棒，純金鑲鑽的更好，但更有意思的是，收入及財產如何影響我們消費以外的生活。

從社會整體來看，財富並非只帶來好處。近來，心理學對開始關注金錢與社會地位如何影響人們的社會心理行爲，得到的結論是：經濟狀況較好的人，會自認比經濟狀況較差的人優越，較沒同理心，而且比起較窮的人，更容易認爲違反交通規則或逃稅不算什麼違法行爲。

加州大學柏克萊分校的兩名學生在一間沒有窗戶的房間裡玩《大富翁》遊戲，不過，不是一般的遊戲規則，而是特別以經濟不平等設計出來的規則：A玩家在遊戲一開始可以拿到兩千元，每次經過原點可以領兩百元，B玩家拿到的錢是對方的一半。此外，A玩家擲骰子的次數是B玩家的兩倍。研究人員透過攝影機追蹤A玩家的反應。一開始，A玩家明顯覺得尷尬，但遊戲時間愈久，就愈不在乎地展示優勢：迴避B玩家的目光，買下一條又一條街道，蓋起一間又一間房子，靠著收租愈來愈有錢。漸漸的，他幾乎將整個遊戲桌占為己有，以他的棋子橫掃棋盤，最後，他面無表情地拿走輸家所有的錢。⑫

這個由柏克萊心理學家保羅・皮福主持的實驗顯示出：手上不過多了些遊戲錢幣，行爲就會產生變化。《大富翁》遊戲如此，現實生活就更不必說了。

社經地位較高的人很容易覺得自己有更多的要求，是再正常不過的事。

彷彿規則就是爲他量身訂做，在實驗中也比別人拿取更多的糖果點心，儘管那是給別人的，並且會隱瞞重要訊息不告訴對方，若贏了遊戲有獎品可拿，更是會毫無掩飾地作弊。不過這些行爲的背後並非惡意或惡劣的人品，只是個人享有的優勢會改變觀看視角。這一點，從實驗中受試者暫時進入有錢人的角色時，也會表現出「富人慣習」的現象便可以證明。就像打開開關一樣，擁有愈多錢，就愈容易只想到自己。反過來，也可以觀察到類似的現象：當人暫時陷入手頭拮据的窘狀，與別人合作的意願也會大增。柏克萊研究人員用簡單的成本效益分析來描述行爲的改變：

有錢人不必依賴他人的善意過活，因此也較不在乎別人對他評價如何。

所以，擁有的錢財多寡，也會帶來不同形式的慣習。沒錢的人想過好日子，最好與他人團結。而有錢人不必仰仗他人的意見，可以按照自己的意思追求自己的目標，而且還可以毫無顧忌地展現自己的優勢，不必擔心會招來不利。富人看重的正是錢財帶來這樣的自由（而不是可以隨意買下奢侈品）。這也是社會學家雷納．齊特曼的研究發現，他在《富豪的心理》一書中訪問了四十五位財產超過千萬至上億的富翁，問錢財對他們的意義是什麼。受訪者最重視的有三：一是獨立，二是自我實現，三是安全感。遠遠落在這三項之後才是自我肯定及物質消費。[13]

為何有錢人看重自主獨立甚於消費力呢？比爾．蓋茲的答案相當貼切：「我可以理解大家都想要有好幾百萬美元的心理，畢竟有了錢，可以帶來一些實質的自由。不過，我可以告訴你：當你擁有更多的錢以後，漢堡還是一樣的漢堡。」[14]

超級富豪的說法很可能經過美化，而且強調精神價值高於無腦消費當然比較好聽。

另一方面，不必是超級富豪也都知道，經濟資本是各種生活風險的最佳緩衝，也是發展自我及實現夢想、過想要的生活，以及提供下一代最佳起跑點最重要的前提要件。

金錢所賦予的自由，不僅對生活態度產生正面積極的效應，同時也會對慣習產生重大的影響。就像之前不斷提到時間與自我實現的空間都加大之外，還會改變思想及行動：對那些擁有高度或低度財務緩衝能力的人來說，工作這件事會變成一種選擇（多少不再那麼重要）。學校老師可以降低上課時數；企業講師不必再以低價推銷自己的課程，而能要求與自身能力相符的講師費；專案經理可打斷冗長毫無結果的會議，逕自去接幼兒園的孩子回家；真正非常有錢的人成立基金會致力於拯救世界，在各國政府及世界衛生組織之外，以自己覺得更有希望的方法行事。

擁有大量經濟資本的人，不必屈居於人下。就像約翰．古德曼在電影《玩命賭徒》扮演的高利貸大亨法蘭克所說的：「如果有人贏了兩百五十萬美元，就連白痴都知道，這會讓你接下來的人生都處在『滾你媽的蛋』狀態。有人叫你做事：滾你媽的蛋；老闆惹惱你：滾你媽的蛋。聰明人的生活底氣，就是滾你媽的蛋。」

不管你稱這樣的狀態是財務獨立，還是滾你媽的蛋，這就是免於物質壓力的自由，至少在某種程度上，它能確保你無須低聲下氣，不用再爲許多事情焦頭爛額。在經濟資本不斷增加的同時，人們會開始想要更多，也會開始做一些之前想都不敢想的事：創業、寫小說、在新領域開發事業、買下罕見的特殊儀器、開始上自然療法課程、買下一家行情看好的新創企業。這些行動又創造了更多賺錢的機會，野心也就愈來愈大。而這也反過來使個人更熱衷其中，形成一種良性循環：

讓錢工作的結果，通常就是自己工作更多、更賣力。

在理想的狀況下，因爲有錢而獲得的自由，應該可以轉化成「輕鬆慣習」，如義大利文藝復興時期廷臣及外交家巴爾達薩雷．卡斯蒂廖內所稱。這種無拘無束的慣習很難假冒，因爲輕鬆的態度來自生活經驗：我就是自己的主人，不會遇到太多倒楣事，就算有，我也知道該如何面對。能有這樣的自信，當然不只是大量的物質資本這樣一個前提要件而已，否則川普就不可能是川普。但是，輕鬆的生活態度，以及因此所產生自信——不是自戀——的外在表現，經濟安全感不可或缺。如同布赫迪厄說的：「自然而然、無拘無束的輕鬆態度，其實就是物質充裕下的無憂無慮。」[15]

調整自己面對金錢的心態

經濟起點有多不平等，富裕與貧窮的界線就有多不清楚。富人與窮人並非一線劃開，中間有著範圍廣泛的過渡形式，但只要不是超級富豪，幾乎人人都有同樣感覺：

有錢的總是別人。

會出現這種扭曲的想法，原因出在每個人所認識或知道的人當中，總會有人明顯比自己有錢很多。因此，就算已經經濟無虞，也實在沒什麼好不滿的，但總會有某個鄰居繼承一大筆財產，某位兄弟靠創業致富，某位姊妹淘跟政府高官在一起，某位表姊在邁阿密開了一間很有名的畫廊，某對熟識的夫妻靠著儲蓄與投資累積了一大筆財產等等。就不必提大型汽車集團家族如皮耶希或匡特、貴族如格洛麗亞公主、流行歌手海倫娜・菲舍爾、金融大亨卡斯汀・馬史米爾、威爾斯親王，或是傑夫・貝佐斯這些人了。借用劇作家貝托爾特・布萊希特的名言修改一下：人們眼裡只有那些高高在上的人，看不見處在深淵的人。拿自己跟有錢人相比，是無可避免的人性，但這麼做可能會導致低估自己的經濟塑造空間，而無法有效運用手上的錢。

我們得承認，那些已躋身前三分之一的上層階級，就算再有成就，想法再創新、再突出，他們是否有辦法進入極端有錢的頂級聯盟，仍是非常難說。除非恰好鴻運當頭：以小錢買下的股票突然暴漲；旗鼓相當的對手突然請產假去了；創造出一件全世界翹首以待的東西；突然被推薦而站上未曾想過的高位；獲得極有名望的大獎並因此進入從前根本進不去的社交圈。儘管菁英當道的說法大行其道，但幸運似乎還是通往超級富豪聯盟最可能的途徑，就像美國石油大亨尚．保羅．蓋提所說：「在你結算時可以算錯幾百萬美元還不覺得有錯時，那才眞正叫有錢。」至於運氣在致富這件事上到底有多關鍵，義大利西西里島上的卡塔尼亞大學找到了答案：

亞歷山德羅．普魯奇諾及其團隊用電腦模擬了一千個虛構人物為期四十年間的財富發展。每個虛擬人物分別具有不同的智慧、能力及勤奮值，但擁有完全相同的經濟資本。接下來的發展就看運氣：這些人時而遇到幸運之事，時而碰到不幸。最後模擬結果顯示，財富分配就如同現實生活一樣不均：八〇%的財富落在二〇%的人手裡，而大部分的高收入者，天分只是平常。不斷重複模擬，也都是相似的結果。普魯奇諾因此下結論說：「這個模型顯示出幸運在個人一生成就中扮演的角色，它太常被人忽略了。」[16]

從普魯奇諾的電腦模擬我們可以知道，若沒有幸運之神的眷顧，就不可能累積龐大的經濟資本；但若毫無智慧、努力及成績，也一樣不可能。因此，這個實驗對財務行為的意義是：

順風是一定要的，但還是得揚帆啓航，才可能真正受益。

回到現實層面：一個收入普通的人，還是有可能在一生中獲得數百萬美元。這是一筆充足的資金，雖然無法讓你登上富豪排行榜，但還是可以發展出相當不錯的財務緩衝。因爲某些能讓富人更富有的成功祕訣並非祕密，只要掌握並使其變成個人習慣即可：

祕訣一：像百萬富翁一樣思考。這必須從語言開始：中等收入者習慣以月薪計算，高收入者以年薪計算，頂級收入者則是以五年合約中，加上資遣費與退休金的總收入來計算。結果就是：有錢人以更廣大的視角計算，關注全局，做財務決策時不只是考慮當下狀況而已。中等收入者談論的個人可能性常常太小，而且容易忽略眼前的可能性。就算是中等收入者，個人職涯總收入可能也有數百萬美元，各種小額投資加起來也很可觀。因此，你必須意識到自己會有多少錢，雖然目前還不在你手裡。

祕訣二：正視金錢的價值。很多人困在自相矛盾中，既想致富，卻又鄙視富人。將有錢講得像是件壞事，對有錢的人也是。畢竟我們常聽到金錢腐敗人心之類的話。但富人與金錢的關係通常更具建設性：他們將財產視爲盟友，能助他們安心入眠，實現計畫，解決問題，過有意義的生活，以及安心地面對未來。這樣的盟友，值得他們看重。比起中產階級和下層階級，上層階級的人更懂得尊敬他人傑出的成就，並懂得從這些人身上汲取靈感，轉化爲自己奮鬥的能量。結論：富裕要從腦袋開始。想要增加自己的物質資本，就不能看不起金錢。

祕訣三：抵抗購買欲望。坐在沙發上網購，各種划算的折扣，以及不經大腦的「應用程式內購」，處處都在誘惑人花錢。尤其是二十至三十歲的人，特別容易禁不起誘惑。美國統計數據顯示，這一年齡層的人，光是吃外食和叫外賣，就比年紀較大者每個月多花五十美元。[17] 比較好的習慣是：與其花錢買一時的快樂，不如享受那些錢買不到的快樂，像是家人、朋友或屬於自己的時間。不妨時常將手機放置他處，出門散步去，就算社群媒體上的聯繫請求尚未回覆。愈用心經營日常生活，就愈不需要靠消費來療癒。

祕訣四：走上財務安全之路。決定好每月初從收入帳戶轉到投資帳戶的金額比例。在不同的人生階段，比例也可能或多或少。最好有一〇%，有二〇%更好，就算剛開始少一點也無所謂，比起完全沒有也好太多了。重要的是，這筆錢不是爲了下一次旅行、下一輛新車，或是補繳暖氣費而存下的，而是爲了你的財務安全，以及長期資產累積。儲蓄利息及股票收益必須留在這個帳戶裡繼續投資。若每次加薪便自動提出五〇%放入股票型基金儲蓄計畫中，那麼你的經濟資本增長會更快速。

祕訣五：將理財當成專案。富人比窮人懂錢，他們花更多的時間在理財一事上，找專家諮詢，研究市場行情與各種機會。這背後的心態是：如果見識多廣，股市就不像賭博一樣只靠機運，而是一種嚴肅的投資形式。此外，財富資產研究也指出，有錢人將財產累積當成像體能挑戰一樣，與中產階級相比，他們更常爲自己設定一個極具挑戰但可行的年度財務目標。[18] 就算沒這麼有錢，有這樣的習慣也頗有幫助。從愛德溫·洛克及蓋瑞·萊瑟姆發展的「目標設定理論」，我們知道該如何設定目標，才能使自己保持最佳狀態。「比起沒有目標，或是抽象模糊的『盡力就好』，具體且難度高的目標能激發出更好的成果。」[19]

祕訣六：讓錢賺錢。快速致富並沒有安全的方法，但幾乎每個人都可以慢慢花上幾年、甚至幾十年的時間累積財富。關鍵是要持續並懂得自我控制。「這不是在選擇區區五美元的星巴克咖啡或儲蓄而已，而是：今日一杯外帶咖啡，和來日退休時的好幾百美元，全是從區區五美元累積下來的。」加州財務顧問帕蒂・費根表示。[20] 舉個例子，當你改變習慣，每個月省下一百美元，並持續投資在股票市場上，以一般股票投資報酬率七％計算，三十年後，你的財產將會增加十二萬美元。以上是德國證券研究所的計算結果。

隔壁的百萬富翁不是開霸氣的SUV車

或許因爲擁有龐大物質資本的人並不喜歡讓人看穿他們的底牌，因此從事財富資產研究的人，很難接近他們的研究對象。「關於德國的百萬或億萬富翁，人們知道的很少。」德國經濟研究所研究員馬庫斯・格拉布卡這麼說。[21] 最接近實情的可能是SINUS研究中心十年前針對德國富裕階級生活世界的分析研究，劃分了六大上層階級社會環境，彼此之間差異明顯，一點都不像名流或時尚雜誌報導所暗示的那般一致，盡是冠蓋雲集、觥籌交錯。

就先從「保守型富人」講起，這類富豪幾乎不會出現在小報的花邊新聞裡，無論是生活或是捐贈都默不作聲，恆守自己的家產，只在家族及老友圈中交際。同樣沉默如背景的，還有「傳統型富人」，大部分是殷實的中產階級，儘管已掙下可觀的經濟資本，仍過著腳踏實地的生活。在所有上層階級中，最難看出這類人是有錢人。相較之下，明顯展示有錢身分的是「公認的富人」，包括高階經理人或跨國大企業的經理、製造商或高薪的自由職業者。負責及勤奮是他們的座右銘，透過低調的身分象徵、模範家庭及行家的生活風格，展現出他們的成功人生。與此同時，他們也將自己視為「地位導向富人」浮華生活的反面。這些人就是一般人口中的暴發戶，作秀與金光閃閃是這類人的最愛，他們的表現常出自叛逆心態，因為在他們的慣習中缺乏文化資本，根本不被精緻的上層社會所接納。比起暴發戶，「新富後代」在狂歡與認真之間的拿捏就好很多。這些有錢人家的子弟，在狂歡的同時，也會充滿精力地追求事業發展，並致力於和諧美滿家庭的建立。這種會玩又認眞工作的族群還有「自由派的知識階級富人」，對這些人來說，金錢本身並無價值，只是手段，用來實現個人所追求的價值與期望，像是自我實現、自由、永續發展，以及獨立自主。

SINUS研究中心的調查顯示，上層社會對金錢的態度也不一樣。是默默擁有財富，低調且不動聲色地生活於其中，還是大聲嚷嚷搞得眾人皆知，不同的行為往往決定了財富的發展走向，有時甚至決定了擁有財富的時間長短。

一九八九年七月八日，星期天，這一天結束前，二十出頭的鮑里斯．貝克與史蒂菲．葛拉芙分別贏得溫布頓網球賽冠軍。在接下來的日子中，兩人不斷締造佳績，獲得大滿貫，贏得各式各樣的商業邀約。十年後，兩人幾乎同時退出職業網壇。二十年後，兩位德國網壇的金童玉女，已經不再有任何共同之處。鮑里斯．貝克是小報花邊新聞的寵兒，背負的債務愈來愈多，在全歐洲都宣告破產。史蒂菲．葛拉芙則毫無醜聞地在美國拉斯維加斯生活，保護自己的私人生活不隨便曝光，擁有的財產名列德國前一千名，據估計約有一億五千萬歐元。

無論是上層階級或是中產階級，很多人總是爲時已晚才明白這個道理：高收入還不是財產。一份高於平均收入的薪水雖然是快速累積財富的好起點，但同時也會招來奢侈的生活型態。就算每月淨所得一萬或兩萬歐元，還是可能一下就花光。特別是喜歡高品味、高格調生活方式的人，月底經常不剩半毛錢。就算教育水準再高，也不會阻止這種事情發生，還恰恰相反。

美國大學教授托馬斯．斯坦利與威廉．丹柯想知道高收入者如何累積財富，花了二十年時間追蹤美國上千個家庭的財務發展狀況。他們得到的結論有如一記警鐘：「在將收入化成財富這件事上，高收入的醫生、律師與中階經理人的表現低於標準。」

原因再簡單不過：教育程度較高的人，較容易出現多花錢、少投資的傾向。有機食品、美觀舒適的住宅、歌劇門票、健身器材、對衣物有時尚品味的要求、雙薪家庭需要家務助理及保母、品質優良的多焦眼鏡、訂閱報章雜誌、自費進修、不時上餐廳享受美食、旅行、休憩、看世界。在這種城市生活風格下，無須特別顯眼甚或衝動，金錢就消失在一個一個小黑洞裡，而且還會對一生的財務成果產生致命的影響。一開始還看不太出來，然而，一到中年，影響就愈來愈明顯，同樣的薪資呈現出完全兩樣的財產。

對此，研究者特別以三個父母年約五十歲的高收入家庭來做說明：一年家庭總收入爲二十二萬美元，最成功的家庭累積超過三百五十萬美元的財產，一般的家庭約有一百萬美元，最糟糕的則只有三十五萬美元。其中，累積財產最成功的社會族群是訓練有素、簡單樸實的工匠及技工。他們出身簡樸，通常擁有個人經營的小公司，很早就開始爲了美好的未來存錢。比起同年紀的學界人士，他們對生活的要求相當腳踏實地，以自己的雙手及社區互助方式自建住宅，詳細記錄生活上每一筆收入及支出，參加運動社團而不是去健身房，買車時注重品質而非品牌，孩子需要有人照顧時，祖父母會來幫忙。儲蓄比例很高，財產持續增加，投資獲利所得也不斷增加，成爲第二筆額外收入。等增加到一定的程度，錢就開始自行增生。

私人安全緩衝的價値

盡力累積出來的物質資本，不只是存在帳戶裡的金錢而已，它也會讓人生更爲豐富。知道自己有一大筆財務資源可隨時動用，會更勇敢，也更有信心。若兒女會考成績不夠理想，仍能提供他們到布達佩斯就讀醫學院的資金，也不會緊張自己退休後如何生活。財務安排也會更大膽：付完房貸後的房子，再加上好幾十萬歐元的存款，就可以投入幾千歐元進行較高風險的投資。但若存款只有三萬歐元，就不建議這麼做。這也是爲何根本不必問一個人是否該在累積財富上下功夫。愈早開始這麼做，最後獲得的資本也就愈多。

人人都有機會在個人收入及年齡分布族群中，創造出高於平均水準的財富。最重要的三大原則是：一、不要爲了任何消費物品負債；二、存錢；三、理性投資，切忌妄動，但也不要太過瞻前顧後。而這三種習慣也是慣習問題，也就是一個人如何學到與金錢打交道的知識，以及對金錢、對人生又有什麼樣的期待。

這裡，出現了一個關鍵問題：我們對人生到底有什麼期待？

我們當然可以像祖父母所教的那樣，總是從菜單最下面開始往上讀，幸運的話，在看到昂貴的餐點之前，就先找到想吃的東西。同樣的原則，買車時也不看配備選擇清單；網路購物時搜尋前先設定好價錢範圍；只購買二手建材；在書籍、雜誌和Netflix上每個月省下五十歐元，這樣一來，一年就省六百歐元，十年就有……

問題是，這樣我們眞的快樂嗎？我們眞的應該把每一分錢都存下來累積財富，只因設法累積最多物質資本永遠不會有錯？特別是有了孩子之後，況且退休金已不再受到保障。或者，我們應該堅信德國作家馬丁・瓦爾澤所說的：「任何沒有反面的東西都是假的。」因爲財富資產研究並未提到一點：將錢存起來的人，捨棄的不僅是不必要的開銷，他們還捨棄了擴展視野的機會，捨棄了儘管不理性、卻可以豐富人生的歡樂時光。

世界冠軍的節省專家就像唐老鴨的富豪叔叔，得冒著落入守財奴慣習死去的風險：

非常成功，但沒有生活，眼裡只容得下帳戶餘額記錄及股市獲利。

嚴格來說，精算下來人們甚至不該在教育上花太多錢。因爲就收入來看，最富有的是自雇者，這些人有紮實的教育背景，但並未擁有最高學位，像是工匠師傅、專校或大學畢業。繼續升學拿到碩士、MBA或博士頭銜，雖然收入至少與前者一樣多，或者更多，但從統計資料來看，累積的財富明顯沒有前者多。是因爲教育程度高的人出手較大方嗎？這就因人而異，端看個人想要的是什麼。若將累積物質資產當成人生最重要的目標，那當然就是。但若想盡量在這美妙且唯一的一生中活得多采多姿，答案就不這麼明確了。

「金錢使人變漂亮。」瑪丹娜這麼說。不只變漂亮，金錢還可以使人變聰明、有教養、經驗豐富，還能讓人建立良好的人際圈。但金錢要產生這些影響，只有在我們有意識地使用它來增加其他六種資本才可能發生，這些資本對我們養成的慣習也（至少）一樣重要。

- 金錢化成大筆的存款能增強我們的心理資本：我們會有安全感，生命多層保障，甚至可能會有滿足感。

- 進修繳交的費用，會增加我們的知識資本。
- 書籍、展覽及旅遊雖然花錢，但會轉變成文化資本。
- 接受或發出邀約，會增加社會資本。
- 買漂亮的衣物或參加一星期的海邊淨化營，是用物質資本交換身體資本。

只有超級富豪才可能魚與熊掌兼得：保住經濟資本，並活在一個處處顯示出慣習優越性的生活裡。其他人則必須在累積財產和其他資本的拉鋸中維持平衡，至於平衡點在哪裡，每個人都必須自己做決定，這也是每個人該爲自己負的責任。

走在鋼索上的平衡點該怎麼抓，可以參考下面的例子：爲穩固的安全網而儲蓄：要。減少囤積物：一定要。小心花錢：絕對要。精明投資：除此之外全是亂來。但在使用金錢的態度上還有另一面也必須考慮進去：能豐富生命的經歷並轉化成良好慣習的投資，儘管這或許相當昂貴且對維生而言不具任何必要性。若一般或高於平均所得的人選擇這樣一條中間道路，儲蓄及投資的比例可能因此無法達到極致，卻會贏得充實的人生與種種知識。追求經濟資產的累積是應該的，但對於那些剛走上晉升之路的人，卻不能、也不該是最重要的。

接受資助：可。倚賴資助：不可

朋友的兒子二十六歲，住在家裡房子的後屋，早午晚餐全包，還包括網路設備及洗衣服務。另一位朋友的女兒從曼海姆及史丹佛大學企管學系畢業，正準備去倫敦經濟學院念碩士，期間還去海外實習及旅遊。爲了女兒的教育，雙親投入了幾十萬歐元。鄰居一家在附近買了一棟有大庭院的漂亮房子，當作給兒子三十而立的資助，兒子會與女友住進新房子。「二十坪的公寓實在擠了點。」不只是年輕情侶這麼認爲，父母也這麼覺得。「我們還會幫忙裝潢，之後就不再扮演幫朱利安付帳的角色了。」雖然這麼說，但或許也還會繼續。

孩子到了三十、三十五歲，基本上也走過幾個成人階段的重要里程碑：接受教育，搬離父母的家，有自己的收入，結婚，生小孩。三十多歲這個世代，在社交、教育及文化方面表現不錯，且常常比他們的父母還更優秀。只是儘管如此，許多人仍然繼續依賴家裡的金援，而且看不到盡頭。根據德國經濟研究所的調查，六十五歲以上的族群，有一六％仍會定期給孩子或孫子金錢支援，部分是緊急狀況，部分則設定成自動轉帳。從年齡資料可知，這些錢並非是給二十多歲到三十多歲，這些才剛開始獨立不久，正在爲個人生活所需的物質條件基礎打拚的年輕人。這個數據顯示的是，逐漸老去的父母，繼續將錢投資在已長大成人，甚或已是中年人的兒女身上。

在許多情況下，把錢給下一代是好意，也可以節稅。父母提早就將一大筆錢託付給孩子，有時有條件，有時沒有，或至少沒有明講。孩子不必像查理斯王子那樣，等到退休高齡才能繼承遺產。而這樣的贈與，也代表孩子有資格接受這樣的託付，自小在家就已耳濡目染習得如何面對金錢，這樣的物質資本對他們來說並不是用來支撐生活開銷，也不會感到棘手。父母贈與的金錢，只是增強安全感，發展出新的可能或生活出現新的氣象。這種狀態下的施與受，是巴菲特所描述最理想的狀況。這位投資大師建議，傳承物質資本最好的方式，是讓下一代感覺「做什麼都可以，但不能多到讓他們覺得什麼都不必做了」。具體來說，就是父母爲孩子鋪路，成爲成功的跳板，但不要無微不至地呵護，使孩子的企圖心窒息在父母的羽翼之下。

加拿大投資名人凱文．歐勒利認為，孩子能獨立生活是一件非常重要的事。因此，在他兒子還是青少年時，一起搭飛機，他自己坐頭等艙，孩子只能搭經濟艙。基於同樣的原則，孩子大學畢業時，他什麼也沒給：「你必須讓孩子準備好自己建立個人的生活。我總是告訴有錢的父母，如果不把孩子踢出家門，讓他們接受現實生活的考驗，他們永遠無法振翅高飛。」[22]

但這件事對有錢的父母來說似乎跟對孩子一樣困難。在主導階層的社會環境中，五十五歲的人習慣的生活方式，不是二十五或三十出頭的人能夠靠自己雙手掙來的。同時他們也與從前的人不一樣，孩子與雙親擁有的慣習相當類似，無論在居住或飲食上，好家庭出身的年輕人學會欣賞父母的生活方式。與家裡相比，出來工作後拿到的第一份薪水，代表經濟上的倒退。儘管是人生首次拿到全額薪水，但若只靠這份收入的話，生活享受就必須降個一、兩級。無論是父母或孩子本身，都無法接受這種倒退情況。

巴伐利亞南部某個高爾夫球俱樂部會員大會，已經進行了兩小時，終於來到「其他事項」。一位會員抓住機會舉手發言，說他兒子想要退出俱樂部，雖然兒子從十歲起就加入俱樂部，但現在已經不能繼續當學生會員，卻又不想繳交一般會員年費。兩對夫妻會員深表同情。這些三十、四十歲的人，生活上還有許多待辦事項，無法理解為什麼不能繼續享受優惠。會場一角有人出聲說，高爾夫球本來就是一項要能負擔得起的運動。大家面面相覷，董事會決定暫時先不討論這個問題，之後為此召開閉門會議。結果決定給四十歲以下的會員提供特別優惠。

愈富裕的家庭，下一代就愈享受雙親知識資產階級的生活方式。爸爸負責塡滿酒窖，派自己的園丁幫忙修剪樹籬。媽媽把她開了三年的BMW X3給二十九歲的女兒。祖父母理所當然地爲即將出生的孫子備齊所有嬰兒所需，連教育基金都已經開始準備了。

聽起來非常美滿，尤其是親子間感情融洽，自然樂於提供這些支援，爲何不呢？爸爸媽媽也很高興，況且又不是付不起。但麻煩的是，到了三十五歲、四十五歲，甚或五十歲都還需要父母的金援時，就是依賴成癮了。可能也是感情上的依戀，不過，不管怎樣絕對是經濟上的依賴。拿父母的錢享受奢華的生活，總是將父母給的那一份計算進去，就算在朋友及同事圈中看起來光鮮亮麗，但這樣的地位是借來的，優越感建立在搖搖欲墜的基礎上，個人慣習更是充滿浮誇。一直依賴父母的金援，不僅會造成心理傷害，還會削弱個人的表現與能力。

就常識判斷，原本就有高薪的醫生、律師或稅務顧問，若再獲得父母額外的金援，應該很容易累積出一大筆財富。但根據統計，事實恰恰相反：那些經常接受父母金援的人，他們擁有的經濟資本，遠遠低於只靠自己的同等收入者。《鄰家的百萬富翁》兩位作者斯坦利與丹柯知道原因何在：「接受金錢贈與的人，容易過度消費，且喜歡超額提領。他們的生活明顯比同等收入的族群奢華許多。」[23]因爲處在優勢地位，這些有錢人家的後代習慣父母的生活水準，而不是自己的，就算已有很好的發展機會也一樣。

這種影響聽起來很矛盾，且不是每個人都這樣，但也算夠普遍，值得我們認眞面對。富裕的家庭其實很容易就能避免發生這種現象，只要親子雙方都接受下面說法：

父母與孩子各處在不同的生命階段，兩者的生活水準自然也不同。

這並不代表有錢的父母不應該幫孩子一把，他們當然可以資助孩子獲得最好的教育，在孩子事業剛起步或轉折的階段提供幫助，例如買房子，或者當孩子帶著一份不錯的商業計畫書尋求資金時，當然也可以樂於將度假屋或滑雪小屋借給孩子們使用。不過，最好不要提供任何支付日常生活的資金。這種做法背後的想法是：有源源不絕的強大物質資本作爲後盾，會讓事情變得很方便。靠自己雙手賺來的財產，能增強個人的心理資本，增加成功的機會。

為躍升做準備

加強你的獨立性

強大的物質資本代表高度的彈性，比起其他六種資本，金錢是最容易拿來換取你更想要的東西：它可以轉換成個人進修、享有盛譽的學位、社會地位的象徵、文化素養、牆上掛的藝術品、爲美好的世界付出貢獻、一張沒有皺紋的臉、一項很想試試的運動，甚至是期盼已久卻遲遲不來的孩子……種種無限的可能。「這世上有兩種人，一種是有錢人，另一種則是富有的人。」可可．香奈兒這麼說。就算只屬於前者，至少生活會好過一些。

1 拿錢去投資，而不只是閒放於一旁。每月的投資利率放進證券帳戶，最好分散投資且持續增長。切記，務必多方諮詢，盡量蒐集各種投資形式、投資策略及儲蓄可能性的資料。若只依賴貨幣市場帳戶或固定利息投資，容易錯失更好的收益率。根據凱捷管理顧問公司的數據，德國的百萬和億萬富翁財產有三〇%放在股票上，而且大量投資房地產。

2 要知道，安全感的建立是要付出代價的。在德國受歡迎的大企業工作，可以享有舒適的生活並累積一定程度的財富，但要有錢到數不清，薪水再高都不可能。

世界排名前十的有錢人，個個都是創業成功，像是亞馬遜、微軟、Google、臉書、ZARA。他們賺大錢是因爲逆流而上，無視各種批評，抓緊每個人都想抓緊的機會。

3 利用你的天分及興趣，發揮創意累積財富。一位同事在正職外兼營一座太陽能電廠以增加收入；一位朋友的朋友每年都會接受數次委託，擔任婚禮或家庭聚會攝影師，她的照片就跟收取的費用一樣精彩動人。另外有對朋友沒幾年就會買下一間地點極佳但破舊不堪的老公寓，自己動手整修，平衡動腦不動手的辦公室日常。一旦公寓整修到可以出租時，價值已經明顯上漲許多。

4 在金錢的使用上，下層階級是爲滿足生活必須，中產階級希望能有更好的生活品質，上層階級則是拿來投資、保值及增值。確認你對金錢的基本態度，並效法高你一層階級的儲蓄及投資習慣，發展出個人的機會。

5 哈佛大學、倫敦帝國理工學院和美國聯邦準備銀行的經濟學家都認爲，小額儲蓄者在景氣好的年代可以獲得比富人還多的回報，但在景氣不好時就可能損失更多。從長遠來看，富人的策略較爲成功。因爲小額儲蓄者在股票上的投資，平均只有一・五六家公司，富人平均約二十九家，這就是富人成功的簡單祕訣：分散風險。

6 爲自己設定財務目標，很多大富豪都認爲這很重要。他們立下明確以月、季、年爲單位的目標，有些甚至訂定七年計畫表。多少？到什麼時候？資金哪來？下一步呢？有些人使用資料視覺化的技術，以便更快達到目標，並藉著像是在存款餘額後多加個零的方式來激勵自己。

7 永遠不要把金錢本身當成目的。努力累積物質資本不是吝嗇或小氣！在你財務範圍許可下，設法提升個人生活所有面向，而且最好不要等到人生下半場才開始。定期審視自己的休閒活動、媒體使用、品味及社會參與是否與當下的經濟條件相襯。將那些你一層階級的人當成指引方向：他們付出什麼，說了什麼，穿戴什麼，什麼打動他們，使他們奮不顧身的又是什麼。一個更高階的慣習不只是擁有更多錢而已。

8 若突然發大財，必定欣喜若狂，但至少在一開始，慣習跟不上新的生活狀況。尤其下面這三大因素，在一開始特別容易成爲階級晉升的阻礙：炫富式的購物、胡亂投資、糟糕的顧問。良好的做法是：給自己時間慢慢適應有錢這回事，進行安全投資，千萬不要一夕之間改變個人生活。理智上不可能馬上就能理解突然擁有一大筆橫財的意義。「有一種說法是以兩年爲期，能熬過這個期限，代表你已經夠成熟，知道如何享受金錢，並且懂得如何運用它。」慕尼黑理財教練妮可．拉普說。[24]

專家看法　自立門戶是致富的前提要件

雷納．齊特曼在他的著作《富豪的心理》一書中，分析如何靠自己的力量賺得千萬或上億資產。他的理論是：出身不是重點，最重要的是有逆流而上的勇氣。

朵莉絲．馬爾汀：齊特曼先生，您從心理學的角度研究富豪的心態。請問您，有錢是一種相對的概念嗎？

雷納．齊特曼：奇怪的是，幾乎沒人願意承認自己有錢。對我來說，所謂有錢就是那些可以靠財產過富裕生活的人。因此，若只有一百萬歐元，我認為還不夠有錢。因為假設這筆錢他可以在稅後拿到三％的利息（這在今日是一件極具挑戰的事），每月收入淨額就是兩千五百歐元，這筆錢實在不夠一個人過富裕的生活。但一個人若有一千萬歐元的財產，且每月可以從中賺取兩千五百歐元，那我會認為他是有錢人。

在德國，只要收入超過平均所得的兩倍，就算是有錢人。但這樣的金額對那些真正排名前幾名的富翁來說，應該是少得可憐吧？

沒錯。這種有錢的定義就跟聯邦政府窮人與富人調查報告裡的定義一樣。至於為何可以將這樣的收入所得視為富有，我實在無法理解。

我發現，您訪問的超級富豪幾乎全是男性？

四十五位受訪者裡的確有四十四名男性。主要原因是，我並未訪問那些透過繼承方式取得大部分財產的人。就像《富比士》或彭博富豪排行榜上，如果去掉因繼承變成富豪的女性，那麼剩下的女性富豪也沒幾個了。富豪沒有所謂的女性保障名額。

超級富豪跟有錢人的差別在哪裡？

簡單地說，富豪是逆行者，絕不從眾。面對失敗及打擊，他們的反應也跟一般人不一樣，會悉數承擔所有的責任。他們通常是非常優秀的銷售員，同時也是企業家及投資家。身為受薪階級很難致富，那些媒體報導中，年薪千萬的頂級經理人是例外，不是常態。

這樣說來，自立門戶似乎是通往超級富豪的唯一道路？

是，也不是。自立門戶是致富的前提要件，就財富資產研究來看，大多數的超級富豪都是創業後才開始有錢。看看像德國《經理人雜誌》《Bilanz》或《富比世》富豪排行榜，上面幾乎全都是企業家，或是企業家的繼承人，幾乎找不到受薪階級，或是僅靠股票被動致富者。不過，我們也要知道，大部分自立門戶的人都不富有。創業失敗的機率比起成功高太多了。他們賺的錢比起受薪階級多很多，也是反映出他們冒的風險高太多了。

您認為金錢如何決定一個人的慣習？

在這一點上，接受我訪談的有錢人，每個人都不一樣。

那反過來呢？

社會學家宣稱，一個人是否能晉身成經濟菁英，關鍵因素是慣習。這點很懷疑。提出這種說法的學者，大部分的研究對象是受雇的高階經理人，也就是大企業裡的董事，很少接觸自立門戶的創業者。不然的話他們一定會有其他的結論。

據說，繼承家族財產的人也非常自豪，彷彿那些財富是靠自己雙手掙來的。為什麼會有這種心理？

維持家族財產，甚或擴增，是大多數的人都無法做到的巨大成就。就像俗話說的，富不過三代。任何能做到的人，的確有理由感到自豪。大部分的人都無法想像，他們背負的責任有多龐大艱辛。

您最近因為出書去了中國，今日中國似乎是全世界最容易迅速成為億萬富翁的地方。您怎麼看？

比起德國，中國人覺得致力於發財這件事是相當積極正面，而且非常合理。我以「富豪的心理」為題，在中國五大城市演講，並接受無數記者的訪問。沒人問我發財致富是否有意義，或者是否有道德疑慮，對他們來說，沒有應不應該，只有「如何」致富的問題。

能舉個例子嗎？

特別是年輕的中國人，他們滿懷樂觀且野心勃勃。我在北京演講完後，一位學生走過來，十歲的學生，能講流利的英文。他問我，如果要致富，應該從何時開始一邊讀書，一邊工作，也許可以自己創業。

還有一點很有意思，聽眾裡有很多女性，至少一半吧。這類投資與金融演講在德國呈現出來的風景完全兩樣。

並非每個人都知道如何面對財富。有什麼錯誤是像樂透得主、白手起家的百萬富翁、明星運動員，或者比特幣富翁要小心不要犯的？這些人需要具備什麼能力？

您所列出的人差別非常巨大，有些是幸運兒及賭徒，像樂透及比特幣贏家；有些則是真正做出成績的人，像是白手起家的企業家。像樂透及比特幣贏家這類意外致富者，就極有可能會失去財產。在我的書《富豪的心理》中，就有很多這樣的例子。不只樂透得主、比特幣贏家，還有許多運動員、明星，或是音樂家，既不具備致富及保持富裕所需的個性，也沒有相符的知識。他們可能相當幸運，或非常擅長某個領域，但這些並無法轉移到其他領域。

歌德曾說過：「爭先恐後追黃金，黃金決定一切。」您覺得文化資本與經濟資本，哪個比較有價值？

這問題聽起來就像問我左腳或右腳哪個比較重要，我覺得只有一隻腳很難站穩。

雷納．齊特曼（Rainer Zitelmann）博士擁有歷史與社會學雙重博士頭銜，並透過創業與投資房地產致富。他出版了二十一本書，並翻譯成多國語言。《富豪的心理》（*Psychologie der Superreichen*）是他的第二本博士論文。

Chapter

4

社會資本

你認識的人

社會資本：

1. 社交能力，能輕鬆自在地穿梭在不同的階層。
2. 人際關係網絡中的成員。
3. 因此衍生的資源：支援、社會聲望、信任、資訊、能接觸到決策者。

「對人類來說，最強、最有效的藥就是其他人。」這是醫學系教授暨心理治療師尤阿希姆．鮑爾的話。我們也都有過類似的經驗，至少，被人肯定、尊敬或喜愛，感覺多麼好啊。原因出在我們大腦裡的信使物質：當我們受到關注時，大腦就會釋放出多巴胺、催產素、內生性類鴉片。親密對話、充滿啓發的腦力激盪會議、歡樂的告別單身派對、各種邀約，甚至是ＩＧ上的愛心數目，都能讓人產生幸福感，並激發還想要更多的欲望。

家人、親戚、伴侶、同事、朋友、鄰居、哥兒們、運動賽事迷、ＸＩＮＧ等社群網站的聯絡人或臉書上的粉絲，這些人組成的人際圈，使身在其中的我們感到安心，我們所關心的議題及熱情也能獲得共鳴。我們知道自己在這些人心中的意義，有些甚至可以同甘共苦。無論他們是否有錢有勢，對我們來說一點都不重要。

一點都不重要？似乎不完全如此。

儘管所有良好的關係都能豐富我們的生命，不過，有些關係比起其他更有價值。就像俗話說的：「關係人人有，但有用的關係就不是每個人都有了。」這話聽起來像是拉幫結派的小圈圈或走後門，實際上不是這樣，或至少那不是重點。因爲社會資本不平等的問題早就發生了，而且是在意想不到之處：

一個人早在出生時，就已經決定誰是人生大樂透得主了。

出生在一個擁有龐大經濟及文化資本的家庭裡，小孩具備上流人士慣習的可能性極大。從呱呱墜地那天起，他就開始吸收、內化上層階級的語言、思想和行爲。在他的童年生活裡，良好的教養、健康的飲食、廣泛的興趣，以及得體的表達方式占有一席之地，就像小老虎與小熊一樣理所當然。

慢慢長大後，這些東西仍然跟著我們，而社會資本決定了我們能看到什麼樣的世界。父母住在城市精華地段？那麼孩子就讀的小學外地人的比例偏低，上文理中學的比例偏高。認識的第一位朋友經常被爸媽帶去參加畫展開幕？孩子突然開始對從前毫不在意的東西產生興趣。媽媽的好友開了一家很有意思的中型企業？孩子跟著過去幫忙打包，打從一開始身分就很特殊。女伴繼承了祖父母位在城內精華地段的公寓？省下來的租金使得財富累積進入下一個階段。

充滿文化氣息的環境、可貴的家庭朋友、物質上的支援，人際關係豐富的才不只是我們的感情而已，還能幫助我們在文化、經濟及社會上更上一層。就像古羅馬時代所說的「名即預兆」（Nomen est omen），出身決定一生走向。除此之外，我們也能靠自己的雙手創造社會資本：相較以往，如今我們有更多的可能性，在個人出身及家庭之外建立自己的人脈，支持我們實現美好生活的理念。

親愛的家庭：最大的差異

二十幾年來，瑞士鐘錶製造商百達翡麗都以同樣的廣告標語招攬顧客：「一支百達翡麗從來不只是一個人的，在你享受一生擁有它時，其實已在爲了傳給下一代做準備。」廣告傳達出來的訊息，正好打中精品目標客群的紅心：有錢人想的不只是價值而已，更是王朝的世代傳承。他們人生最重要的目標就是生下能繼承並擴增他們財產的孩子。這種對家庭和階級的意識，在SINUS研究中心對上層階級社會環境的調查中明顯可見。

一旦孩子證明自己配得上遺產，他的人生就有無比優勢。無論是拜魯特音樂節總監卡塔琳娜．華格納、滑雪選手菲利克斯．諾伊魯伊特，或是慕尼黑豪華旅館蒙特格拉斯宮總裁茵內葛莉特．弗克哈特，他們的職涯發展都受家族遺產的影響。就像所有知名的藝術、運動或企業世家一樣，從小家裡就有源源不絕的資源，使他們能在職涯發展一路平步青雲：充滿刺激的生活環境、該有的人際關係、獨特的氣質，通常是在自己家族所擁有的舞台上發揮個人長才。

茵內葛莉特．弗克哈特是慕尼黑蒙特格拉斯宮的第四代接班人。一九八五年完成飯店管理的專科培訓，四年後跟著父親一起掌管這家慕尼黑傳奇旅館，期間完成飯店管理學院的學業與實習。一九九二年起，她單獨掌管旅館，並使蒙特格拉斯宮成為德國營業額最高的旅館。[1]

接班人要享受成果，當然也要有傑出的表現才可能。優異的教育並及早學習承擔責任，使他們更容易得心應手，也表現得比對手更好，畢竟他們從還坐在娃娃車裡時就已經身處在這個產業中。而且，要從顯赫的雙親陰影下走出來的壓力，也有助於個性的塑造。另一方面，繼任者也繼承了龐大的資本可供發揮：家族姓氏、經濟能力、與父母的關係。當一般人還在充滿荊棘的路上努力奮鬥、磨練天分、在競爭中求生存，最後還可能在半途失敗時，血濃於水的家族關係造就了閃電般迅速的飛黃騰達。如果沒有這樣的好父母，既沒有父母的遺產可以繼承，又沒有家族企業作爲發展個人天分的舞台，只能靠自己一步一步開路。

就算這些高收入、高教育水準家庭的子女不打算接下父母的衣缽，他們的優勢仍非常大。父母慷慨大方的生活方式、他們的朋友圈及影響力、他們對教育及文化的親近、他們的多語能力、他們開放的世界觀，全都會陶冶孩子的身心並形塑慣習。

對出身上層階級的孩子來說，這一切都是理所當然，根本不值得一提。他們從來不知道還有其他的情形。

畢竟在文理中學、大學菁英學程或帆船俱樂部裡，大部分人也都過得不錯，至少不會差太多。如此說來，那些富家子弟自認非常有成就，並且像希爾頓集團繼承人芭黎絲·希爾頓所稱，全都是靠自己雙手打拚來的，毫無自覺出身帶來的優勢，也是可以想像的。❷ 相較之下，出身平凡的小孩很早就知道，比起那些占盡出身優勢的同齡人，有多少東西是他們無緣接觸的。

部落客比安卡·揚科夫斯卡知道教育階級晉升者的窘境。在柏林網路雜誌《ze.tt》上，她告訴富家子弟：「若你們的父母不是畫廊老闆，不是醫生、音樂家或大學教授，而是廉價商店KiK的店員，你們知道會怎樣嗎？沒人支持你上大學，因為他們不知道念大學能幹嘛。你們知道對自己出身環境所養成的慣習感到羞恥是什麼狀況嗎?父母不僅對中產階級社會習俗毫無所知，更無法傳授給小孩。身為全家族唯一上大學的人，卻不懂得如何面對提出笨問題後四面投來驚異的眼光，你們知道那種感覺嗎?」❸

這就是低下階層孩子的命。爲了有所成就，他們必須在沒有模仿榜樣的情況下，努力成爲家族中第一個上大學的人，必須褪去舊有慣習，也就是捨棄熟習的家。當教育程度相近的親子一起理所當然地在天際遨遊，工人階級的孩子只能在地上仰望他人的輕鬆。他們不僅在自我提升時無法占上風，例如父母不覺得上大學有什麼重要，更經常要在逆風中奮力向前。因爲父母、親戚與資產階級不同，對這種努力往上晉升的做法並不總是同意。爲何要同意?突然間，孩子對家裡種種習慣不滿意，開始對一些家人不懂的東西感興趣，還會講陌生的語言，說出來的意見也都跟「上面」那些人一樣，選擇的伴侶在父母眼中既冷漠又高傲。

於是，親子關係緊張，也愈來愈疏離。父母擔心，成功的孩子會覺得自己高人一等。這些家族中第一個念大學的孩子，大部分在與家人互動時常會隱藏眞實的自己，保留意見，避免使用外來字或英文，也會跟著做一些自己覺得毫無意義的事，最重要的是，在愈來愈短的回家時間裡，不要不小心冒犯任何人。當然還有另一種可能，可能感覺會好一點，但實際上也不眞的那麼好：孩子成了家裡的榮耀，跟大師一樣，可以解決所有的疑難雜症，有影響力，必要時也能給點小錢。無論這樣或那樣，都一樣傷神：不再屬於原生家庭的階層，但又無法百分之百融入更高的階層裡。

在英國作家莎拉．范恩的驚悚小說《醜聞真相》中，主角凱特是倫敦老貝利的御用大律師。在一次漫長的開庭後，她將律師袍及馬毛假髮扔在桌上，訴說自己身為教育階級晉升者，即使畢業於牛津大學，且在頂尖職位上工作多年後的感受：「就算拿到執照已經十九年了，我的假髮還是一頂兢兢業業的新人假髮，不是一頂從母親，或更可能從父親繼承過來的假髮。我多希望也有一頂看起來就有傳統、與衆不同的老假髮。」[4]

教育階層晉升者可以超越個人的出身慣習，能夠融入新環境，習得合宜的品味、彬彬有禮的言行舉止及穿著打扮就像成功人士。他們還可以做到家裡認爲是天方夜譚的事，並在職業上晉升至高位。但有件事情他們永遠不可能，那就是無法像出身資產階級或大資產階級的同儕擁有那樣的社會資本。他們所征服的世界，是原生家庭永遠無法融入的世界，再多的自豪和再多的愛都無法。所有派對、所有慶典，新舊世界之間永遠無法和諧融洽。階級晉升者也永遠無法完全忘記舊日背負的污名，就如生於蘭斯工人家庭的知名法國哲學家迪迪耶．艾希邦，曾經沉痛地表示：「展現自己奮鬥的成果是愉悅且自傲的，展現自己的過去則不。」[5] 這就是劣勢，而且非常不公平。

因為社交關係就像圓環交通一樣，在裡面的人有先行權。

你可以抗議抱怨，但你也可以接受現實，並想辦法充分利用。在一個社會地位崇高的家庭裡，也不事事如人所願。這只要讀過小說《布登勃洛克家族》或是華格納家族歷史，就會明白，要在一個勢力龐大、彼此鉤心鬥角的大家族中找到容身之處，並不是件簡單的事。在兩種階層間游移的教育階層晉升者仍有他的優勢，至少在原生家庭裡悠閒多了，不必老是記掛著要表現或搶盡鋒頭。

西門子前總裁凱颯一年有三百天奔波往返於慕尼黑、倫敦和上海之間。但在乘著噴射機來來去去之間，他總會找出時間，回到位於下巴伐利亞的辛多夫，他的家在那裡，他兄弟的農地也在那裡。凱颯習慣鄉村生活，固定在酒館裡與人玩牌，看地方劇團的表演，穿著消防隊制服參加村子的遊行，「廣泛了解各個社會階層是很有幫助的，

身為領導者，要先了解人，才能打動人心。」❻

不過，並非所有教育階層晉升者都能這樣悠遊自在地穿梭於不同的社會階層。布赫迪厄就認爲，擺盪在兩個彼此看不順眼的世界中的經驗相當痛苦，並稱這種衝突產生的慣習是分裂的。從他的措辭，似乎流露出他對上層階級慣習的嚮往，那種從來無須經過內心掙扎、不安，從未有過歧視經驗的優越慣習。但同時他也清楚知道，卑微的出身會以一種特別的方式強化階層晉升者的人格：「歷史上許多發明及自由，都是由那些在不同社會空間之間自由浮動的人創造出來的。」❼

正因爲階級晉升者並不是活在讚美與肯定之中，因此他們發展出多元時代及顛覆性思考最重要的能力：多向思考，在事情無以爲繼時知道如何化險爲夷，並懂得如何將看似矛盾的觀點互相調適連結。

成功不只靠內在：環境如何影響一個人

原生家庭對個人慣習的養成影響甚鉅，不過，還有另一種影響也不容忽視，那就是我們周圍的人。例如教父教母；學校裡那位總是表達自己意見，但還是深受同學喜愛的朋友；最喜歡的老師；小說主角哈利波特；到法國當交換學生時的接待家庭，在那裡學會吃生蠔，並且知道要如何吃得優雅；知道在馬術場上該如何表現的朋友；幾乎週週拖著你去聽歌劇的大學情人；合租的室友們。接著是配偶的影響，同事、公婆、鄰居、其他年輕的爸媽，以及很有想法的客戶等等，他們全都會在我們的慣習裡留下痕跡。儘管他們的影響不足以使我們成爲另外一種人，但透過他們，我們會愈來愈了解在不同的社會階層裡各自嚮往什麼、注重什麼，各自認爲什麼能帶來社會聲望。

實際上，只要一個人身邊都是正確的榜樣，個人慣習就會被引導至期望的方向。

沉浸於目標環境裡，是最快也最自然的方式，去熟悉並內化陌生環境中的遊戲規則。麻煩的是，不只上層階級的人認爲自己的生活方式是最優越的，所有其他社會環境也都一樣故步自封。因此，當一個人脫離舊有環境，過更好的生活時，不能指望其他人會爲他鼓掌。開始進修課程；突然建議不要去吃早午餐，改去看展覽；愛上一個穿雷夫羅倫馬球衫高傲男人；或是考慮進行一項非同尋常的計畫等等，無論是什麼事，舊有環境不會對這些新變化感到高興。他們會說：這真不像你、做這些又沒用、這不適合你，還有最糟糕的一句話：難道對你來說，我們已經不夠好了嗎？

心理學家將這種心態稱爲「螃蟹效應」。此種說法源自於海濱捉螃蟹的漁夫：漁夫將捉來的螃蟹丟進桶子裡時，其實螃蟹是有能力爬出來的——如果爬到一半沒被下面的螃蟹扯下來的話。如果知道並看穿這種心態，周遭的批評就不再具有影響力，我們會比較容易敞開心胸接觸新的人事物，擴展自己的社會文化交際圈。要達到這個目標，最簡單的方法就是接觸原本就在目標圈子裡的人。就算只是慕名，並不眞的認識，但將這些人當成模範，可以拓展自己的見識，我們也有了可以模仿的榜樣。

二〇〇八年最年輕的一級方程式賽車世界冠軍路易斯·漢米爾頓，從小將巴西傳奇賽車手艾爾頓·洗拿當成偶像，「我要跟他一樣，成為一級方程式賽車手，然後跟他一樣變成世界冠軍。等我達到這個目標後，我想知道自己還能有什麼突破。」[8]

無論是教父教母、體育偶像，或是影集裡的女主角，我們所欽慕的偶像，決定了我們認爲什麼是可接受且可達到的目標。社會心理學家米雪兒·范德倫及里克·霍伊爾研究這種現象時便發現，在健身房或跑道上，只要看到有人規律健身，自己的鬥志也會跟著燃起。[9]研究結果也證實這種經驗：如果老闆開始用計步器，不久之後，全辦公室的人都會跟進；五歲姪女開始學大提琴，之前覺得小孩一開始只要學口風琴就夠了的念頭很快就會改變；競爭對手推出製作精美的網站後，質疑自家網站的品質只是遲早的事；一旦打入生意夥伴或權貴朋友在遊艇或豪宅舉辦的派對後，從前對這類事情抱持懷疑的習慣，也會很快消失，接受這些邀請可能會被視爲受賄的想法，也會漸漸變淡。

周遭的人會影響並改變我們的慣習，甚至無須費力，因爲慣習是會感染的。別人如何生活、穿什麼衣服、如何布置房子、走路或站立的姿態、敢做什麼事、覺得什麼是正常、什麼值得追求、什麼是美、什麼是正當，如果我們不澈底排拒，很快就會被他們感染。就像兒童一樣，在環境中學習是最有效的。

透過擬態，我們會自動變成有點像那些被我們仿效的人。

這裡的擬態是說，察覺周遭人們的行爲，毫不費力地啓動我們身體裡負責這種行爲的神經元。透過這樣的模仿，大自然確保了社群凝聚力。慣習愈相近的人，彼此之間愈容易產生同理心，相處起來也就愈融洽。討好或刻意複製上層社會的人，並不會加快速度；相反的，過度配合就像過於明顯的身分象徵及刻意強調的說話方式，通常會被一眼看穿並嗤之以鼻。因此，只要身處自己所嚮往的環境中，不帶任何價值判斷，任由該處的習慣及意見發揮影響力就夠了。除非心懷抗拒，不然新場域的的慣習很快就會自然地感染到你身上。

融入的藝術

晉升高位是可能的，只要咬緊牙根努力學習並堅持下去，必要時，忍受十年自我剝削也有幫助。總有一天達到目標，對手全被拋在身後，當上教授、高階經理人，或是創業成功賺進一大筆錢，正是在成功的這一刻，晉升者要面對新的關卡：高處不勝寒，坐上高位並沒有想像中舒適。儘管專業上不會再被其他人蒙蔽，但生活上卻進入另一個慣習完全不同的社交圈。雖然不想承認，但新的社交圈使人不安，不知是多慮還是眞的如此，總感覺圈子裡的老人似乎都跟自己保持距離？

難道進階只是為了又要從底部開始往上爬嗎？

要做出適當的反應並不容易，敏感的人會因此退縮而更難融入新環境，頑固的人為了不讓自己被排擠出去，反而會更加用力。然而，就像一九八〇年代赫爾穆特·迪特執導的德國經典影集《皇家基爾》中，飾演董事長哈芬羅爾的演員馬利歐·阿道夫的台詞：「你根本無法抗拒我的錢。」無論是退縮或張揚，對融入新環境都沒有幫助。因為財富或才華都無法代表什麼，擁有它們並不會自動讓你在新環境中受到肯定，儘管你覺得那是自己應得的。

儘管表現傑出，但總是低人一等的感覺其實很常見，就連莫札特也曾有過相同的心路歷程。在維也納宮廷裡，莫札特的音樂大受好評，飽受君主垂愛，每回出場都像他想像中的明星一般。雖然如此，他還是沒被聘為專職的宮廷作曲家。身為自由創作者，雖然過得不錯，但總是不穩定。而這種傑出表現及社會認可之間的差異，也反映在莫札特的慣習上：拒絕接受維也納上流社會的行為準則，不寫狂歡節舞曲，也不作簡單歡快的曲子。因此，他就像所有剛踏入圈子的新人一樣陷入兩難：一方面覺得自己比宮廷社會等級制度規範下的所有人都優越，另一方面，又渴望獲得他們的認可，以及伴隨而來的所有便利及特權。[10]

無論成就有多卓越，身爲剛進圈子的新人，首先感受到的就是社交圈的封閉性格。最好的位置已被占據，因此再傑出的新人也還是得先證明自己。十八世紀如此，今日仍然如此。

一九六九年出生的法國作家維吉妮・德龐特是法國龔固爾學院院士，這個機構負責頒發法國最重要的文學獎。但她仍然不認為自己是巴黎大資產階層的中堅分子，「天啊，當然不是。資產階層的身分只能靠世襲獲得，在那個圈子，我永遠是外人。」為何如此？「雖然我寫的書很受好評，人也應該挺有意思，也蠻吸引人的，但到今日，我仍然是那對郵差夫婦的女兒。」[11]

不只是晉升最高階層的新人會有這種感覺。規則永遠是圈內人制定的，這些人會設法透過展示優越的儀式，至少爲自己保住資深的地位。這種用來顯示區隔的行爲，不只出現在階級與階級之間的垂直方向，同樣也會發生在平行層面。只要想想離婚的父母各自有了新的對象，各自帶著原來的家庭組成「混合家庭」的情形。假設兩人的經濟能力、教育與社會地位皆相似好了，只是，他堅信開柴油車是正確的，每天一定要吃肉排；她則是騎腳踏車接送女兒，喜歡吃素。我敢打賭，兩人都會覺得自己的品味與喜好是最好的。所以說，捍衛自己的慣習時，不必非得舉出社會階層差異護航。哪種生活方式最優雅、最適當的較勁到處都在發生：你在哪讀碩士？小孩會坐了嗎？你去過易北愛樂廳了嗎？上面這些問句都是一種試探，問話的人希望知道對方是什麼樣的人。這個新加入的人是否有足夠的能力、人脈或聲望，給左鄰右舍、公司、家長會或贊助商帶來更多的利益？是否了解並接受我們的遊戲規則？最重要的，他或她會對自己造成威脅嗎？

在競爭激烈的頂層社會，這種不動聲色的入口檢控機制會比其他地方更爲嚴格。造成這種狀況的原因有許多：一、頂層社會充斥著權勢與金錢，這使得裡面的人更害怕受到較弱勢族群的利用。在打開大門前，必須先知道敲門的人是誰。二、富人比窮人需要更廣闊的私人領域，他們的房子占地遼闊，生病進私人醫院，住旅館也不會是一般的雙人房，而是闊綽的豪華套房。這種無論自覺或不自覺，因生活方式所造成的距離感，會讓不那麼富有的人自覺被排拒於外。三、與人爲善，這對自由業、中階管理者及專家這類階層的人而言，幾乎是成功的條件，但在頂層社會卻不是。出身中產階級的晉升者都懂得平易近人之道，因此，富豪及權貴人士保持距離的態度很容易被視爲排斥，即便實際上並非如此。這種看似有所保留的態度，常常只是不同文化薰陶出來的結果。

新人需要時間才會知曉這些關聯，然後還需要更長的時間，才能改變個人慣習，適應新環境。直到適應之前，可能一直都像莫札特一樣，認為自己的專業及社交能力在新環境中不比任何人差，但得到的反應卻不是接納與肯定，而是拒斥及冷漠。請記得這是一種挑戰，最重要的一點：千萬別被嚇倒、退縮，更不要因氣憤而回擊。最好以人類學的方式來面對，也就是以研究、開放及認知的態度。就像進入一個你從未去過的地方，新世界一切都很陌生，你的慣習在那裡能發揮的作用，就像中學學了一年的法文就去巴黎一樣，有點勉強。雖然不安，但這其實是很正常的現象。好消息是，有種方法幾乎可以保證讓你打入頂級聯盟的圈子：

證明自己是有價值的成員。

確切來說，就是慢慢適應新環境的各種新習俗，留意其他人的行為模式：大家都怎麼做？打招呼時說「哈囉」「你好」，還是「上帝保佑你」？一般社交寒暄大約多長？吃飯前會互祝「好胃口」嗎？人們都在談論什麼話題？如何穿著打扮？若不違反你個人原則，就順著這些日常儀式行事。當圈子裡的老鳥對你提出異議時，表現你的同理心，不要強出頭，不要追根究柢，不要誇耀自己的成就、影響力、知識及金錢。過段時間後，你可以開始承擔一些責任，做些對周遭環境有利的事，不要太過熱切，保持輕鬆友善的態度。先付出，以最恰當的方式溝通，並保持耐心，以理所當然的態度肯定他人的社會地位。進了頂級聯盟的圈子裡，中傷他人沒有任何意義，重要的是，你必須看起來像他們一樣。

二〇一七年，星級主廚安東・舒馬斯成為國家代表隊主廚，雖然早已習慣與名流周旋，但是，「突然站在一堆只有在電視上才會看到的人中間，感覺還是很奇怪。」那他如何適應新環境呢？想辦法融入。「就像廚師工作一樣，能否調整適應一個已存在十年的團隊是很重要的。一個新加入的成員會被仔細打量：他來做什麼，怎麼做？有時甚至是很細微的問題。」例如：「他準時嗎？如果預定晚上七點十分開車，那就是七點十分，不是七點十一分。從這些細節可以看出很多東西。」[12]

愈菁英的團體，愈注重調整適應，也因此愈排拒那些不先付出，抱持質疑態度的人。至少在一開始，在學校家長會裡質疑餐點不夠營養，或在男士俱樂部裡對不怎麼莊重的調笑提出質疑，都是自毀長城的舉動。

這就是歸屬感的代價：跟著主流生活方式、禮節及圈內人的口頭禪行事，或者至少不去質疑。

但如果新加入者對這個圈子有大用處，可能就可以放肆一些。就像大家不會在意副市長只是出席社區節慶而已，但不是那麼有身分的人，只能透過烤蛋糕或幫忙搬桌椅等事情使自己顯得有用。只有當圈內老人開始對你產生信任以後，這樣的規則才會鬆動。你已經適應環境，知道輕重緩急，並內化這個圈子的慣習。從此以後，打破規則不再會有問題，相反的，顯示自己與眾不同，也是在展示個人優越及個性。

拉幫結派？還是朋友及社群？

通常我們會說靠關係、拉幫結派或互相利用，很少人會說人脈、朋友、同盟或社群。但實際上，前後兩者指的都是與自己有關係、互相交流，並提攜或支援自己的人。兩者之間的差別在於措辭透露出來的心態：有些人將它視作偏袒與包庇，另一些人則將其視爲力量與靈感的泉源。

當然，有些政黨派系是爲了彼此的利益而結合，並不是眞心爲了國家及社會，或只是毫無概念的第三方。就像一群政客在偏遠的休息站祕密聚頭，約好不擋彼此的路，互相拉拔向上；一群學者約好引用彼此的論文，一起提高聲譽；大好的實習機會專門保留給父母人脈廣闊的實習生；藉著新春團拜的機會協商繼任者，即將卸任的人趁機將自己屬意的人推上位；就算診所預約已經排到幾個月後了，負責安排掛號的職員還是有辦法幫有私人關係的病患插隊；採購部門的員工透露給某個供應商開價不要超過某個數字。無論是哪個層面，拉幫結派，還是互相利用，都有一樣的共通點：將多數人排絕於外，只有少數人得利。圈子裡的人逕自享受優勢，默不作聲；弱勢者只能咬牙切齒，卻很難提出證據。

對於這種套交情、賣人情的情況，中產階級比上層階級更難接受。因爲他們深信能力就是一切的神話，使他們更加堅持一個公平且情感理智都可以接受的遊戲規則。而身處最頂層的大人物，透過人際關係及歸屬感自我定位，遠遠超過稍低一等的上層階級者所能想像的範圍。與社會其他階層相比，頂層圈子裡的人，私人與職業領域的交集最大。由此看來，當然要將重要職位任命給自己信任的人，也就是熟人，或是認識對方的父母，會定期聚會，一起組織慈善晚會，一起參加品酒會或一起度假的人。

這種情形圈外人可能會覺得不公平，但對當事人而言卻是一種理性且省事的選擇。「不然我還能選誰？」當一位家族企業監事會主席被問到爲何他提議的監事會候選人中，一半以上都是自己擔任主席的俱樂部成員時，他說：「所有可能的人選都在俱樂部裡啊。」實際上，能當上候選人的人選也不多，因此，這樣的推薦名單雖然看起來值得玩味，但最後還是被接受了，爲何不呢？

道德潔癖比較是中上階層的人的慣習。在那裡會引起公憤，對頂層階級的人來說卻只不過是不足掛齒的小事。對下層階級的人而言，則是自助人助。

是的，人脈、鄰里幫助和裙帶關係，這之間的界線本來就是流動的。因此，你可以鄙視關係，但也可以還原它的本貌，視它爲絕佳的機會。無論處在什麼階層，每個人都有機會從他的社會資本裡接受他人的幫助。對某些人來說，這就像村子裡的人互相幫助，鄰人忙著蓋房子時，就幫忙準備餐點；對另一些人來說，則是爲同一圈子裡欣賞的人增強實力。

純粹的奢華、飄逸的面料、永恆的設計，維多莉亞．貝克漢的時裝非常漂亮，雖然不是一般人可以負擔得起的。這個品牌的成功，不僅是因為設計師的巧思，她通訊錄上滿滿的人名也是關鍵。像凱特．貝琴薩及梅根．馬克爾，這些貴婦都是她的好友，每個人都穿她設計的時裝，因而打開知名度，成為炙手可熱的品牌。

小圈圈商業模式？的確也可以這麼說，但你也可以將它視爲朋友之間彼此肯定最美好的形式。相知相熟的朋友互相讚賞，不只波長相同，也同處於一樣的高度，有什麼比在朋友的成功中看到自己的理念，並爲他高興更理所當然的呢？政治學家圖黎——瑪嘉．克萊納就指出：「在跨群體研究中發現，因志趣相投形成的社交關係特別吸引人。」[13] 這類親近關係有時（但並不總是）會帶來生意上或職業發展上的回報，直到回報的時機出現前，通常需要大量的投資，也就是布赫迪厄所說的培養關係。要先付出，才可能收穫他人對你的讚賞。

人脈很有價值，但須投注大量心力

先撇開出身背景不談，社會資本其實與知識資本相似，能繼承的部分有限。若希望在家族之外還能有強大的歸屬與連結關係，就必須投注心力。因爲社會資本符合半衰期的原則，如果不花力氣維護，就會失去它。幾乎所有人在一生中都曾與朋友或同事失去聯絡，其他人、其他事更重要，也就漸行漸遠，直到消失不見。有時又會幸運地碰上，重拾當時不知爲何斷掉的那條線，毫無縫隙地接合起來。

一九九〇年代初期，克里斯多夫、史蒂芬與約爾格在一家大企業共同推動一項創新計畫，之後三人分道揚鑣，新工作，新城市，各自結婚生子，當時還沒有LinkedIn或XING等社交網站。去年，在一場奧地利韋爾特湖區舉辦的會議中，三人再次相遇。三人鬢髮都白了，兩人是公司的高層主管，三人各自經歷了離婚、罹患癌症，以及破產風波。中場休息時一起喝咖啡的時間，就足夠讓三人再次聯繫起來，計畫共同進行一項研究計畫。不過，現在最重要的已經不是同事關係，人生走到這種倒數階段，類似的人生經驗也是穩固關係的要素。

這種中斷聯繫多年後再次相會，彼此關係變得更爲緊密的現象雖然並不罕見，但也不是常態。通常，想保有社會資本，就得花心思培養，而且要定期。比起重視成就的中上階層，上層階級的名流權貴更懂得這一點。他們花時間創造並培養社交歸屬，透過參與聚會，發送生日祝賀，積極承擔社團職務，請人吃飯，並出現在壁爐之夜、花園派對、新春團聚或蛋糕義賣上，最重要的是，大家經常碰面。聽起來很累人？的確是。

「您根本無法想像，當亨莉克．耶勒*有多累人！」在某個半公開的生日宴會上，一位家族企業繼承人如此說，當時已過午夜。「要永遠保持體面，要談笑風生，還要顯得輕鬆自在。」（*非真名）

想要歸屬感，就必須參與。上層階級願意爲此付出必要的心力，因爲他們知道連結對人際交往的價值，所以他們重視並培養團體的凝聚力，遠遠超過表面形式。這種心態背後自有其經驗：

社會資本的累積不能信手拈來。

就算已有好幾代的累積，還是要不斷花力氣呵護維持。

投注力氣所獲得的回報，並不像眼紅的旁觀者在聽到富貴名流在仲夏晚宴、狩獵或慕尼黑啤酒節上聚會時，想像的那麼多。看起來像是休閒娛樂，實際上是對人際關係品質的投資。人們熱衷相聚，彼此關心，在一路同行過程中彼此互相肯定。由於不同的社會化過程，這種施與受的慣習，對階級晉升者常常是隱密不宣，知道後也心存懷疑。比較起來，他們更喜歡把時間與精力放在專業知識及管理技能上，認為這是較有意義且較有道德的晉升方式。特別是當人際關係網的建立不是在德國工商會舉辦的專家講座，而是在釣魚或品酒這類私人交際場合，尤爲可疑。

堅信能者上位是件好事，但爬得愈高，愈無法單靠專業能力及公關式的友善態度。若你希望與同儕一樣受到平等對待，那麼就要將社會資本當成財務投資一般鄭重以對，才可能獲得成果。

部落客布雷特·麥凱曾經做過關於社會資本累積的podcast，並在其中提出一個問題：「假設你在職場陷入困境，會先打電話給哪三個人？」停了一下，他繼續說：「最好你今天就打電話給這三個人，不要等到真正需要他們的時候才打。最好定期保持聯絡，看你們的交情，是每三個月或是每半年通一次電話。」⑭

這是個好建議，在充裕毫無匱乏的狀態下與人聯絡，不是因爲你想從對方那裡獲得什麼，就只是單純欣賞這個人，沒有別的意思。或者，像麥凱說的：「在還未覺得乾渴時，建議先花十年的時間挖口井。」也就是說，培養人際關係最好在你需要動用到它之前。在LinkedIn或XING上有超過一千個聯絡人只是開端，因爲大部分就只是聯絡人，只是連結點而已。或像社會學家所稱的「單一面向關係」，只不過是彼此因爲共同興趣，或者零星的交會產生連結。要形成人脈資源，必須是「多重面向關係」，在不同層面上都有關聯，比方說，有一位好家庭醫師是難能可貴的，若你們又在同一個難民協助工作上相遇，那麼你們之間的關聯就更緊密了；若你們還住在同一區，那麼關係就更牢固了。

在上層社會裡，人際交流更爲熱絡，關係網絡也益形封閉。主要原因之一是身處正確的圈子，是他們自我形象的一部分。另外，同一個城市裡權貴名流的數量就跟他們日常生活活動範圍一樣屈指可數，因此他們不斷在各種場合碰面，像是身著禮服出現在大學校慶活動上，載著一堆修剪下來的植物莖葉到回收場，或是在市集上賣雞油菌菇及羅勒的攤子旁。經常碰面使他們更爲親近，並產生志同道合的愉悅感。認可、熱忱及信任就這樣建立起來，公私之間的界線也就愈來愈模糊，愈來愈難分清楚。

比起聯絡人的數量，社群的質量更重要。

所謂社群，也就是有著同樣企圖心與同樣價值觀的一群人。

彼此信任的關係，不會只因他人介紹，曾經一起喝杯咖啡就有，它需要時間培養。具體來說，就是走出舒適圈；記住別人的名字；學會怎麼跟人社交閒聊；懂得施比受更有福；幫助他人功成名就；記住對方的生日；感謝對方的合作、支持和提供資料；在人家生日、弄璋弄瓦、創立公司、獲獎或換新工作時送上祝福；約喝咖啡；知道對方的狗叫什麼名字；關心、重視且信任對方；傾聽對方的聲音；交換彼此的訊息；替對方聯繫他人，並爲他引薦；接受邀約，或者爲自己無法出席致歉。

英國人理察．瑞德二十多年前與兩位大學同學創立了知名果昔品牌「純真果汁」，在他的著作《假如我只能給你一個忠告》中這麼說：「永遠記得付出。與朋友聚餐結束後幫忙洗碗，派對中看到有人落單幫忙招呼，參與地方反對英國脫歐活動。只要是正面積極的事，參與並付出。」[15]

付出時最好不要期望回報。聽起來似乎有點矛盾，付出卻不求回報？這樣說吧：這是增加幸運降臨你身上的機會。就經驗來看，建立一個由聯絡人、朋友及支持者組成的社群，很少會有直接的回報，但卻有不少間接的回報：發人省思的提問、關鍵的提示、驚人的洞察等等。人們給予幫助的形式常常是出人意表的，你永遠無法事先預測社會資本滋養出來的果實會是什麼，但有一點可以肯定：絕不可能無中生有。只有先播種，才可能收穫。

導師、俱樂部與黃金地址

安─蘇菲．慕特有卡拉揚，祖克柏有賈伯斯，馬克宏有歐蘭德，查看上流社會名人錄你會發現，站在頂端的人很少單打獨鬥，大多擁有人生導師，引導他們走向成功之路。雖然慕特、祖克柏及馬克宏在被大師納入麾下時，就已經進入專業菁英窄門，不過他們的例子還是證明，不管一個人有多優秀或爬到多高，還是需要貴人臨門一腳的提攜，才能取得空前的成績。

比起一位人生導師，擁有一群導師更有助力：熱心的上司，願意介紹許多原來不可能接觸到的人給你；專業上的嚴師，雖然擔憂無法達到他的要求，但總能激發潛能，做出好成績；亦父亦友的長輩，總在你陷入自我懷疑時帶來撫慰，使你心安；同年紀的女同事，總有辦法兼顧家庭及事業，輕鬆調度的本領是連單身的你都無法企及。

人生導師是激發你潛能的人，是陪你練拳的人，是幫你開路的人，是介紹你工作的人，是幫你開門的人，是推薦你的人，是照顧你的人，是帶給你機會的人。他們能帶給你什麼樣的資本，可從電影《私刑教育》中扮演導師一角的丹佐．華盛頓得知：「說出一位成功人士的名字，我就可以指出帶給他正面影響的人。不管他是怎麼賺錢的，所有賺錢的人背後，都有幫他加油或給他指引的人。」

出身上層階級的人，從小身邊就圍繞著一群培養及支持他的人。就像童話裡的仙女一樣，家族長輩及雙親的好友都會送給搖籃裡的寶寶最好的禮物。這些人在寶寶長大後，都是最好的人生榜樣。

你知道嗎？當今世界歌壇最賺錢的女歌手泰勒絲的祖母曾是歌劇女伶，她最早的記憶之一就是教堂裡祖母站在台上對著眾人高歌的景象。

貧寒家庭的小孩，成長過程中鮮少有可以成為偶像的長輩伴隨，這個差異影響甚鉅。

最親近的姑姑是超市店員，還是汽車研發人員，對姪女慣習的養成有很大的影響。

關於原生家庭人際關係網的價值，維也納經濟商業大學社會學家約翰娜・霍夫鮑爾做過研究。訪談顯示出，上層階級的交際網絡中，透過父母及兄弟姊妹才可能認識的人的比例相當高。他們從小就習慣出現在身邊的上流權貴人士，懂得如何與他們應對進退，將他們的慣習內化成自己的，而且無需費勁就能與他們保持關係。結交權貴人士帶來的好處多不可數，因此出身富貴的子女最重視原生家庭帶來的交際圈。[16]

在社會資本貧乏家庭長大的小孩，想要擁有對拓展個人視野有益的人際關係網，就必須自己建立。有人覺得重要，有人不覺得，大多數則報持懷疑的態度。該如何下手？誰能當自己的人生導師？該如何告知對方？最好在大學時便參加師徒計畫，尤其是家族中第一個上大學的孩子，也有特別的團體像「工人小孩」提供輔導及支援。[17]這些都能提供你接近及了解師徒合作的機會。此外，在尋找導師的過程，就像廣告行銷一樣，拉式策略通常會被比推式策略顯得優雅。也就是說，比起努力推銷自己，不如想辦法發揮吸引力：當教授助理、參與商展或各種活動，在可能成爲導師的人選前展現自己的能力。在聽到好演講後，發電郵給講師，簡短介紹自己並簡述聽完演講的感想。再看對方的反應，或許能請對方給些建議，甚或安排見面，深入討論心得。

假使對方給出正面回應，該如何進一步繼續，以及對方給予熱忱的程度，最好交由導師自己決定。記住大原則：不要求，不要有過多的期待，也不要每事必問。以你的本領，直爽及不浪費對方時間的態度打動對方。同時，也必須記得思索自己能爲對方做什麼：將他的指導與意見化爲成果，爲他關注的事項做出貢獻，向他致敬，以及最重要的，不要辜負對方對你的信任。擊敗師父上位的學徒時有所見，這是社會達爾文主義，但在菁英社群的慣習裡，將自己所得的事物回報及傳承下去，才是主流。

享譽全球的小提琴家慕特十三歲時，獲得在卡拉揚前演奏的機會。她成功說服大師，大師也將她推上世界舞台。成名後，慕特也不忘提攜丹尼爾．米勒—肖特、阿拉貝拉．史坦巴赫爾等諸多後進，就像當年自己受人提攜那樣。同時，她也對卡拉揚的感恩溢於言表，不忘在每回受訪時提及：「他是個完美的音樂家，也是個聰明的心理學家……他不是那種指揮家，法國號太大聲就馬上瞪過去，這種只會被細節淹沒。重要的是瞬間的靈感、絕對的熱情。」[18]

人生導師是培養人格及加速職涯發展的絕佳機會，就像進入菁英大學與頂級企業一樣，對取得最高成就非常重要。理由很簡單：與聲望崇高的名字產生連結，社會聲望自會大增。儘管在家鄉也能接受適當的教育，在地方中小企業也可以有極佳的職涯發展，但事實擺在眼前，BMW技術比別人高超，不到六%的申請者獲准進入哈佛，這些名字帶給人的聯想就非常重要。國際大品牌或聲譽卓越機構的光芒，能照耀所有在那裡工作或學習的人。無論他們表現如何，在其他人眼裡，他們就是菁英圈裡的天選之人，值得受到延攬關注。當前最受關注的企業機構像是Apple、BMW、馬克斯・普朗克學會、微軟、摩根大通，是年輕人眼中的黃金標準：

進入享譽全球的企業工作，帶來的社會聲望超過菁英大學畢業證書。

另一方面，年輕一輩的專業人士對參加俱樂部就不怎麼有興趣了。[19] 傳統的社交俱樂部太過保守，價值取向太過循規蹈矩，而且對講求效率及創造力的菁英而言，得花上大量的時間才可能帶來效用。不過，知名俱樂部在老一輩人心中還是非常有地位，透過俱樂部組織，全世界會員都能彼此互相認識，而且就連不是俱樂部成員也都知道，進入組織的門檻很高。大學兄弟會、獅子會、扶輪社、國際崇她社、Soho House，以及各種國際馳名的專業組織，都不是那麼容易就能成爲會員。只有收到邀請，並且有人擔保推薦，符合資格者才可能加入。候選人在入會前的面談時，負責把關的面試委員會先確定對方熟悉俱樂部的主流慣習。經過精挑細選，一旦進入俱樂部後，會員資格幾乎就已經保證獨一無二的精緻生活經驗。

至於社交俱樂部對職涯發展的助益就不是那麼明顯可見。據說由於會員來自各行各業，因此職業上的決定通常發生在其他場合，而不會在俱樂部裡面。不過另一方面，頂級職位的決定，通常沒有定規。按照獵頭顧問馬提亞斯．克斯勒的經驗，熟悉度、所屬社交圈及出身影響決定甚鉅。[20] 還有，絕佳的實習機會通常是職涯發展的跳板，認識適當的人，能幫助你獲得這樣的機會。而且就算俱樂部對個人職涯發展沒有帶來直接明顯的優勢，但在社會資產累積上絕對有用。

固定與商業、學術、文化或政治圈的佼佼者來往，接觸具影響力的人士，彼此啓發，彼此肯定，從各個不同層面的知識中獲益，聆聽各種值得深思的觀點與想法。

而俱樂部這種刻意排他的封閉性質，也能增強個人的成就感。就如社會學家米歇爾．哈特曼所言：「成爲會員通常會給人躋身菁英名流的感覺，無論這種聲望是自己努力贏得，或是繼承而來。」[21] 即使是那些一開始對俱樂部保持距離的人，進去後，遲早也會在慣習中表現出歸屬感，以及置身上流社會的優越感。而這種自豪，必定也是來自個人的成就與自信。

網路聲望：想要有影響力，就得引人注目

打造第一印象沒有兩次機會——從前的確是如此。抬頭挺胸、適宜的握手力道、大方開放的眼神、保養得體的鞋子，如此一來大致可以確定能贏得對方的好感。時至今日，見面第一印象自然還是非常重要，但在此之前，得先通過網路測試。就像找旅館，大家會先在網路上確定旅館的位置、設施及CP值才會下訂。同樣的，兩個互不相識的人，在會面之前也會先看看對方的基本資料：快速查詢，從設計良好的網頁、五年前的貼文、幾篇專業文章及一張非正式的新聞照片，都會成爲是否與對方繼續聯

繫的決定性印象。

若網路上呈現出良好的形象，便能在首次見面之前為自己增色幾分。這是很好的機會，每個有聲音的人，都應該在網路上擁有平台。不過，你得知道該如何運用這項資源，畢竟這種在第一印象之前發生的第零印象，遠比第一印象還難控制。隱身並不是好辦法，因為不在網路上就無法傳達任何訊息，顯得無足輕重。

從旁觀者的角度來看，Google 找不到的人就是不存在。

布赫迪厄在一九九〇年代曾經定義社會資本是一種資源：「與社交關係的參與，彼此互相肯定有關。」[22] 當時人們還無法想像全球資訊網是什麼，如今，網路使用者十之八九在社群媒體都有帳號。如同實體世界與人親身接觸會面一樣，我們在網路上也可以累積——或者輸掉——社會資本。不過兩者之間仍有個很大的差別，向主講者提出笨問題或會議上的愚蠢發言，人們很容易忘記，但網路什麼都記得：不經意卻引起軒然大波的輕率推文，或是喝醉時身著黑色內衣上傳到網路上的輕佻照片。

主導階層的社會環境對這個問題相當敏感。SINUS 研究中心的調查顯示，前三分之一的上層社會對網路媒體的使用是有選擇且重視效率的。[23] 無論對數位自我呈現是否熟悉，都會先考慮要在網路上發布什麼樣的內容，確保自己不受傷害，冷靜地與社群網站保持一定的距離。當然，在這個已受啓蒙的階層裡一樣會發生錯誤，但總體來說，在使用網路上，上層階級的人較爲自主，且比起一般民眾較少拿來展現自我。比起網路上散彈打鳥，寧可透過WhatsApp與人交際，透過手機與眞正認識的人交談。對上層階級來說，只有迫切需要的人，才會時時刻刻都掛在網上，像是對資訊飢渴，追求按讚人數及大眾認可的服務業者，或是對他人注目上癮的人。研究趨勢與未來的專家馬蒂亞斯．霍克斯就說：「數位繭居是新時代展現身分的一種行爲型態。從前如果想展現自己過得多好，得配置貴重的裝備，像是汽車、珠寶、手錶或昂貴的酒出現在社交場合。今日則是不帶智慧型手機，全神貫注在現場聚會上。」[24]

使用網路的態度也反映出一個受過良好教育的有錢人在現實世界裡的表現：社會地位愈高的人，愈會把世界看成一個複雜的舞台，因此也愈常在人際交往中戴著面具，也愈不可能在公開場合表現出衝動的行爲。[25] 加拿大社會學家爾文．高夫曼曾說過：

上層階級比一般人更保護個人的私人領域。

例如他們比較不會在網路上貼貓咪短片、艾菲爾鐵塔前的自拍照，或是自己小孩的嬰兒照。除此之外，還有一些社群網路行爲也被認爲不夠上流，根據英國花邊報《每日郵報》的報導，這些行爲包括使用無聊的ＧＩＦ圖檔，貼一些像酪梨吐司或蔬菜果昔的照片或勵志小語，以及廣推別人讚美或肯定自己的推文。[26]

不過，就算在上層社會裡，完全不展現私人生活的一面也是不可能的。就像政治人物、影視明星或皇室成員在競選策略或徵人廣告中提及私人領域，公關團隊發布的總是大同小異的操作：像是喜歡馬鈴薯湯及李子蛋糕，一點自我嘲諷，個人的播放清單，不時出現好書推薦，或者偶爾來個關於孩子的故事，但主角是誰其實都無所謂。最重要的是，必須表現得像個專家、意見領袖，或是熱心公益的行善者，最好專業到讓人絲毫察覺不到通往私人領域的大門關得像私人別墅一樣死緊。

歐巴馬與蜜雪兒在推特上成功維持的形象是一對以個人巨大的影響力使世界變得更美好的夫妻。他們深知，要與人溝通，就得開誠布公。因此，他們的推特也閃露著精心挑選過的私人生活，像歐巴馬的自我簡介就是「父親、丈夫、總統、公民」。[27]蜜雪兒則會發出像「祝我唯一的愛＃情人節快樂，@BarackObama」的推文。[28]除此之外，歐巴馬夫妻也明顯地會為他人搭建舞台，讓別人發亮發光，從不聚焦在自己及個人成就上。這種平易近人的態度使他們在推特上贏得一億一千萬人的關注。

只有遠離塵世的人才可能只在實體世界累積社會資本。對其他人來說，網路上嫻熟的自我展現，就像從容地周旋在社交舞台上一樣，都屬於成功慣習的一環，能被查看到，展示重要性，拋出議題，影響大眾意見。就像全球意見領袖一樣，我們也能透過個人網頁、部落格、社群媒體等無限擴展我們的社會資本。只是要記得，這些都在眾目睽睽之下發生。從前只有名人才會有受到萬眾矚目的喜悅與苦惱，就像喜劇演員弗雷德·艾倫的名言所說：「所謂有名，就是一個人窮盡一生努力成名之後，戴上墨鏡不讓別人認出自己。」如今這句話也適用在一般人身上了。

權力、地位和知名度：影響力的範圍

川普有權，伊莉莎白女王有地位，歐巴馬當總統時有權又有聲望，這三人都是當代最知名的人物，他們擁有的財富並不是重點，最重要的是他們對整個世界的影響力。其中，地位、權力與知名度並不是同一回事，只有在特定的條件下才會彼此加乘。而社會資本的最大值，便是結合三者的最高價值。

首先是權力。權力是一種引領他人採取特定行動及產生特定想法的能力，也是貫徹個人想法最簡單的手段。簡單說，無論一個人行使權力時是多麼善解人意或專斷獨行，掌權者都有辦法使反對者就範。他們可以給予獎賞或懲罰，開除高級顧問，決定連休假日，終止合同，越過所有層級拔擢新人至高位。只有一件事掌權者無法要求：忠貞不渝與真誠的尊崇。對老派強人而言，這點尤難忍受。北卡羅來納大學研究顯示，掌權者若得不到期望中的尊崇，通常會變得攻擊性極強。[29]

就連美國總統也無法下令要大家自發來現場觀看他的就職典禮。二〇一七年一月總統就職典禮那天，川普完全無法接受聚集在國會大廈前廣場的人潮比預期少的事實，並因此導致川普政府與媒體對人數多寡的爭執。尖銳的對立使得川普陣營說出總統身分不該說的話：「這是謊言。」

其次是地位。如同權力，地位也是優越的象徵。但一個人可以抓住權力不放，地位卻要靠周圍的人才能確定。地位源自於他人願意尊重並信賴一個人的判斷，擁有身分地位的人本身卻無法要求別人這麼做，就像反君主制者不對英國女王行屈膝禮，女王也莫可奈何。因此，與權力不同，地位必須時時重新確認。管理學研究顯示，這種情形會導致什麼樣的結果：身分地位崇高者的個性，與必要時可以專斷獨行的掌權者相當不同，比起掌權強人，他們更容易理解反對者的立場。[30]

最後是知名度。知名度高的人，可以影響很多人，影響範圍遠遠超過一家企業、一座城市或一個家庭。就像浪漫唯美風格的網紅，有著超過五十萬粉絲的關注喜愛。擴張個人影響範圍的力量就像引力一樣：當一個人受到一定程度的關注後，就會吸引更多人關注。一旦打開知名度，知名度就會更高。

尤其在上層社會，權力、地位和知名度，這三種社會資本中最有效率的形式經常合為一體。

透過在位、掌握權力和廣大的影響範圍，頂層階級形塑出各種公共生活事務的面貌。爲了維持這些狀態，他們所花費的精力，是其他不具影響力的人難以想像的。美國社會學教授威廉·多姆霍夫認爲，美國權力菁英處在一個關係緊密的圈子裡，他們所訂下的規則與儀式經由菁英大學不斷複製。這個描述也適用於其他國家，那些彼此認識的企業家、各董監事會及大學諮詢監督委員會的成員，都透過媒體影響公眾意見，擔任非營利組織理事，在同樣的俱樂部裡交際，爲他們所關注的事情貢獻心力與財力。

這種情形也產生各種排列組合，其中的邏輯只有進一步觀察方能得知：

唐納．川普與希拉蕊．柯林頓的競爭大概是美國歷史上最慘烈的總統選戰。實際上，這兩人之間的相似性遠超過他們與選民之間。他們在同一個交際圈，上同一階層的大學，他們的權力都是由同一種網絡培育發展，兩人的女兒是好朋友。記者海克．布赫特在《時代週報》闡明這種現象：「對川普及柯林頓家族來說，俄亥俄州失業的鋼鐵工人和阿拉巴馬州速食店打工的低薪員工，都像孟加拉紡織工人一樣遙遠。他們都是菁英，與美國一般人的生活毫無關係。」[31]

到處都有這些人的聲音，他們影響政治氣氛，決定什麼正確、什麼重要、怎樣才算有品味。布赫特還說：「他們的看法、批評與政治意見，透過各種不同的管道在公共空間傳播：宣傳手冊、書籍、地方團體、大眾傳播媒體，以及各大企業的公關部門。」[32]

在每個德國小鎮都可以觀察到同樣的機制，只是規模較小：只要有錢、有地位，就同屬於影響發送圈，而且幾乎不會遭到任何反對。

圈子裡的人互相都認識，在當地及附近地區有著千萬重的關係，彼此之間也或許還有些公開的帳要算。這個圈子也會接受從中產階級或下層階級（鮮少發生）晉升的新人，畢竟對外開放與新血的注入有助於階級的凝聚。新選上的市長當然也歡迎加入，就算他之前不過是稅務局的稅務人員。還有奧運冠軍選手及高知名度的新創公司創辦者也是當然人選，或許連入圍《德國超級名模生死鬥》決賽的模特兒也可以加入，雖然這些人的慣習一開始實在令人尷尬。

不過無論如何，上層階級的凝聚力絕對不會只是靠親切與同理，而是永遠伴隨著算計：團結起來，我們會更有權勢。這也是爲什麼一旦進入這樣的圈子後，大部分的人永遠不會退出，就連潛伏的敵意或個人失敗，通常都不足以遭受排拒。而這種凝聚的慣習不只是對權勢者或超級富豪有利而已，無論哪個階層，無論是誰，都應該問問自己：爲什麼大家不能放下競爭，彼此多合作？爲什麼我們的人脈只維持表面交情，而不像頂級聯盟那樣友好並培養出友情來呢？

或許原因出在我們人數太多了。爲了和一群能力一樣強的對手競爭，我們忙著抓住機會以便脫穎而出，因此沒有什麼心力去建立人脈。這不僅降低我們得到好任務及被發掘的機會，疲於奔波日常事務，也降低了我們發揮社會影響力的機會。

權力、地位和知名度三者合一，代表利益的實現。

這就是上層既得利益階級強大之處，也能使身處第二排的力爭上游者更為強大。

為躍升做準備 建立你的人際關係

所有社會群體都認為人際關係是重要的，畢竟我們天生就是群體動物，會在群體中確認並肯定個人的自我形象。不過，有個階層特別看重社會資本：頂層階級不只把盤根錯節的人際關係視作工具，他們也展現自己是其中之一員。因此，對排名前一千名的上流社會成員而言，總理新春茶會的邀請函所象徵的地位，遠遠超過勞力士錶或是Range Rover的豪華休旅車。其中的道理淺顯易懂：其他作為地位象徵的東西都可以透過財富取得，但高品質的黃金人脈不是隨便就能從帽子裡變出來的。

1 教育程度愈高，薪資愈高，社會網絡更廣闊、更寶貴。最高階的企業家及經理人透過社會聲望來定義自身價值，因此，他們在這方面投入的時間與金錢會比中產階級的佼佼者還多。熱衷參與的結果，導致家族內外及圈子內外盤根錯節的各種聯繫，且關係有緊有鬆。愈往人際環境的深處走，範圍也就益發狹隘，關係益發緊密：中心是家庭、親戚、鄰居、同事和從小一起長大的朋友。這些經歷多重試探的聯繫能降低生活中的各種風險，不過，各個相交多年的群體，彼此之間卻難以互相敞開門戶。情感聯繫較弱的關係，反而較有機會走出個人的小宇宙，取得外來資訊或進入其他圈子。

2 休閒時間就是社交活動時間。參加酒會或跟合夥人一起去爬山能增強非正式的關係，因此，上層階級的人願意花時間、金錢和精力去培養人際關係。齊特曼的富豪研究裡有一位受訪者這麼說：「年輕時沒認識幾個人，在三百多人的可怕活動中，總共只認識兩個人。五年後，認識的人就有五十個了。到了某個時間點，人際關係網建立起來，你就不必再做任何事，別人自然會打電話找你。」[33] 願意的話，可以試著這麼做：關係不是免費的，必須經常聯絡，在彼此互相欣賞及擁有共同經驗下才能建立。交換名片只是第一步而已。

3 所有已成形的團體，內部核心不會花太多力氣在新人的融入上。想盡快跨越社會文化差異最好的方式，就是貢獻一己心力，提高團體聲譽。投入時間及貢獻特殊所長，能使自己盡快受到重視，特別是在自視爲菁英的團體之中。

4 頂級聯盟不喜歡搶鋒頭的人，剛晉升入圈的人總是太講究、太謹愼，這種情況甚至發生在未來的英國皇后凱特王妃身上。她儘管出身富裕，但仍然不是貴族出身，與威廉王子成婚後，便將高雅的女王英語學得維妙維肖，但皇家成員卻偏好流行在倫敦中上階級中較爲輕鬆隨意的河口英語。這件事給我們的教訓就是，不要表現得太過急切，也不要試圖表現得比菁英還要菁英。

5 剛晉升入圈的人往往會特別努力適應新環境，但實際上，圈子裡的老人並不期望新人過度努力，簡單輕鬆比較重要。身爲新人，請盡量放輕鬆，沒人有興趣爲第一次進入貴賓包廂的人講解冰上曲棍球比賽規則。即使沒人會承認，但是當群體裡出現新面孔指定要卡布奇諾加杏仁奶和甜菊時，眞的很麻煩。因此，一開始請記住：多留意新環境的習慣與規則，接受你所見到的事情。不要等著別人介紹或找你談話，要主動融入新環境，不過度急躁，也不抱著過高的期望。

6 在頂級聯盟裡，社群媒體只是爲了達到目的的一種手段，眞正重要的人際往來不在網路上，而是社交活動或非正式的眞情交流。因爲在頂層社會沒人在乎成就展現及自我推銷，重要的是面對面的往來，以及超越生意夥伴的朋友關係。

專家看法　頂級聯盟的通關密語：不帶目的，簡單不複雜

如何與擁有影響力的人結盟？多蘿西亞．亞希斯與多蘿媞．埃西特知道管道。《企圖心》兩位作者在訪談中提到如何成功融入頂級聯盟。

朵莉絲．馬爾汀：兩位曾說過，所有成功人士的身邊都有一群支持、鼓勵和關心他的人。

多蘿西亞．亞希斯：孤獨的天才只是個神話。成功人士身邊總是圍繞著一群與他一起工作的人，一起謀畫，一起思考，提供專業知識，以及行政組織上的支援，如此才能成功。想繼續保持成功，進入頂級聯盟，就需要在個人組織之外，一個有力人士組成的社群，以及建立這種頂級社群的能力。這種能力我們稱之為「社群能力」。

所以需要同樣成功，賞識並肯定彼此成就的人，是嗎？

多蘿媞．埃西特：或者成就更高的人。一個人的偉大成就，必須受到他人的認可與推崇。成果就只是成果，其他人則會為「你」說話。再傑出的成就、再美麗的成果，

也無法自動導向成功。永遠不會。表現傑出與成功的職涯發展是兩個完全不一樣的系統。「社群」則是職涯發展的參照系，在這個共鳴空間裡，成就能被別人看見並獲提拔。這其實也就是成功人士社交關係的真正潛力。

晉升到某個地位後，就會自然而然覺得自己屬於頂級聯盟嗎？

亞希斯：有些人打從出生起就有這種感覺。若你出生的家庭，平日就有王子、董事長或諾貝爾獎得主進進出出，總是一起在南法豪華別墅度假，那麼你在大人物面前就像在家裡一樣自然。但大部分的專業經理人仍必須先破解頂級聯盟歸屬感的國際密碼，才會知道在那裡成就是不言而喻的。對其他人來說，就像抵達目標一樣：終於到了我該到的地方。對職涯發展有強大企圖心的人而言，社群就是他們在社會上的家。

不是每個人都能從小就知道怎麼跟大人物來往，要如何突破這道門檻？

埃西特：這道門檻一定要想辦法突破。方法大家都知道：發出邀請，接受邀請，向他人表達祝賀、感謝、慶祝之意，並在別人面前表現出自在且如魚得水。挑戰便是如何在頂級聯盟產生歸屬感，一旦有了這種歸屬安全感，就能與大家敞開心房交流。

就是要將自己定位在頂級聯盟，並帶著這樣的感覺與人交流嗎？

亞希斯：沒錯。一開始先把首要目標放在與公司之外的成功人士培養友好關係：定期寄送手寫感謝或節日卡片，約對方一起吃飯、運動、喝咖啡、參觀博物館等等，邀請對方參加派對，將大家約在一起，介紹彼此，永遠只說他人的好，並以單純、友好、不帶任何目的的態度交往。不帶目的，簡單不複雜，這就是頂層階級的通關密語。對頂級經理人而言，能力和成就表現不會引來推薦，也無法創造機會，得到工作。只有社群才能做到這些。社群是學習、克服危機、慶祝成功、發展職涯、實現個人成長，體驗心流及成就感的地方。只有在這裡，職業成就才能被看見，並反映出價值。在這裡，你能夠體驗個人偉大之處。

追求卓越可能會受到原生家庭的質疑，該如何面對這樣的衝突？

埃西特：原生家庭也是希望你好，但願野心勃勃的人也能事事平安，而這個願望在平凡的框架下比較容易實現。這樣的心願必須尊重並表達謝意，例如在父親七十歲生日時公開感謝父親：親愛的爸爸，今日我所有的成就都要感謝你。或者透過贈禮：親愛的媽媽，僅以兩萬歐元代表我無限感激。珍惜原生家庭是自我認同的一部分，無法與家人分享自己的成功，通常是因為自覺慚愧而導致。

兩位發現中產階級的遊戲規則與頂級聯盟有什麼不同？

埃西特：中階經理人的成功及影響力是靠成就獲得。成了頂級經理人之後，成就便是不言自明了。爬到高處，親近並成為頂層階級的一員是最重要的，而這需要感受並表達出來。在頂級經理人的隱蔽議題裡，是靠慣習或氣味相投表達出自己的歸屬，有充沛的見識與能力做出大事業。

亞希斯：絕對不要叫嚷自己要什麼，而是不帶心機、友善地付出。這是國際頂級經理人的座右銘，想進入這個階層，就要：一、感恩；二、欣賞；三、簡單不複雜；四、大方。

晉升之路上會遇到慣習與自己完全不同的圈子，該如何面對？

亞希斯：自己的感受與想法也會隨著不同的行為與不同的地位慢慢改變。重新自我定位，重新確認個人抱負、能力與影響力，調整自己的視角以跟上頂級聯盟裡的其他人。例如讚美某個社會階級高高在上的監事會成員所做的成功演講；或者降低與大人物親近的門檻，透過一起喝杯咖啡，到對方辦公室拜訪，在對方升遷時送上祝賀，到墨西哥旅行時給對方帶點伴手禮等等。

是否盡量不要賣弄個人能力，以及避免自我推銷？

埃西特：絕對要避免。許多成功人士都低估自己的吸引力與影響力，賣弄個人能力及自我推銷會削弱這樣的效應。定位在頂級聯盟，就是要談自己的抱負，好奇別人的成就，別人想做什麼樣的大事，以及如何做。這些都很容易激勵人心。正面評價其他人的卓越成就，除了吸引人之外，還能幫自己定位。

如果一直無法產生歸屬感怎麼辦？

亞希斯：歸屬感是自己塑造的，與你信任的人、風趣而親切的人在一起，日復一日。最重要的是告訴自己：「我來了，不必再拿出什麼證明，我已經在裡面了。」對歸屬感最大的誤解，就是誤以為它是由他人提供，要出示邀請函，還有正式的通道。

威廉．馮．洪堡曾寫道：「基本上，賦予生命價值的，常常是人與人的聯繫。」你們也認為如此嗎？

埃西特：我們也這麼覺得。歸屬感或與他人的關係，是一種人生的選擇：是要孤獨地追求成就，或是為別人加油，稱讚、支持並推薦他們，與他們一起訝異、學習及慶祝。

多蘿西亞．亞希斯（Dorothea Assig）與多蘿媞．埃西特（Dorothee Echter）爲全球高階經理人提供諮詢二十餘年，是二〇一二年暢銷書《企圖心：如何成就大事》（*Ambition: Wie große Karrieren gelingen*）作者。二〇一八年又出版《經理人的自由：控制狂如何阻礙企業的成功》（*Freiheit für Manager: Wie Kontrollwahn den Unternehmenserfolg verhindert.*）一書。www.assigundechter.de

Chapter

5

文化資本

如何脫穎而出

文化資本：

1. 內化的文化資本，表現在日常生活、價值與品味取向，以及對智識的興趣。
2. 文化產品，或者／以及能導致文化實踐的產品：書籍、電子媒體、樂器、串流服務、藝術品、運動器材等。

出生於一九八〇年末的德國男孩最常被命名爲伊恩（Ian）、丹尼爾（Daniel）或弗羅里安（Florian），社經地位崇高的父母，較喜歡幫孩子取像馬克西米利安（Maximilian）這種聽起來高尚一點的名字。不久，到了世紀之交，馬克西米利安迅速登上最受歡迎的新生兒名字排行榜。如今若根據統計數據描述一般德國男孩，就像《明星》雜誌所述，他的名字就會是馬克西米利安，母親是辦公室職員，父親則是保險業務員。❶ 原本象徵高尚尊貴的名字，幾乎是在一夜之間變成共有財了。

當然，一個名字不會因爲大家都喜歡就變得不好聽，不過，廣大群眾都能擁有的東西就會失去它的區隔價值。因此，父母會繼續尋找聽起來（仍然）不那麼平凡的名字，像路易斯（Louis）或薩謬爾（Samuel）等男孩名，以及約瑟芬（Josefine）或葛麗卿（Gretchen）等女孩名。這麼做的理由很簡單：比起主流趨勢，獨樹一幟本來就更顯高貴。

文化區隔的過程不僅限於幫小孩取名字，而是發生在生活所有層面上，從飲食、住家、休閒活動等等，甚至連聖誕樹裝飾品的選擇。基本上每個人都可以參與這個遊戲，但那些已內化形式美感的高學歷城市市民顯然占盡優勢。因爲在文化資本中，最能代表聲譽的是上層階級的文化資本。

正如托瑪斯·曼書寫名門望族小說《布登勃洛克家族》的時代一樣，主流階層的優越感是靠他們對舉止、價值及高雅文化的直觀感受支撐。儘管時尚潮流不斷變化，但傳統與優雅，珠寶、名媛舞會及慈善晚會一直仍是他們與大眾區隔開來的方式。此外，還要加上由時代精神大趨勢所定義，值得追求的新標誌，例如代表環保意識的腳踏車，注重養生、呼吸與根本之道，精緻到看起來似乎超級自然的臉蛋，絕對不要流露出一絲丟臉的炫富表現，還有最重要的，能拓展視野並助長聲譽的經歷。

透過文化及修養使自己脫穎而出的機會，在上層，中層及下層階級中的分布極爲不平等，而且能靠金錢彌補的也非常有限。雖然每個人都可以買下代表文化資本的物品，例如藝術品或帆船，但文化資本的眞正意義，像是對藝術品的鑑賞能力，以及從小就習慣水上運動，是無法速成趕上的。這類的感受必須經過長年的浸染才可能眞正擁有。因此，想要追上上層階級的品味是有限度的。

能顯示身分地位的物品及閃耀動人的經歷並不難獲得，甚至不必花太多的錢。然而即便如此，這還是設有門檻：傳統總是有效，但潮流有半衰期的限制。當壽司工具套裝出現在平價連鎖店販售時，就像新生兒的名字登上最受歡迎排行榜一樣，作爲頂尖成就指標的時間已經過去了。因此，想要他人認可自己的領先地位，不僅要有受過訓練的品味，還必須清楚當下哪些品味代表文化與修養，哪些不是。光是這個原因，文化資本就比物質資本還要重要。

爲何在所有資本中，文化資本是最重要的貨幣？

一個人出生在富貴人家，我們會說他「含著金湯匙出生」。產生這種說法的時代，銀製餐具非常昂貴，就像精心擺置的餐桌只有富貴人家才能負擔得起。當窮人連生活必需品都難以負擔時，非必需品就會讓人印象深刻，且成爲有教養的生活方式象徵。至今銀湯匙仍是嬰兒洗禮時相當受歡迎的禮物，但擁有銀器已不再是頂級聯盟成員的象徵。恰恰相反，鍍銀餐具在 ebay 上賣得很便宜，在一個物資過於充裕的社會裡，這些不實用、只是拿來擺設的東西反而代表一個人不懂得如何運用財富。比起金碧輝煌，名列前茅的富人們更願意將錢花在使生活更美好的日常用品上，像是雙門大冰箱（只是這也能在 3C 大賣場買到）、各形各色的專門葡萄酒杯，以及多款別具風格的自行車，適用於各種不同地形及不同場合。

比起從前作爲身分地位象徵的奢侈品，新近奢侈品傳遞的訊息更爲細膩：不是因爲地位象徵，而是因爲使用者需要它。就像擁有專業冰箱代表主人廚藝高超；奇特造型的高腳杯彰顯主人品酒知識豐富；昂貴的自行車則顯現主人對運動的強烈企圖心。較之以往，文化資本在今日更能彰顯個人特質：品味、創造意志、不拘小節的態度，有時甚至帶點玩笑面對人與事。這也是爲何純粹物質消費無法成爲社會標誌，只是因爲它不再是衡量一切的標準。瑪莎拉蒂、勞力士或包浩斯式豪宅當然既高貴又美好，但假設擁有這些東西的主人無法正確念出品牌名稱，或是批評傑克遜．波洛克的畫作「我孩子也會畫」，還是分不清楚原種番茄跟溫室番茄的差別，那麼傳遞的訊息相當清楚：有錢，但缺乏格調。

只有同時擁有充沛富足的物質資本及文化資本，才可能享有最高的社會聲望。其中，品味甚至比金錢重要。這種焦點的轉移有利於具學識教養、收入又高，但遠遠不及超級富豪的中上階層。未來學專家馬蒂亞斯．霍克斯說：「香檳現在是粗鄙人士及饒舌歌手的最愛，低調的人喝的是自己信任酒莊出產的葡萄酒。」❷

有教養的人甚至不必花很多錢，就能展現出良好的品味。

農夫市集的櫛瓜、名爲芭蕾舞鞋的淡粉紅指甲油、一本近來成爲話題的雷克拉姆出版社的哲學散文小書，或者一張藝術展覽的門票，價格比遊樂園的日票還便宜，但這些都會被視作與這個愈來愈忙亂的世界抗衡的完美象徵。這種優越的文化資本足以使名列前茅的富人們蔑視地位象徵、品牌與各種活動，這些一般大眾也能用錢買到或以假亂眞。取而代之的，是他們精進於日常生活文化中尋求完美，變成一種無法輕易模仿的高雅生活風格。

在 eFinancialCareers 平台上，一位年輕的投資銀行家描述在這個行業中，平凡家庭出身的年輕人在倫敦金融界要面對什麼樣的問題。在那裡大多數的同事除了受過一流教育之外，還有妥善的出身背景。歷經一開始的文化衝擊後，他終於知道許多細膩的差異雖然已經不再分得那麼清楚，但仍然不是全部。例如，冬天與同事一起去度假，每個人都是滑雪好手，獨獨他一人相當難堪。他當然買得起滑雪裝備，但是，「可惜在這一年一度的冬季度假中，我無法讓自己在初學者滑坡上顫顫巍巍地往下滑，而我的同事全都在黑帶高手滑坡上優雅滑行。」❸

靠著良好教育向上晉升者，雖然非常期待能與較高階層共享偏好與娛樂，但無論如何，仍然隔著一層玻璃，用盡力氣只是壓扁鼻子而已。無論是滑雪、室內樂音樂會、宴客之道、五星旅館或現代藝術，太晚接觸就只能自認倒楣。終於有錢，可以享受人生美好的一面，卻又碰上另一個門檻：有太多事，你缺乏深入的認識，不懂門道，也無法輕鬆自然地面對。

無助地坐在薩爾斯堡大教堂前搭建的舞台下，實在無法理解為何這個世界對《每個人》這齣戲如此瘋狂。

與其他所有的資本形式相比，文化資本之有無，創造出不同社會環境之間一條無法簡單跨越的鴻溝。儘管買賣比特幣可能會在一夜之間賺到數百萬美元，體內充滿創業家冒險犯難的精神，散發著人生導師及決斷者的魅力，但只有長期生活在社會前段班的人，才能在這個領域輕鬆自在地活動，連睡夢中都清楚他們的規矩和習慣，直覺就能區分事物價值之高低。還有，知道這些規矩，但有時仍然可以無視。

在影集《赫勒警探》中飾演主角的麗莎．華格納多次獲獎，二〇一八年在文化週報《SZ Extra》中提到她個人的慕尼黑口袋名單，例如去艾斯巴赫河邊觀光，一定要吃「從冰櫃取出的普通冰棒，不是什麼自製有機全素的花裡胡哨玩意，太讚了！」❹

只有那些眞正懂門道，而且穩坐社會高位的人，才能如此隨意嘲笑體現時代精神的品味。關於品味的種種知識，任何年紀都可以習得，但需要長時間浸染，才可能成爲輕鬆寫意的此道中人。而在從頭學習的過程，如果不想誤傷自己的體面，就要盡量低調，年紀愈大，所能學到的也就愈少。

而最具文化區隔特徵的，偏偏也是最不可能長大再回頭重新習得。例如，許多董事與經理都專精於某種樂器演奏，因此在頂層階級中，一直到最近還是認爲能跟人一起演奏樂器，對職涯發展很有幫助。出身中上階層家庭的小孩，常常在幼稚園便開始學習古典音樂，而這也是社會評價最高的文化能力。[5] 不同條件下長大的人，雖然也可以在二十五歲或四十五歲時學習鋼琴或小提琴，但想在高尙的社交圈中舉辦個人音樂會或當上醫生管弦樂團的首席，此生應是無望了。

不過，還是有較短時間就能實現的願望，例如精通葡萄酒、威士忌、烹飪或燒烤等知識，可以較快獲得聲望。至於菁英型運動就較難一些，上層階級的人從小就開始練習，很輕鬆就能以精湛的技巧有耀眼的表現。階級晉升者起步較晚，容易因太過固執的野心或笨拙動作而引人側目。在某些領域裡，室內設計師、購物顧問及活動企畫師對階級提升有所助益，他們的專業能力，能夠爲客戶提供永不過時的經典品味展現，而這也正是超越所有時尙潮流，用來展現高尙慣習的識別標誌。

擴張文化資本比較簡單的方式就是閱讀，特別是那些闡明設計與風格、商業、文化和政治的書籍與雜誌，像是文化雜誌《西塞羅》、哲學雜誌《高風》、新聞雜誌《法蘭克福匯報》、設計與商業雜誌《第一品牌》、建築設計雜誌《建築文摘》等等，作爲實體的文化資本，放在咖啡桌上看起來也很賞心悅目。這些雜誌內容廣泛，幾乎涵蓋了所有上層社會環境的話題，一開始你可能會覺得這些東西都太空洞、不切實際，不過慢慢的，你會愈來愈熟悉，視野開拓了，能參與的話題增加了，貼切妥當的用語自然也就出現了，形成了新內化的文化資本。就算經濟上無法加入頂級聯盟，但仍可以精確參與談話，那些在流行文化之外，或流行文化本身的話題。在頂級職位的競爭中，文化契合是無價的。

龍蝦或鷹嘴豆泥：口味社會學

敞篷車或共享汽車，巴哈還是饒舌歌手武士道，星巴克或義式咖啡，橡木地板還是PVC地磚，你所知道及你所偏好的東西，很能說明你是怎樣的一個人。決定要這個、不要那個，或是將原本對立的東西巧妙地組合起來，充分反映出我們個人風格及審美觀。點開臉書或IG，一眼便可看到來自各種不同階級的人如何以圖片精心展現個人決定的生活風格：完美的住家、完美的夏威夷蓋飯、完美的秋裝，以及各式各樣其他完美的事物。這些東西都是手段，不是目的，只是爲了將個人的審美概念具體轉化成視覺畫面。我們總是自戀地認爲個人的品味偏好是最懂時代潮流的明證，有著其他人難以企及的美學敏感度，但實際上根本不是這樣。

一九六〇年代，在底片膠捲及相片沖洗仍然昂貴的年代，布赫迪厄進行了一項研究調查計畫，詢問近兩千名受訪者，什麼樣的情景值得按下快門將剎那化成永恆。結果顯示：一般人較少拍照，取材常是人物、家庭合照，以及海邊落日風景；社會階層較高的人則偏好各種不同的構圖形式及意想不到的題材。布赫迪厄的結論是，有教養的品味傾向以美學價值面對攝影一事。[6] 從取材的共通點及相異處，他做出以下的結論：

決定品味的是社會地位，而不是個人喜好。

布赫迪厄找出一般大眾的「流行品味」是在下層階級，以晉升上層爲目標的中間階級是「自負品味」，高高在上的則是社會菁英的「正當品味」——只有他們的審美觀才是唯一正確的。同一階層內的品味差異則比我們想像中還要小。在朋友圈中，如果人手一台 KitchenAid 攪拌機，都愛看 Netflix 的紀錄片，且喜歡去瑞典度假，這不是互相模仿的結果，而是因爲階級特有的慣習：同一階層出身的人，喜歡的東西的確非常類似。

也就是說，文化資本其實與我們在社會環境裡的地位息息相關。只要掌握少數的資料，我們就可以根據一個人的偏好推斷出他的社會地位。

「我想複習我的中文，加強我的法文，也想多逛博物館，多看點書，實在太少做這些事了。」擁有漢學碩士的公關經理亞歷山德拉．范雷林根，在接受《時代週報》的採訪時說了上面那段話。7 三個短句，便傳達出一個成功人生的意象：從她的多語能力及文化興趣，也從她看似不經意提及的弱點，以及帶有自我展示意味、顯示聲望的說詞便可得知。

品味不只是我們的喜好而已，它同時也顯示出我們不喜歡什麼。這也說明了爲何同樣的行爲或商品，在不同階層中引發的好惡完全不同。例如，《德國超級名模生死鬥》主要在年輕及教育程度較低的階層受到好評，但社會地位較高的資產階級卻認爲參加這類活動相當膚淺粗俗。

但也不是所有上層認為好的東西，下層階級就會接受。

參加拜魯特音樂節是頂級聯盟夏季文化活動的高潮，但對腳踏實地的中產階級而言，光是聽華格納的音樂就很累人，眞要聽歌劇的話，他們寧可選擇像三大男高音詠嘆調之類的音樂。而對下層階級來說，這個每年在綠丘上舉行的儀式沒有任何意義，彷彿華格納的音樂根本不存在似的。

布赫迪厄曾以一句常被引用的話描述品味與社會地位之間盤根錯節的關係：「品味影響你擁有什麼，以及你喜歡什麼；因爲喜歡，所以擁有。」意思是說，大部分的人都覺得自己很有品味，那些在海邊喝酒喧鬧的觀光客，或者去加勒比海度假的遊客，並不是因爲他們負擔不起「更好」的選擇。他們選擇這樣的度假方式，是因爲在他們出身環境的慣習中，這在經濟上、文化上都是最好的：服務全包，不必傷腦筋，而且不必打領帶。

喜歡你所擁有的東西是一種生活藝術。古希臘斯多葛學派哲人就已經知道，想得到內心平靜，對事物的期待就不可以高過它的可能性。就像古希臘哲人愛比克泰德所言：「聰明的人不會爲了他未曾擁有的東西哀傷，但會因他擁有的東西而快樂。」這種想法非常正確且重要：一個人只有在理想生活與現實生活彼此重疊時，才可能眞正滿足。

但如果你想出人頭地，晉升高位，就只能好好培養個人品味，至少部分必須以挑剔的菁英品味爲依歸。在頂級聯盟裡，對事物是頂尖或低檔，是菁英或流行，是美學品味還是大眾口味的區分非常清楚。無論一個人多有錢、多能幹，只有在品味上顯示出對精緻文化的偏好及超越時尚歷久彌新的優雅時，才可能被頂級圈子視爲自己人。

她是年輕漂亮的祕書，嫁給大她三十歲的老闆漢姆特·霍頓，因繼承丈夫的財產登上奧地利富豪排行榜第三名。多年來海蒂·霍頓受盡花邊報導的嘲笑，直到現在她已經七十多歲了，才給忌妒嘲笑她的人一記重擊：從一九九〇年代起，她便以精準的審美眼光，有計畫地收藏藝術品。二〇一八年維也納列奧波多博物館舉辦了她的收藏個展《哇！海蒂·霍頓藏品展》，共展出一百七十件作品，媒體盛讚此次展覽稱得上是二十世紀藝術界的名人錄。

當然，幾乎沒人能像她這麼有錢，可以成爲藝術贊助人來提升自己的社會聲望。但是無須如此大手筆，每個人都可以找到機會，將自己的經濟、知識或社會資本，轉換成更多的文化資本。例如企圖心強的經理人，可以運用自己的工商管理知識，幫助藝術協會轉虧爲盈；麵包店老闆娘也可以贊助當地的芭蕾舞團；有跨國計畫經驗的

IT專家，幫鎮上教堂的整修工程進行網路募款。在文化圈內活動，能提升個人的社會地位，就算不是從小在藝術與古典音樂的環境中長大也無所謂。

有機食品、自行車、孩子：重新定義的社會地位

保守且超越潮流的慣習總是給人高雅的印象：經典款服飾、彬彬有禮的態度、合宜的應對進退。其他人盡皆知的潛規則，像是喀什米爾羊絨套衫、剪裁合宜的西裝、裝修出眾的住屋、柔和的色彩、星級餐廳及歌劇院等等，都能超越流行及時尚，增加個人聲譽。不過，還是有新規則出現：像是美國第一夫人在全世界媒體閃閃發亮的鎂光燈下在花園種菜；未來的英國皇后除了高級訂製服裝之外，也常穿ZARA和Topshop等大眾品牌的衣服；多年來全球最有權勢的女人週末下廚煮馬鈴薯湯和肉捲配紫甘藍；西班牙國王休閒時不像他父親去打獵，而是上有機料理餐廳。同樣的趨勢也發生在不那麼頂級的上層階級中：骨科主任醫師星期六早上在園藝中心選購草坪種子和樹籬肥料，只有從購物車上盆栽的數量，可以知道他家的花園占地面積比一般住家要大上許多。

這代表階級之間不存在隔閡了嗎？

上層階級與中產階級是否愈來愈相近了？就某種程度來說是這樣沒錯。這樣的趨勢也不算太新鮮的事，企圖出人頭地的資產階級從以前就知道，如何使用文化資本對抗上層階級和貴族手上龐大的經濟資本：無法以出身或財產占優勢，那麼就靠想法及創意，發掘尚未占領的利基市場，並因此開發出意想不到、足以當作區隔標誌的品味。

改造殘敗的社區就是這樣一個利基市場。收入一般、但受過良好教育的人搬進年久失修的老房子，將其整修恢復原貌。原來街角的酒館，變成提供全素蛋糕的咖啡廳，租金開始上漲，一家商店接著一家開。無論是在維也納的史匹特爾貝格區、柏林的新克爾恩區，還是斯德哥爾摩的南島，一開始沒人想去的地方，在第二波仕紳化浪潮中引來高收入者的注意。他們與大資本家聯手，一起將那些為區域帶來重生的創意者驅趕至邊緣地帶。

力爭上游的中產階級與口袋很深的上層階級，兩者的品味與慣習迅速接近中。那些有產、多產，以及最多產階級的人，自我定位的方式是透過人生規畫，以及需要大量投資、但無法在網路商店如亞馬遜買到的事物，其中最重要的像是教育、孩子、健康、時間主權和環保的生活方式。對這些事物的追求，將不同收入階層的人全都連結在一起。

一位自由接案平面設計師、一位檢察官，以及一位財務長，三人社會經濟地位大不同，但都具有相當高的文化資本。

他們讀一樣的報紙，聽一樣的Podcast，只吃本地有機食材，能參與任何話題，有想法，且計算每天行走步數，注意睡眠及污染排放。對許多人來說，自行車（復古、城市或超輕量）是最重要的地位象徵，生小孩則是人生最重要的計畫。

美國社會學家伊麗莎白．庫里德—哈克特稱這些有相同抱負的力爭上游者為「有志階級」。對這個階級的人來說，身處世界頂端的感覺不是來自存款投資或頭銜職稱，而是來自心安理得、有意義的生活及自我負責的工作。他們喝公平交易咖啡，住旅館不要求每天換浴巾，買書喜歡去社區的實體書店，至少他們是這麼宣稱，只是並不總是做得到。他們將部分可支配收入投入優質的養老基金，並擁有極佳的醫療及照護保險，除此之外，最重要的是爲孩子提供最優秀的教育。對有志階級而言，孩子是財富最重要的象徵，愈有錢，孩子愈多。

美國人類學家溫絲黛．馬汀在她的著作《我是一個媽媽，我需要柏金包！》中，對紐約上東區富豪媽媽做過一番頗帶諷刺意味的田野調查。像甘迺迪那樣的大家庭住在紐約最昂貴的區段絕對是有錢的象徵，「很快也就習慣這樣的大家庭，他們根本無所不在。如今三個孩子就像從前兩個恰恰好，在這一區裡是常態。四個孩子則是從前的三個，從前在派對上會引起竊竊私語，現在根本沒什麼好訝異。五個孩子不再代表瘋狂或宗教狂熱分子，就只是有錢而已。要是有了第六個孩子，就像是多一棟城市豪宅或新買的私人遊艇。」[8]

無論是在紐約公園大道，還是柏林普倫茨勞爾貝格，明顯有不少高收入、高教育水準，能負擔得起且願意生養第三胎或第四胎的父母。比起孩子數量，更重要的自然是全力栽培孩子：雙語幼兒園、表演工坊、菁英大學、出國留學、ＭＢＡ、購置房產，爲了給下一代最美好的未來，沒有什麼是上層階級拿不出來的。同樣的，力爭上游的有志階級也盡其所能培育下一代。

對自己及生活的嚴格要求，導致新的區隔特徵出現。現在，上層社會生活中最有價值的貨幣是時間。近中午的瑜伽課程，下午老大的馬背體操比賽，腦袋裡的小說，開露營車三個月穿越英屬哥倫比亞，只有收入豐渥且能夠自由分配個人時間的人，才是生活眞正的主人，同時看起來輕鬆自在得令人眼紅。

法文、笛子、足球？或是希臘文、小提琴、高爾夫？

今日，二十五歲至四十歲這一世代是有史以來教育程度最高的族群。四十歲至六十歲那一代，教育水準也比前一代人高。這不僅局限於專業知識，就連文化慣習也提升到前所未有的高度。社會地位排在前三分之二的人，幾乎人人都希望自己的人生更充實、更有意思。

記者馬克斯·沙尼格在《南德日報》一篇文章中，以短短的兩句話精確地描繪出今日社會大眾如何理所當然地享受文化便利，這些從前只保留給極少數的權貴分子：「一位四十歲的青壯年搭飛機、做熱石按摩、吃北京烤鴨及購買各種有機產品的次數

比他七十歲的母親還多。他所享受的便利，在他父母那一輩仍屬奢侈：上餐廳吃飯、搭郵輪、家務助理及帶薪休假。」❾

就像上層階級一樣，受良好教育的中產階級也希望能多享受人生，並願意為此付出代價。在這一點上，頂尖家（爸爸：DAX企業董事，媽媽：家族企業股東）與優秀家（爸爸：電氣工程師，媽媽：食品技師）都同意。兩個家庭都自認是社會的中堅分子，都鼓勵小孩在學業、體育及音樂上有所發展，並在許多方面都認為比起外在豪華，內在價值更為重要，自認具世界觀、有知識且心胸開放。

不過，差異仍然存在。差異不只在頂尖先生總是去高檔的男士理髮廳修剪頭髮及鬍鬚，而優秀先生在自家浴室自己用理髮器解決。在文化生活上也是如此，儘管兩家在不同層面上活動，但需求是相似的。最典型的例子就是孩子的發展。乍看之下兩家孩子都一樣出色：優秀家孩子選了法文作為第二外語，在地方足球俱樂部青少年隊當守門員，自從參加爵士鼓社團後，就不再碰直笛了。頂尖家孩子在人文文理中學學古希臘語，六歲生日時她收到小提琴當禮物，現在跟著老師練習巴哈的D小調雙小提琴協奏曲。只偶爾參加高爾夫球俱樂部的青少年訓練，學業及小提琴比較重要。儘管如此，她開球仍可以打得比父親還要遠。

法文、笛子、足球?或是希臘文、小提琴、高爾夫?基本上,這兩種選擇沒有高下之分,兩者分別都會建立起自己的文化資本。然而,學科及興趣的選擇卻明顯受到兩個家庭不同生活態度的影響。現代外語是職業市場的關鍵技能,古希臘文則幾乎毫無實用價值,花三、四年的時間在這上面,是一種智識上的奢侈,也是一種優勢,頂尖家庭樂於為此付出代價。直笛與小提琴也是一樣,儘管學任何樂器都會帶來文化資本,文化形式仍有清楚的高低之分:學小提琴並提升琴技到一定的程度,會顯得高貴。當樂器本身較便宜且容易上手,區隔的象徵意義就會降低,如果父母做出這樣的選擇,代表在其所屬的慣習圈子中已受到高稅率的影響,必須理性計算,才能負擔實現人生計畫的代價。

當人愈來愈富有,事物能否達成目的的問題就變得愈來愈不重要,也就可以專注在事物本身是否精緻、是否具備足夠的挑戰性。

「追求最好,否則不要」——這是賓士創辦人之一戈特利布·戴姆勒在創辦初期便立下的宏願,而這也是社會前段班的真正想法。在一個「更高級的社會」裡,無須仿冒、次級品或打折,若有人在意這些,代表吝嗇小氣。與上層階級相比,力爭上游的中產階級就常被迫放棄最好，退而求其次。自從教育普遍化後，中產階級便不再像從前那樣，缺乏適當的品味追求最好，但財力及時間資源的不足，卻是充分體現文化偏好的致命傷。而名列前茅的富豪卻能將許多花時間的事情外包，並且有足夠的資金，買下所有能增加聲望的事物，這也代表：

雖然富裕階層與富豪之間細微差異已變得模糊，但並未消失。

愈了解這些事情及其成因，就愈有利於向上躍升。其中最重要的一點是：留意你臣服於命運之下的心態！我們很容易偏好自己能力所及的東西，對那些遙不可及的事物，常會出現避免或甚至排斥的心理。這種心態能提高我們對人生的滿意度，但也會讓自己受限於慣習的影響無法成長，阻礙我們向上晉昇的腳步。如果經濟資本跟文化資本一樣富饒的話，事情自然就很簡單。不過話說回來，難道真的需要負擔得起攝影大師艾略特．厄維特的陳年沖印作品、柏林愛樂除夕音樂會的門票，或是整個房間都鋪上花旗松木板，才能領略它們的美好？

懂得如何欣賞奢侈品，比起有能力買下它還要重要，這才是對待奢侈品的正確態度。一眼就能認出美麗又特別的東西令人愉快，儘管這樣的東西不是你唾手可得的。還有另一個優點：同樣的風格品味，使真正的富豪、高收入者，也就是奢侈品消費者與服務者，能跨越地位差異藩籬，平等以待。奢侈品研究專家瑪堤娜・庫內與大衛・伯斯哈特在他們的研究中點明：「大部分的專櫃人員都很有創意，雖然他們的口袋沒有顧客那樣深，但卻跟顧客一樣具時尚風格及細緻的品味，這也使得他們能與顧客站在平等的地位。」[10]

對個人慣習來說，這也代表著，無論存在什麼樣的社會問題，但對奢侈品一律嗤之以鼻，或甚至像法國作家巴爾札克所言，認爲每筆財富背後都是罪行，實在不太有格調。而像「多餘的奢侈」「誰需要這種東西」或「有錢能使鬼推磨」之類的批評，也會將優美、努力的過程、嚴謹的品質或珍貴的材質一筆抹殺。況且，瞧不起奢侈品本來就會顯得忌妒小氣。想跟上上層社會的遊戲規則，更好的做法是，懂得享受獨一無二的事物，而不總是模仿而已。

就像來自知名手工巧克力店的巧克力、在高級旅館過一夜，或是連女兒也會喜歡的經典名牌包，參加某位知名人生教練的課程等等，這些偶爾的奢侈不僅能豐富你的人生，親身經驗能讓人參與談話，形成自己的看法，並嘗試進入那些原來不屬於個人日常生活的領域。而且：

新慣習開始形成，對較高階級圈中常見的物品及習慣不再陌生排斥，富裕也是一種心態！

除了這些代價高昂的極端之外，許多能產生文化資本的事物都是免費的：「幸運的是，就算帳戶餘額降低，也不必捨棄許多生命中美好的事物。」亞歷山大．封．笙堡是笙堡貴族格勞豪伯爵分支的繼承人，他在著作《窮得有品味》一書中這麼說道：「禮貌、仁慈、友善、樂於助人，這些能使生活變得更愉快的東西可以無限擴增，而且與物質條件完全無關。」⑪

爲何禮節仍然重要？

又是川普！酷熱的天氣，英國國歌早已奏完，全世界地位最高的老太太在溫莎城堡等人，十分鐘，十五分鐘，終於，美國總統的座車 Range Rover 滑進城堡。有力的握手，沒有鞠躬，連微微低頭致意都沒有。一起行經儀隊前時，美國總統背對著英國女王，走在她前面。蜜雪兒·歐巴馬也曾單手攬住伊麗莎白二世女士的肩膀，這也不合規矩，但由於態度親善，並不讓人覺得粗鄙。儘管在同樣的情形下，我們都會像蜜雪兒·歐巴馬那樣表現友善，不過就規矩來說，並不太適宜。

友善很重要，勝過粗魯許多。無論在私人生活或職場上，和氣好相處是很重要的。但是當地位愈往上升，就愈需要另一種品德：熟諳社交禮節。這個意思是說，在各種階層及不同文化間都能舉止合宜。按照禮節行事很容易僵硬不自然，例如不能碰觸英國女王，或是盛夏時節，只要房間裡地位最高的人士沒有脫掉外套，其他人就不可以脫。對中產階級來說，這些猶如枷鎖般的規則常常難以接受，真實、正派和發自內心的友善才值得重視。當然也還是會正確使用刀叉進餐，幫推嬰兒車的父母將嬰兒車抬進公車，以及稱讚鄰居家的新廚房，即使私心覺得可以再更新穎些。

但當禮貌變成彬彬有禮的禮節時，中產階級便心存疑慮。

許多中產階級都很排斥社交禮節或等級之分，不喜歡對貴族、教授或市長等敬稱。在中產階級眼裡，禮貌是爲了減輕相處時的麻煩，這樣的行爲如果拿來當作區隔，就會顯得裝模作樣。就像之前發生一位年輕人對法國總統馬克宏說：「嘿，馬努，你好嗎？」而法國總統在鏡頭前堅持對方應該稱呼他「總統先生」時，大多數的人都站在年輕人那邊。

但在頂級階層就不一樣了。在商界高層，公司對外的表現必須是正確且毫釐不差的舉止。良好的應對進退，包括政治正確、跨文化能力，以及對頭銜及職位的尊重。形式化的禮節簡化社交互動，使其變成常規並避免意外。這些規則主要不是用來拉近人與人的距離，恰恰相反，正是要避免太過接近。除了專業失誤之外，無法做到這項要求的人也會被打入冷宮。

這已經是十幾年前的事了，如今再發生類似的事可能機會不大，但誰也無法保證不會發生。事情發生在新款奧迪A8剛引進美國時，當時新上任的福斯總裁文德恩跟商業雜誌《財星》的一位女記者一起試駕新車。文德恩開車，記者問他最喜歡這輛車什麼地方，文德恩答道：「每個人都能上手，就算女人也不例外。」[12]

在久居上層階級的圈子裡，良好的舉止行爲被視作優雅與尊貴的標誌。因此，出身權貴家庭的人不太需要考慮該說什麼話；一群人中應該先介紹誰；什麼時候可以輕鬆，什麼時候不可以；如何正確地吃附餐麵包；以及如果眞要開玩笑，只能開自己的玩笑，他們已經將這些人際交往的儀式內化於心。儘管不會因此成爲更好的人，但卻會使人覺得舒服。俄國作家杜斯妥也夫斯基就曾指出：「無論如何，一個人就算是壞人，還是可以藉由精神、情感和舒服合宜的舉止而顯得迷人。」

無論對良好舉止有什麼意見，它仍是位處頂峰的人必須具備的個人特質。這對於位處中層的人來說是個障礙，雖然透過禮儀課程可以知道該如何打招呼，在什麼場合該說什麼話，遲早也多少能做到穿對衣服或進行有教養的對談等事，但在陌生慣習前顯得僵硬造作，或甚至在意想不到的時刻凸槌的危險，永遠存在。

所有晉升至高位的人都知道，在新領域裡，感到壓抑及偶爾顯得笨拙是無法避免之事。阿道夫・科尼格男爵曾解釋如何在社交場合表現得輕鬆自在，就像含著金湯匙出生的人一樣：「重要的是，不要忽視任何細節，任何一條關於體面的規則，再細微都要遵守，就連在自己的家庭裡。爲了改變天性，要仔細觀察，看自己到底缺乏什麼，什麼令我們覺得壓抑，何時習慣原諒自己的輕忽。」[13] 簡單地說，就是：

熟諳禮儀形式必須落實在生活中，而不是臨時抱佛腳。

要培養有教養的交際行爲，最適合的場所莫過於其他人較爲放鬆的時候，例如在廚房餐桌上、在烤肉派對、在超市，以及與餐點外送員的應答上。看著對方的眼睛；忽略錯誤；明白表達自己的意思；平穩使用餐具；介紹陌生人彼此認識；無視手機的存在，就算手癢也不去動它；正面對人，而不是背面；記住他人的名字；不要咄咄逼人；對服務人員說句友善的話等等，有無限多的練習機會。堅持下去，遲早會有回報，你會發現自己愈來愈少偷偷檢查並糾正自己，漸漸也會愈來愈輕鬆自在。這也代表慣習已然成形，表現已與那些從小就習慣這些事情的人沒什麼不同了。

以世界爲家，以地方爲根

下層階級的人固守地方，中間階級的以國家爲範圍，上層階級的人放眼全球。這是美國作家暨教育學家露比・佩恩在世紀之交對不同社會階層的想法與行動視野的定位。[14] 不到二十年，時代就變了：在人類歷史上，放眼世界首次不再是上層階級的特權。對於千禧一代來說，在國外工作及生活已是再正常不過之事。高中到美國科羅拉多當交換學生，大學到巴塞隆納當交換學生，或是到拉丁美洲打工度假，這些經驗標示出從上往下延伸至中產階級的成長經歷，距離幾百公里、甚或幾千公里的遠距戀情在現實生活中數見不鮮，在年輕的專業人士圈中，登上吉力馬札羅獲得的社會聲望不亞於升職。

與此同時，卻也有另一種完全相反的趨勢：「家鄉」這個詞突然熱門起來，在二〇一八年甚至擠進五十個最重要的廣告詞排行榜內。鄉村生活風格雜誌《Landlust》和《Hygge》等的熱銷，全都反映出人們重新喚醒對安全感的渴望：有媽媽味道的飲食、熟悉的風景、習慣的節慶，還有那些從幼稚園就認識的朋友。

對新世代的年輕人來說，國際和地方早就不再對立。人們活在兩個世界，例如一家成功的國際新創公司就設在創辦人的家鄉。

有意願又有能力的人，穿梭在各個世界之間。

在社經地位較高者的慣習中，總是期許一個人不只在一個世界感到自在。早在十七世紀，權貴家族便習慣送兒子（偶爾女兒也會）出門壯遊。巴黎、羅馬、倫敦、伊斯坦堡、雅典，壯遊的目的是期望年輕人拓展文化視野，也是作爲古典教育的隆重結尾。相較之下，一般民眾一直要到一九五〇年代才能開著 BMW 的 Isetta 泡泡車到義大利里米尼度假。自此之後，大家的視界全都拓寬了，因爲Airbnb、廉價郵輪及打工度假，所有人都有機會走向世界。不過儘管如此，差異仍然存在。並非每個經常出門遠遊的人都能成爲世界公民，也不會因此想法就變得一樣國際化、彈性機動及全球化。

慣習是否具國際化，從決定是否出國留學一事中，表現最爲明顯。一項德國聯邦教育及研究部與德國大學生服務中心共同進行的調查研究顯示：出身社會階層較高的學生，到國外留學的比例是出身較低階層者的兩倍。

進大學後，出國留學或實習的決定，也取決於父母的態度。這不只是因爲錢，而是出在國際經驗是否被當成關鍵能力，父母願意大方地給予資助。學生個人的文化涵養，更是決定性關鍵。出國交換一學期或甚至整個學程都在國外進行的學生，通常已與爸媽遊歷過至少半個歐洲。到倫敦商學院或巴黎高等商業研究學院的學生，遇見的同學也全是出身各國主導階層。與這些來自日本、中國、波蘭和馬來西亞的同學在一起，培養出國際化的慣習，並與世界各地的人士建立起朋友及交際圈人脈。到學業結束時，來自德國基森的畢業生，他的興趣及對世界的開放態度，更接近來自美國及亞洲的大學同學，已與待在家鄉念大學的朋友大不同了。

國外的經歷裝飾履歷，強化成就感並表明願意離開舒適圈。無論是參加派對，或是青年領袖營，都是學習如何置身不同視角，以及如何串聯全球各地——至少不同語言區域——的未來決策者。從這些活動獲得世界經驗未必對每種職業都一樣重要，但它會融入個人慣習，並且受到大多數人事決策者的青睞。

釀酒師傑夫．邁塞爾，也是邁塞爾經典白啤酒的負責人，曾在美國大學待了三個學期，他說：「對我來說，幫助最大的是在個人方面，讓我能夠了解另一種文化，例如理解美國人的想法。開放，不故步自封，坦承討論問題與機會，這就是我在那裡學到的東西。」[15]

比起中上階級，出身工人階級的小孩較常認爲熱衷國外經驗只是浪費時間與金錢。國際化的職涯發展並不存在他們的生活環境，國外經驗對他們來說是度假，而不是職涯發展機會。比起去巴塞隆納或波士頓上幾堂課，不如好好讀書，拿個好成績，盡快結束學業，以及打工賺錢。同樣的思考模式，想學外語，也可以在家透過網路自學。況且，按照經驗顯示，大部分的人最後還是會回到家鄉，住在父母及老朋友家附近。

這種想法並非完全錯誤。無論如何談論出國遊學或開展視野，高等教育研究所一項研究顯示，大約一半的大學畢業生最後都定居在畢業大學所在地。全球前一千大企業的執行長，九〇%留在自己國家工作。菁英研究專家米歇爾．哈特曼便認爲：「在職業招聘及人生發展上，菁英多半以國家爲範圍。」[16]

這不代表他們視野狹隘。在國際場合表現合宜，與成爲家鄉志願消防隊的一員，都屬於現代高尚慣習的一部分。與印度的合作同伴進行網路會議，就像與地方政府直接溝通一樣理所當然。人在明斯特、開姆尼茨或林茨，一樣可以進行國際化的思考與行動，文化及社會資本不該以國界爲限。未來學研究者口中的全球主義者是世界漫遊者，他們散布世界各地，將兩種元素結合在一起：開放的世界觀與心懷地方家鄉。[17]遊戲製作億萬富翁蒂姆．斯威尼就是其中一員。

電玩遊戲《要塞英雄》全球熱賣程度幾乎是前所未有。創作者蒂姆．斯威尼自學寫程式，在父母家地下室創立遊戲開發工作室 Epic Games。如今，Epic Games 預估價值爲八十億美元，中國網路公司騰訊持有近五〇%的股份。斯威尼將公司總部設在北卡羅來納州的鄉村地區，遠離都會塵囂。「在這裡，員工可以用薪水買一棟漂亮的房子，同樣的錢在洛杉磯只能住一房公寓。」斯威尼自己則投注了好幾百萬，以保護卡羅來納州數百平方公里自然環境不受汙染。[18]

低調奢華：被輕忽的技巧

社會學家宣布了三大新趨勢，所有想晉升高位者都不該錯過：「隱形財富」「含蓄消費」，以及表明非必要的「反信號」。儘管三者不完全相關，但也有不少共通之處：依循這標準生活的人，因爲不顯眼反而變得顯眼。閃耀炫目的奢華，與世代相傳的上層階級及知識分子的自我形象相衝突。在成功人士眼裡，只有缺乏美學素養的人才會拿豪車、名牌標誌，以及大手筆辦派對招搖炫耀。眞正老資格的上層階級只會在幽暗處閃耀。

文化資本愈高，通常財富愈不外顯。

享有聲望的證書、個人運動、植牙、罕見的限量複製畫、不受外界視線干擾的住宅，以及一整個艦隊的服務人員，接手家務及處理生活各種瑣碎小事。儘管這些都不便宜，但眞正的奢侈，很少有閃閃發亮的外表。

加拿大一座國家公園裡，遼闊的樹林、幽靜的湖泊，間有駝鹿、黑熊及河狸。湖邊一角有個度假營區，小木屋、二十來艘的獨木舟及加拿大式艇，沒有無線網路，到處都沒有。狹小的房間裡配有彈簧床，以及最細柔的埃及棉床單被套。餐廳裡的食物都是採用地方最好的食材，用餐時的服裝規定是休閒。如果沒下雨，很多人會在黃昏時再出去划獨木舟。晚上十點後聽到的只剩蟋蟀的叫聲。有時會有大家庭前來，待個十到十四天。此處過夜價格每人每晚三位數之高。只有一對夫婦透露他們的職業：男方的職業跟房地產有關，女方則在一家國際管理顧問公司工作。

對沒什麼錢的人來說，上層階級對奢侈的定義有些古怪。位在荒野的營區到底哪裡好？竟然能勝過擁有水上飛機、兒童俱樂部及無邊際游泳池的奢華度假中心？刻意表現出不像個菁英有什麼好處？爲什麼不好好享受這個身分帶來的種種舒適？想避免忌妒？崇尚簡樸生活的上層階級是出於眼高於頂的優越心態嗎？或者，他們像大部分的中產階級一樣，不耐煩故作姿態和繁文縟節？

毫無疑問，這的確與疲乏倦怠有關。人們很容易對手上擁有的東西失去興趣，習慣後也就不再那麼享受。一個人要是整天都得站在人群及鎂光燈前，在家或度假時就想保持寧靜。光著腳的奢侈是新的廣告詞，指的是脫去刻板禮儀，除去陳腐儀式及各種繁複設備的舒適。高爾夫俱樂部餐廳必須適應新形態，如今精緻餐點對有錢的顧客群來說已不再具備吸引力，「我繼續供應踏實的餐點，如今高爾夫球俱樂部會員不想再吃魚子醬……」[19]因此菜單上不再有龍蝦、螃蟹，而是農家風味歐姆蛋配上黃瓜沙拉。就算有菁英宣稱自己喜愛奢華，仍是經過深思熟慮並且腳踏實地的結果。

導演蘇菲亞．柯波拉在《星光大盜》一片中，檢視暴發戶奢華的瘋狂行徑：「我愛美麗的事物，也對設計、藝術、美感及攝影著迷不已。我也覺得幸運，身為女人，能以時尚表達自我。但我無法忍受那些刻意用來炫耀及展示的奢華，那太超過了。但除此之外我也不是什麼清教徒！」[20]

意思非常清楚：有格調且出身良好的人，不會到處亮鈔票灑錢。還有，低調及有意義的奢侈，在社交上也是明智的：

上流階級刻意表現出來的節制可討中產階級歡心，還能跟暴發戶保持距離。

比起一般大眾，上層社會的生活雖然更爲私密，但他們不是生活在眞空中。即使最富有的前三％，與剩下的九七％當中最有錢的人相比，還要多出好幾百萬、甚至數十億的財產，不過他們仍是極少數。在知識及文化慣習上，中上階級緊緊追在頂尖富豪身後，掌握了大部分的詮釋權，發展創新並領導新潮流。不過，比起購買力強大的上層階級，中產階級無法眞正盡興發展他們的品味與興趣。

這位半職的W2級教授看過薩爾斯堡音樂節大部分的表演，不過是在電視或在網路上，親臨現場觀看表演是她畢生的願望。但她為了自己竟然有這樣奢侈的願望感到慚愧。人力資源總監就不一樣了，她每年至少去看一場音樂節的現場演出，如果時間允許，就會安排更多場次。

無論因爲習慣，還是出於計算，在不傷及商業及學術能力資本的狀況下，財富菁英並沒興趣公開展示他們與一般大眾之間的經濟鴻溝。在德語文化區中，高雅的生活方式常常刻意保持低調。財富研究專家沃夫岡．勞特巴赫在接受商業平台《商業內幕》訪談中表示：「他們生活在隱匿中。」[21]

穩居前幾％的上層人士完全負擔得起這樣的隱匿生活：他們地位如此超前，根本無需任何顯眼的消費或引人注目的風格品味來強調地位的特殊。若需要展現區隔，也鮮少針對經濟遠落於他們之後、但文化素養相當的中上階層。明顯的區隔通常是用來區分世代相傳的世家或初來乍到的新富。

保守的家庭以不同的方式展現自己的社會地位，暴發戶亦然。

所謂新富，也就是俗稱的暴發戶，往往是從底層努力向上晉升的人。他們的奢侈行爲通常發生在蛻變的階段。無論是迅速致富，或者勞心勞力打拚賺得，他們通常會選擇將錢花在汽車、星級餐廳、珠寶、訂製西裝、小費、奢華旅館或時尚名牌包上，以彰顯手上這份仍屬陌生的財富。富豪世家雖然也做同樣的事，但由於雄厚的文化資本，他們知道只要有錢，無論是嘻哈明星還是俄羅斯經濟權貴，每個人都可以炫耀手腕上的金錶。畢竟剛晉升爲有強大消費力的大戶，總有東西需要補齊，還要跟出身階級做出區隔，顯示自己如今的新身分地位。相較之下，能展現菁英精神的是比利時製錶廠 Ressence 推出的設計簡約的跳時錶。能顯示個人品味的，則絕無疑慮是造型亙古優雅的 NOMOS Tangente 腕錶。這種看起來毫不起眼的高貴，只有同等級的人才能知曉，因此更顯其獨樹一幟的風格。不過，在這種故作不經意的背後，比起前者未必有多大的進步。

因爲世代繼承權貴的慣習容易傾向保守，而不是激進。就企業發展的角度來看，習於低調奢華的富豪世家通常也不太貼近時代的脈動。可想而知，他們最高指導原則就是守住財富。然而，爆炸性的成就通常來自顛覆性的技術及策略。今日網路時代的億萬富翁，就像十九世紀的鐵路及石油大亨范德比爾特或洛克斐勒家族，都是從「新富」的身分開始。世代相傳的菁英世家對他們的消費行爲搖頭，就像今日我們對新加坡富豪的誇張行爲搖頭一樣。

再進一步思考，有些白手起家的億萬富翁對外界肯定的需求心理還有另一層意義：低調的奢侈是一種反思美學的表現，是高度經濟及文化資本交互作用後的產物。那些實現自己夢想、創造未來的人，通常是在一夕之間締造出豐功偉業，在毫無經驗的狀態下只能不顧優雅品味所能允許的範圍，不斷誇大宣稱其優越性。

為躍升做準備

展翅高飛並接受自己的出身

頂端階層重視的價值是對各種禮儀的熟稔、國際化思考、傳統意識、培養人際關係，以及最重要的：維持已獲得的成就。中間階層則有其他標準，今日最被看重的有：

平等待人、放眼未來調整個人腳步、成就和能力、經濟安全感，以及最重要的：支持孩子取得最高的教育程度。不同的文化態度反映出不同的生活條件，每個人的思想言行皆是配合個人生活地位所提供的可能性與限制，但若想向上晉升，便要了解並內化上層社會的規則與習性。

1 想擴增文化慣習並不是一件輕鬆的事，不僅耗費心力，且規則不明顯，但最麻煩的還是在實踐上。誇耀、展現名氣、暴發戶作風及凡事都要參一腳的行爲，明顯格調太低，但還有一種較少人知道的行爲，也就是過度適應上流環境的行爲，也會出賣自己初來乍到的事實。因此，剛進入新環境，最好的策略就是保持低調不張揚。一開始採取隨波逐流的做法，就有時間調整自己順應新環境。這也正是蜜雪兒．歐巴馬當上第一夫人後所採取的策略：「最重要的是，慢慢來，不要著急。進入白宮的頭幾個月裡，我主要工作是照顧女兒，之後才開始進行我的個人計畫。我想，以這種方式開場還不錯，甚至可以說很好。」

2 即使很多人反向操作，但文化種類與表演形式之間也存在清楚的上下等級。閱讀歌德的讀者會比閱讀約翰．葛里遜的讀者獲得更多的讚賞，如果他也懂得欣賞阿諾．蓋格就更好了。新的賣座電影當然很棒，但在藝術電影院放映的獨立製作電影更好。

國家歌劇院《沒有影子的女人》的演出是一流的，其他表演廳的《魔笛》比較適合一般大眾。不過，根據漢堡大學社會分析及社會變遷教授齊哈特．聶可的說法，我們也不必遠離主流及流行文化，因爲今日有文化素養的人都是雜食的，「對文化潮流及趨勢有廣泛的吸收與認知，即使並不平等對待。」也是文化優越的一項證明。[22]

3 從書籍、文化節目及現場直播中可以學到很多東西。但是走進施泰德美術館看展覽，還是只在網路上看數位展，無論數位展的科技有多驚人，兩者之間還是有差別的。星級餐廳及頂級旅館也是一樣，總是避免進入這些高級場所的人，對舒適及服務永遠無法自在。

4 藝術品賦予其收藏者格調，可惜絕大多數的人都無法將馬諦斯或亞歷克斯．卡茨的畫掛在自家牆上。作爲文化資本的實體化物品，最合適的莫過於書籍（如果不是電子書的話），或是獨一無二的設計師家具，例如阿納．雅各布森的經典蛋椅（注意：復刻不算，只有原件才有價值！）。儘管如此，不用花大錢也可以表現品味，因爲不出錯也可以提升地位，就像《南德日報》記者沙尼格所舉的例子：「別買油車，包包上不要有像寶緹嘉的品牌標誌，套頭毛衣不要出現 Brunello Cucinelli 的字樣，度假時不要接電話，不要上臉書，不要買工廠出產的冷凍食品。」[23]

5 接納自己的文化根源，更好的做法是，將出身轉化成個人優勢。任何不是出生就處在上流社會的人，熟悉的社會環境多於一種，他們能夠理解目標群眾，且有平易近人及腳踏實地的特性，就像人們口中的德意志銀行總裁克里斯蒂安・索溫。他的父親是一家小型印刷廠的老闆，每回提及良好的行商之道，索溫總要提出父親爲榜樣，這也使他顯得特別值得信任。

6 選擇合適的伴侶是增加文化資本特別有效的方法。從初戀到第二任太太，一個文化慣習較高級的伴侶，對方聽什麼音樂，做什麼運動，怎麼用錢，吃什麼東西及怎麼吃法，這些都可能提升個人行爲——如果善用機會，而不是堅持自己舊習的話。不過，如今這種藉由愛情提升的機會也不比從前了，今日的潮流是平等的兩方結合，也就是說，如今醫生的結婚對象不再是護士，而是醫生。而女醫生寧可保持單身，也不願與低於自己社會地位的族群結婚。[24]

7 地位愈高，就愈不能只是略懂。這也包括個人意見及獨特觀點，就像指揮家長野健在一次採訪中被問及古典音樂是否能讓人變得更好，他這麼回答：「幾年前我曾發現，許多好萊塢電影裡的反派，都無法抗拒古典音樂的魔力……」[25] 這類的觀察有各種無數的可能，不帶偏見地關注文化及時代精神，並將觀察做出跨界的交叉連結。但身爲階級晉升者則很容易就被人看穿，可能只是現學現賣，或者更糟，只是鸚鵡學舌，毫無新意。

專家看法　今日一切區分更為精細

什麼是好品味？就是能接受新事物且轉化成個人所有的能力——趨勢研究專家暨社會學家馬蒂亞斯．霍克斯這麼認為。

朵莉絲．馬爾汀：請問霍克斯先生，里爾克、林布蘭及拉赫曼尼諾夫，這些文化資產階級的經典，如今還是文化最高級證書嗎？

馬蒂亞斯．霍克斯：或許比較可能是法蘭克．扎帕、希臘左巴或禪宗吧？端看我們如何定義文化。在較為傳統的定義裡，文化是文化資產階層認定一成不變的經典作品，以及禮貌、慣例、態度和一堆必須熟記下來的東西，這些能將自己與未受過教育者及無產階級區隔開來。這樣的古典教育頗適合工業社會的結構，但在今日知識社會裡並不太可行。

瑞士作家馬克斯．弗里施曾說過：「在我們生活的這個時代，人們已經喪失定義文化的能力了。」

今日世界有更多層次，也變得更為複雜。傳統意義下，自認掌握文化絕對詮釋權的菁英早已不復存在。文化如今代表的是「培養」個人感知形式。以不斷變化的角度看待世界，靈活思考，以及自我改變，這在今日加速變化的世界是絕對必要的。「文化」最終不過是閱讀、詮釋，以及改變符號及符碼，並使其成為新的東西，促使心智成長，喜歡的話也可以說成意識轉化。

社會前段班以何種形式的文化資本讓自己顯得與眾不同？

在一個高度分殊及多元化的社會中，幾乎不可能明確概括。如今有創意菁英、財富與商業菁英，還有思想菁英、網絡菁英，以及情感菁英。菁英通常相當前衛，各種不同的菁英也有各種不同的文化資本形式。例如商業菁英就不可能沒有多語及綜觀世界的能力；若身為藝術家，則多少必須有些怪僻，因為他們必須將事物呈現出一個不為人知的面向。

但這些很多都往下滲透到社會中層。

也不少是倒過來向上，或是來回滲透。感謝上帝，不是所有好東西都來自上面，這才是活絡且多元的社會本質。

文化資本比金錢更容易用來區隔不同的社會環境，有人說，至少要到第三代才可能改變出身缺陷。對於那些晉升上層，想盡快融入新環境的人，您有什麼建議？

以開放的心態出門旅行；留意自己如何與陌生人互動；自我反省；接受危機。我想，在教育議題上，我們必須脫離「教育內容」的爭議。教育其實關乎心理與心智能力，能設身處地，對世界提出新疑問，能理解事物的複雜性。從前人文主義者早就明白這一點。自以為擁有知識素養的人，其實就已失去它。實際上，教育的核心是一種反思能力，包括對個人存在的反思。

歌劇還是流行音樂——對文化專家來說答案清楚明瞭。不過，品味的正統不是也與時代精神息息相關？

時代精神是用來安慰那些缺乏內在指南針的人。品味純粹是個人主觀認知，但人們喜歡將它變成規範。不過，今日一切區分更為精細，像我就覺得流行歌手海倫娜·菲舍爾很棒，喜劇演員馬里奧·巴特和歌手迪特·波倫就很糟糕。還有民謠歌手海諾也很不錯。我的內在指南針是真誠，及打從心底散放出來的熱忱。

您將錢比文化多的人稱為「專業粗人」。

對，這樣形容我們在生活風格研究中的人物類型，其實是帶著玩笑意味的。世上的確有人會刻意將生活中種種粗鄙轉化成另一種形式，並且樂此不疲。這對他們而言有認同感，像是顯眼的刺青、粗魯的言詞，以及穿著豹紋衣物招搖過市，或者開著四個排氣管的豪華轎車，自我感覺良好。這同時也是一種對文化資產階級的造反，一種自我展演，多少帶點嘲諷及玩笑的意味。就像漫畫家布羅塞爾，原名羅特格・費爾德曼，就屬於這一類型的人，這種人又有不少與「怪胎」類型相同的因子，是那種什麼都反對的怪人。

那麼今日最受推崇的區隔特徵是什麼？

其實每天都在變。不過，如果硬要舉出來的話，那應該就是看穿區隔特徵的能力，知道它其實不過只是時尚而已，並且專注在自己想做的事上。這種能力在今日媒體妖魔亂象的時代，可以將自己與其他人明顯區隔開來。僻靜的小徑才是真正的大道。至於媒體文化的規則：不要上臉書，不要參與那些有關川普及標榜另類正義的政黨AfD永無止境的激烈舌戰，這可能是唯一的區別特徵了。不過，在今天這種時代，你也可以用一種反轉式的嘲諷心態去拜魯特聽華格納，將它當成一種龐克式的自我表演。實際上這也沒錯，在華格納的時代他本來就是個龐克。

公開展示奢華的年代已經過去了嗎？

沒錯，一百年前，不，兩千年前就是這樣了。早在古希臘時期，展現奢侈就已經是個引起爭辯的恆久話題，哲學家還因此導向精神層面的問題。對物質主義的批判，就像人類社會一樣古老。然而，總是會出現大量金光閃閃的商品，賣弄式的消費，以及各種炫富行為。尤其在今日，階級之間的界線變得模糊不清，情況更是變本加厲。我們活在一個自命不凡的奢侈文化裡，每個人都想要勞力士或保時捷，並且自認與眾不同，儘管他也只是和其他保時捷一起塞在路上動彈不得。

還有良好品味的安全指南嗎？

在瞬息萬變的世界裡，品味是一種能力，能在事物尚未被貼上「品味」標籤時便先接納它。例如，這四年來我只開電動車，多年來這被認為是錯誤，是環保人士不切實際的幻想。今日人們已然知道電動車有多完美，突然之間，就成了街口大家爭相注目的明星。

若《富比士》也列出文化資本富豪排行榜，您認為誰該上榜？

達賴喇嘛，還有比爾．蓋茲這位全球最大軟體公司的創辦人，現在總是推薦改變人生的書籍。不過，這的確很難選擇，因為有太多不同的觀點。在我的未來學院裡，每年都會選出一位年度最重要的「未來人」，其中可能是在剛果創建香草種植農場之類的傑出人物，或者經歷內在深刻轉變的人。我個人最愛的是黑白照片攝影大師塞巴斯蒂昂．薩爾加多，二十五年來專注拍攝人類最殘酷的苦難，之後陷入抑鬱泥沼，幾乎要了他的命。他不但活下來，還在他老父居住的遼闊農莊種了三百萬棵樹，保護土地不受溶蝕作用的侵襲，如今那裡已是一片擁有生物多樣性的熱帶叢林。或許文化資本就是將期望付諸行動的能力，一種能將意義與個人生活結合在一起，提升自己精神高度的能力。

馬蒂亞斯．霍克斯（Matthias Horx）創立德國最重要的未來學智庫，研究總部設於法蘭克福與維也納。他每天都要面對的問題是：哪些趨勢，以及大趨勢形塑了出今日當下的樣貌，從這些回溯中，我們又可以爲社會、企業與文化的未來提出什麼樣的建議？www.zukunftsinstitut.de

Chapter

6

身體資本

如何體現你的社會地位

身體資本：

1. 身體及生理特質，例如健康、外表、力氣、青春活力、體重。
2. 身體意識及對身心靈的態度。
3. 求偶、職涯發展或社會階級晉升時，肉體的使用價值。

刺青在西元六世紀的日本是用來標示罪犯及賤民；中世紀時，每個人都必須根據詳細的規定，按照身分階級穿衣服；到了洛可可時期，上流社會的女士爭相將頭髮梳高，甚至出現高度超過四顆頭的髮型。直到二十一世紀，穿著衣服或裸露的身體，仍然是一種表演媒介。迪特．蔡澈任職戴姆勒集團執行長時，以牛仔褲、運動鞋的造型爲企業帶來新氣象。法國總統馬克宏穿著一套三百八十歐元的西裝告訴大家：「我是你們之中的一員。」在ＩＧ上，用戶將自己最完美的照片貼在網路上：健美的身材、完美的姿勢、令人眼紅的造型、精巧的修圖技術。在每個時代及每個社會，服裝及外表都不斷發送信號，在如今這個時代，更是有過之而無不及：

我們不再把身體當成由我們設計及展示的外殼而已，今日，對外界展示的外表，也會透露出我們的內在。

雖然這樣的文化轉向並未將過度強調肌肉及人工日光浴，或者顯眼的名牌標誌變成明日黃花，不過今日引領潮流的是健康活力：閃亮健康的頭髮、精心保養的肌膚、健康有光澤的指甲，以及凹凸有致的身型表達出個人的內在價值——健康、熱愛生命且精力旺盛。慕尼黑社會學家寶拉—伊琳娜．薇拉將這種社會地位的神祕密碼定義如下：「最重要的是，身體要能在個人意志下展現出最佳狀況，並且顯示出個人掌握何謂適量的訣竅。」❶要苗條，但不能瘦；要訓練，但不能太誇張；要活得健康，但不能苛刻；要妝容完美，但不能看起來像是花了大半時間在鏡子前的結果。

與洛可可時期不同，如今完美的外表看起來要很隨意，要像早上一起床就開始活力的一天。實際上當然不是這樣：瑜伽、棒式訓練、防曬係數、睡眠監測App、洗牙、超級食物，還有天然有機化妝品、計步器、筋膜滾筒，以及不該長毛的地方全部除掉。這種全面健康的要求需要個人高度投入，至於投入的高度則完全沒有天花板：私人教練、養顏美容的服用安瓶、各種SPA按摩、除皺針、頸部拉皮手術、瓷牙貼片等等。好萊塢女星莎朗·史東曾說過：「要看起來很漂亮是一件非常困難的事。」沒人能說的比她還要透澈了。

但全心投入身體資本的經營，獲得的回報是雙倍的。首先，輕鬆且真實的氣場是絕佳的區隔特徵。這無法迅速用錢買到，因此，最遲人過四十之後，只有那些早有預感且有紀律，注重身體與生活方式的人才可能得到。其次也更重要的是，對身體及心靈的注重是對生活品質最有意義的投資。女星希拉蕊·史旺曾在一次受訪時表示：「如果不健康，很多想做的事就沒辦法去做了。」聽起來雖然沒什麼，但卻是很殘酷的事實。有身體障礙的人雖然也能成大事，但對大部分的人來說，身體資本愈豐厚，我們就愈容易取得最佳成果，而且不只是在運動上。

外表決定聲望：身體吸引力的價值

無論同意與否，但身體就是個差勁的洩密者。我們是誰、從哪裡來、現在如何，這些個人資料全都寫在身體裡面。它還會透露出一個人是否對自己滿意、有多少錢、品味如何，甚至權力大小，以及個人最早的記憶是人類登陸月球還是第一代 iPhone 上市。身體具有強大宣示能力的原因很簡單：身體所散發的影響力來自大量難以操控的面向。那不只是皮膚光滑、身材苗條勻稱與健康的頭髮等外貌而已，還包括種種肢體語言：體態與行走動作、聲線清晰度、身形是否優美，在特定場合動作是呆板僵硬還是輕鬆隨意。還有如何打扮：要顯露多少風格、穿著是否得體、是否與年紀相當、是否適合自己。以及在身體外型上能投注多少時間、金錢、知識，願意承受多少痛苦。

布赫迪厄稱慣習是「變成身體的歷史，寫進大腦，但也寫在身體每個皺褶上，在手勢、說話方式及口音上，也在發音、在各種反應、在我們之所以為我們的所有表現上。」❷ 也就是說，我們的社會地位就像為我們量身訂做，穿在身上的衣服。比起頂樓豪宅、保時捷和名人朋友，身體更能表達出我們從前成長及現在生活的環境條件。與我們談話的人會接收到一連串的訊號，並拿來作爲重要的判斷基礎。對方一看到我們，便自認已經知道我們是怎樣的人，在不到一秒的時間就已經決定，眼前的人是友善、地位崇高，以及聰明，或者倒過來，是彆扭、麻煩，以及可能成就不高。這種對他人的瞬間判斷基礎來自個人生活經驗，由於個人儲藏的資料有限，因此常常不太準確，但這種決定可以瞬間完成，還能節省腦容量。得到的結果是心理學家所稱的光環或尖角效應，意思是說：

第一印象決定未來關係籠罩在一片光明，或是烏雲之下。

就算後來證明是錯的，人們也很難改變自己的第一印象。希望自己是正確的意願太強烈，強烈到不惜違背所知事實。英國心理學家娜塔莉·懷爾曾針對這種現象進行研究，她給兩組受試者看一張照片，是一位名叫艾德華的禿頭青年。她告訴第一組受試者，艾德華是位癌症患者，對第二組受試者說，艾德華是光頭黨。結果就如意料之中：艾德華在第一組受試者因光環效應得利，在第二組受試者則因尖角效應受挫。在接下來的實驗中，兩組受試者不斷接收有關艾德華的資料。最後實驗者告知第二組受試者，最初給他們的資料是錯的，實際上艾德華正在進行化療。此舉終於提升艾德華在第二組受試者中的形象，不過仍然是有條件的：只有當受試者有時間思考時，他們給出的答案才是正面的。但若使用內隱測量，也就是測量受試者下意識的觀感時，則顯示出第二組受試者無法完全去除他們的成見，人爲加諸的不良第一印象仍然餘波蕩漾。❸

在一家汽車經銷商，該品牌是人們欲望清單上的前幾名，剩下的問題就是價錢。所有銷售員都忙著與顧客交談，等了十分鐘後，終於有個流著鼻涕、頭髮扁塌的銷售小姐拿來各種銷售方案。經過一番來回討論及一陣咳嗽後，小姐從電腦中找出長期租約方案，價格甚至比預算還低。雖然一切都很完美，但還是不太安心，最終還是選擇了另一家車廠的車。

「美貌永遠受歡迎。」歌德這麼說。不過，是否有吸引力則因人而異，卡車司機與創意總監對吸引力的判定就不一樣。什麼樣的外表稱得上舒服得體，高薪的國際企業管理顧問與矽谷高端技術宅顯然意見不同。造成差異的原因則是個人偏好、所受影響，以及周遭環境條件。

雖然如此，仍然存在一種美與審美的客觀標準，社會學家烏爾里希·羅薩爾稱其爲「吸引力共識」，他說：「我們應該都會同意，喬治·克隆尼長得比伍迪·艾倫好看。」[4] 我們也很可能都會同意，無論是喬治·克隆尼或巨石強森的外表都稱得上是天之驕子，但兩者之間誰更有吸引力，就不可能沒有爭議了。

無論如何，有一點是可以確定的：喬治·克隆尼及巨石強森和所有長得好看的人一樣，光是憑藉他們的身體資本，就已領先他人一步。這種優勢從小就顯現出來：可愛的寶寶獲得更多的關照；漂亮的小孩有很多朋友；有魅力的學生成績較好。這種持續不斷的確認回饋，形成一種良性循環：有魅力的孩子更有自信且勇於嘗試，在聖誕劇中扮演主角，贏得觀眾的熱愛，魅力大增。

這種情況長大後還會繼續：長得好看的人，容易給人好印象，擇偶時也會出現更多有意思的機會；容易贏得人心；較快找到期望的工作，且薪水比資歷同等、但長相不起眼的同事高出五％。對上市公司而言，由一位健康英俊的執行長掌舵，股價就會上漲。[5] 選舉時，候選人的長相也是決定勝敗的關鍵之一，就連在法院裡，長相好看的人通常更容易得到寬宥。

而且不只這樣，所有正面經歷都會滲進慣習之中，使人更加自在、有自信，甚至連個人的財富成就也可以從外貌看出來，這種說法已獲多倫多大學證實：中性的面部表情可以洩漏一個人家庭年收入低於六萬美元或是高於十萬美元。❻不管怎麼說：

長得好看又會打扮的人，會增加成功機會。否認這種說法只是自欺欺人而已。

因爲外表吸引力是社會地位、成就、健康和性感的體現。外表吸引力不僅發揮在擇偶上，職業發展也是。弗萊堡大學社會學教授尼娜·德格勒解釋其中原因：「吸引力能加強激勵的力道，而這正符合新的理想領導模式：鼓動他人、散發熱情並隨之起舞。你絕對無法想像這樣一個人外表會是超重、隨時氣喘吁吁，而且陰陽怪氣。」❼不管出自什麼原因，我們總是將領導力、親和力或愛情與美和善聯想在一起。而這種籠統的認知也使我們自以爲是：長得不好也就不是那麼聰明。

古希臘詩人赫希俄德的作品中有一句話：「美麗才會受人喜愛，醜陋則無人理會。」早在西元前六百年，人們就已明白從外表可知內在特質。❽

也就是說，具吸引力的外表對社會聲望的取得是一大優勢。不過，這當然不是說只要長得漂亮就一定能轉嫁到社交或職業成就上。無論我們擁有多少身體資本，只有周遭的人都認爲它能加分，才可能獲得聲望。通常也應該會是如此。然而，像油頭粉面男或金髮無腦女這類刻板印象也說明了一點：雖然健康整潔的外表絕對不會錯，但如果過分強調這些魅力，也會引起猜忌和不滿。

輕鬆自在？或是一板一眼的正經？

不要爲了工作需要，而是要爲了自己需要而穿著衣服，這句話偏偏出自一位有著傑出的職業成就，但卻在工作時完全迴避穿西裝的規矩：喬治．亞曼尼。早在賈伯斯、迪特．蔡澈和祖克柏這些休閒裝扮的執行長之前，亞曼尼就已經穿深色長褲和圓領T恤上班了。從此也埋下了不安的種子：當人們要站在台前代表公司，或者自薦接下重大的任務時，到底該穿什麼衣服呢？從此，我們的想法必須重新調整：

正式服裝常常是正確的選擇，但不是在每個時候，也不是在所有場合。

金融、法律及商業顧問等傳統環境最簡單，在這裡，傳統的商務穿著仍是絕對的標準。男生西裝襯衫、領帶及皮鞋，女生套裝、褲裝或剪裁顏色端莊的合身洋裝。相較之下，很多其他行業就沒有單一且通用的服裝要求。各種性質的場合，不同的公司文化及行業習俗，個人的地位及扮演的角色，還有不同的穿搭也會傳遞出不同的訊息，可能性實在太多了。而且每個人的特質都不一樣，有時同樣職位且同樣場合，完全相反的穿搭卻都一樣沒問題。

兩位巴伐利亞木構建築公司老闆，一樣四十出頭，公司都有數十位員工。一位喜歡穿著深色西裝，別著俱樂部徽章，在設計精緻的高級原木會客室招待來賓。另一位則偏好下巴伐利亞鄉村風的設計，穿著皮褲及工作鞋，坐在十字苦像壁掛下的傳統轉角木椅招待賓客。兩者都散發著成功的氣息，兩者都體現了他們的理想：一個是高度現代化的工業公司，另一個則是腳踏實地的製造業者。

職業上的服裝規矩正在改變，而且差別更加細緻，更加顯現時代精神，並且更需適應形勢。儘管如此，規矩還是存在，而且上層社會比中間及下層社會規矩更多、更複雜，想掌握訣竅也就更為困難。幾乎沒有任何時尚指南可以讓讀者知道，什麼樣的穿著能正確代表一家年輕、充滿希望的公司，如何穿著打扮才能在視覺上顯現自己已從中階經理晉升至頂級聯盟，在家工作參加視訊會議時又該如何穿著，以及被邀請到拜仁慕尼黑足球俱樂部貴賓席位時又該穿什麼衣服等等問題。

喬治．亞曼尼曾在接受英國《衛報》訪問時表達了自己對服裝選擇的看法：「照鏡子時，我是非常挑剔的。我會考慮要穿什麼衣服人才會好看，像我就不能穿條紋或亮色衣物，因為那會使我顯得更胖。白天我喜歡穿深藍色褲子，配 Emporio Armani 的白色 T 恤及白色運動鞋。晚上我會穿黑色 Smoking 外套，配 Giorgio Armani 手工縫製襯衫。我幾乎都穿一樣的款式，雖然我有健美的身材，但可惜身高只有一百七十公分，我知道自己適合穿什麼衣服。」[9]

無論休閒或正式，想在外表流露出高雅慣習，那就不能不好好考慮如何穿著打扮。最好還能尋求專業幫忙，請熟悉頂級聯盟時尚規矩的西裝裁縫師或造型師幫忙打理。一旦找出適合的穿搭風格，就可以安心地將注意力放在其他問題上。就像喬治．亞曼尼、歐巴馬，以及梅克爾所展示的：站在頂端的人必須穿著品質優良的衣服，但並不需要追求潮流或天天換新裝。

個性。就連服裝也一樣沒有所謂的上流社會風格。一個女人無論每個月花五十歐元或五千歐元在治裝費上，人們看在眼裡的，是她偏好舒適輕鬆、保守、禁欲風格或是前衛造型。此外，服裝還得配合身材、年齡，以及職務要求，因此基本目標總是一樣的：穿著打扮必須強調能力及個人性格，要能與場合相配，但又要符合個人審美觀。從梅克爾與國際財經界最有權勢的女人克莉絲蒂娜．拉加德身上我們可以看到，同樣位處頂峰的女人所展現出的詮釋可能性是多麼不一樣。

場合歸屬。教育程度愈高，就會有愈多的場合需要我們融入。從學校的家長會談到國際會議，從傳統新春茶會到與客戶共進晚餐，從慈善音樂會到探訪養老院裡的奶奶。只是出現在不同場合，並不代表你眞正「屬於那裡」。每個從工作場所直接趕去參加家長會談的人都有這樣的經驗，全身量身訂做的西裝可能是整間教室裡穿得最好的人，然而卻因太隆重或不恰當而遭到側目。只有當我們的穿著打扮與所扮演的角色相符時，才可能獲得尊重。

白色棒球帽、白色運動鞋、洗得發白的牛仔褲、卡其色襯衫、太陽眼鏡——這是前第一夫人梅蘭妮亞．川普在艾爾瑪風災後出現在佛羅里達州的模樣。若是在鄉村俱樂部，這樣的穿搭會顯得休閒輕鬆，但在一個街道被水淹沒，房子傾倒，至少死了四個人的地方，第一夫人選擇這樣的穿著卻顯得涼薄且缺乏尊重。顯然，她與她的團隊都無法準確評估災區民眾的心情。

代表性。身處高位的人最重要的任務之一，就是公司或機構對內、對外的代表人物，但這不代表他們就要穿戴最時髦或過分昂貴的服飾。只有新富才會打扮得花裡胡哨，富貴世家則是憑藉高貴的質料與配飾、完美的合身剪裁、作工精細的衣服，以及通常只有內行人才能辨識的巧妙細節來顯得與眾不同。例如西裝平順妥貼的肩線、高級布料、搭配得宜的袖扣，以及手工縫製的皮鞋，是成功人士及高層階級的象徵。理想狀況是從不顯現邋遢的一面，盡可能讓自己看起來像是由司機開車或搭乘頭等艙的人。與你對話的人會從你高雅的外表辨識出你的社會地位，並因此調整他們的行爲。

曾任臉書營運長的雪柔・桑德伯格便展現了一個成功躋身頂級聯盟的職業女性能有什麼樣的穿搭風格：及膝洋裝、中跟鞋，介於深藍到暗紅之間色系的同色系穿搭，不會出現藍綠或粉紅色，衣服上也沒有任何圖案花樣，而且方便活動，配上極簡的飾品，便足以顯現出個人特質，不會被誤認為助手。英國《衛報》將這種風格做出如下的定義：「這是一種理性務實、客觀冷靜的絢爛耀眼：合身連衣裙、包鞋、同色系穿搭、線條簡潔且高尚優雅。這樣的穿著也出現在劍橋公爵夫人身上，或是茱莉．路易絲—卓佛在電影《副人之仁》所扮演的角色瑟琳娜．麥爾身上。」[10]

除了平庸，其他都可以。不久之前規矩還很清楚，商場上的高層人士就得穿西裝打領帶；職位愈高，衣服顏色愈深，質料也愈細緻。這種服裝規矩正在轉變，隨著應對禮儀愈來愈寬鬆，打領帶的規矩也跟著寬鬆起來，直至在職場日常完全消失。這種新的寬鬆風格背後自有其算計：科技產業巨頭輕鬆風格的酷風潮也吹進保守產業裡。另一現象是所謂「紅色運動鞋效應」，這是一種矛盾現象，打扮休閒的高階經理人及教授，反而會被認爲特別成功、特別有能力。商學院教授安娜特．凱南解釋箇中原由：「這樣的穿搭等於是向世人宣告：我完全自主且成就之高，可以無視服裝規矩，隨心所欲。」[11] 不過當然要記得，「紅色運動鞋效應」只有在相對高層人士身上才能發揮作用，因爲人們相信他們深諳規矩，只是故意違反而已。

權威穿著。服裝不只影響觀者，也會影響穿者本身。在我們爲了即將展開的會議或演講，打理好服裝儀容後，馬上會有士氣大振的感覺，就像女超人脫掉日常衣物，穿上她的藍紅英雄裝準備拯救世界一樣。鞋履設計師克里斯提．魯布托也說過類似的話：「鞋子會改變你的肢體語言，以及你的行爲，它會提升你的身心。」穿著高級服飾也是我們給自己的一大助益。既然商務打扮不再熱門，另一種選擇就是高貴優雅的休閒風格：就像賈伯斯經典的高領喀什米爾羊絨套衫，喬治·亞曼尼穿的也不是廉價T恤。志向遠大的人，就連休閒裝扮也會考慮質感、成熟色系及合身的剪裁：既不緊身，也不會顯得鬆垮。

健康且活力十足：成功的具體展現

成功就像財富一樣，從外表就能看出誰是有錢人、誰是成功人士。因爲晉升高位，或至少達到個人期望的目標，會帶來安全感，並在肢體語言中顯現出來。就算穿著T恤和百慕達短褲，仍然會散發奪標者的慣習。一個人愈成功，行爲舉止就愈安然自在，對自己愈滿意，外表也就愈不像那些仍然努力往上爬的人那樣，容易顯得拘謹局促。身材、皮膚、走路的姿態、微笑、肢體語言及眼神等細微差別在在都顯現出那是一個享有聲望的人，而且不必再向任何人證明，除非自己願意。

成功就是當努力、炫耀及地位象徵，全都變得多餘時。

對世代相傳的上層階級而言，美麗與珍貴的東西並沒有失去它們的意義，而且恰恰相反。如果有足夠的錢又覺得對味的話，誰會不想買遊艇，買保時捷 Panamera，或在奢侈品電商 Net-A-Porter 上購物呢？只是對菁英來說，符合身分地位的外表展現，比起購買奢侈品更重要。他們留意自己的身心狀態，樂於接受私人教練的指導，這在企業頂尖高層已是理所當然的常態。即使是第二線的管理階層，也有五分之一的人接受專業健身訓練及飲食控管，三分之一的人使用健身 App——這是馬克思格倫迪希醫院所進行具代表性的問卷調查研究結果。在意身體是否健美，背後隱藏的想法是：成功的潛規則是很殘酷的，想在職業及社交上有所成就，最好身材高大，再不濟也要身材苗條健美。太矮、身高超過一百九十五公分，或者特別是體重過重的人，會使晉升之路難上加難。

一家出版集團中，一位企圖心跟腰圍都不小的部門主管便被直率告知，如果想晉升一級主管，必須先減掉不少體重。很誠實，而這種政治不正確的理由是：「因為這樣的腰圍無法展現知性，不符合我們客戶對公司一級主管的基本期望。」[12] 今日，德國企業大多數的執行長的確看起來都很健康且充滿活力，完全處在「最佳狀態」，就像他們的公司一樣。

與其他資本形式一樣，身體資本在上層、中層和下層的分配也是不均等的。這種現象也是很早便顯現出來：成年後的體態、外顯的氣質及如何對待身體，全都在童年就開始形成。社會地位對身體健康產生的影響，在零到十歲的兒童身上尤其明顯，這種影響塑造出成年後的身體及健康意識。雖然所有社經階層都一致認為健康是生命中最重要的東西，但對待身體的差異卻是非常明顯，這可以從專門蒐集分析個人體重、吸菸、飲酒、飲食及運動資料的GRABE指數中看出，這五項因素每個人都能自主掌控，但只有一項未顯現出階級差異：無論哪個階級都喝太多酒。

無論是葡萄酒、氣泡酒、威士忌，還是啤酒，不管是上、中還是下階層都不遑多讓。

其他四項因素則顯現出非常明顯的差異。下層階級有十分之四的少女體重過重，上層階級只有十分之一。吸菸也是一樣：下層階級有三分之一的人吸過菸，中間階級只有四分之一，到了上層階級則是五分之一。至於飲食也重複同樣的現象：盛行於上層階級的是某種飲食規則狂熱：有機、原始人飲食、無麩質、純素等等。新潮烹調不再新潮，取而代之的是潔淨飲食與超級食物。還有運動行爲也與社會階級息息相關：上層階級明顯比下層階級更勤於運動。[13]

社會前段班處理身體資本的方式，給他們帶來雙重回報：擁有較多財富及接受較好教育的人不僅長壽，還會擁有一具養眼的身軀。在享有特權的社會環境裡，健身、外表及從容自在，會被轉譯成另一個層面的長處：負責、高效率、自信及強勢。再加上適當的穿著及細心的保養，整個人散發著自然且充滿朝氣的精神，而這與天生基因關係不大，比較是精心安排的良好生活習慣造成的結果。

畫家暨雕塑家馬庫斯．呂佩爾茨是德國當代最重要的藝術家之一。儘管覺得負擔，他還是在個人外表上投注了不少心力：「你知道我付出多少嗎？每天早上仰臥起坐、舉重、花大錢請專業裁縫等等。我當然虛榮，為什麼不呢？將人體如設計作品般呈現，不正是對周遭環境的一種讚美！」[14]

雖未特別表明，但上層階級的確將身體資本當成追求個人及職業目標的基本條件。有機食品及斯佩爾特小麥麵粉跟瑜伽或晨跑一樣，都是對個人未來理所當然的投資。對許多人來說，保持健康這件事已經內化到完全無須思考。對壓力的看法也與從前不同，如今壓力象徵一個人缺乏自我控制的能力，休息時間及活力回復成爲新的社會地位象徵，同時也成爲話題。

桑德拉·納維迪是國際知名的企業家、金融專家暨暢銷書作家，她以管理代辦事項的高效率手法來管理自己的身心健康：「由於我可以自由分配時間，也到處都可以工作，因此特別注意定時休息的規畫。每次到外地出差，我總會多待個一、兩天，給自己時間觀光或拜訪朋友。因為生活中很少重複事件，我又選了一個自己喜歡的工作，因此也很少疲憊到需要去度假。」[15]

比較起來，下層階級的人多認爲身體狀況是天生的狀態，特別是在健康方面。將上下兩階層拿來相比，可以得出兩種完全不一樣的身心觀念：

上層社會階級認為自己是掌握健康的專家，下層階級則認為健康與否是上天注定。

新近研究結果顯示，上層階級對健康的要求是正確的。有違一般較無優勢族群的想法，好看的外表及十足的精力與基因之間的關係相當有限，愛丁堡大學亞瑟研究所研究員彼得．喬許及其團隊最近的全基因組關聯分析研究證實了這個說法。就統計上來看，遺傳風險只會改變預期壽命幾個月，相較之下，長年累月每天一包菸則會減少七年壽命。[16] 每減少一公斤的過重體重，就會多活兩個月；遺傳造成的冠狀動脈心臟病風險，可以透過健康的生活方式降低一半；相反的，不良的生活方式幾乎完全抵消良好基因帶來的低風險優勢。

好消息是，健康的生活方式並不是中上階層的專利。少糖、少抽菸及少喝罐裝飲料，多吃蔬菜、多喝水、多騎腳踏車、多走路，放輕鬆並有足夠的睡眠——這些其實都不貴，雖然也是有人投資大筆金錢在健身、養生、超級食品及美容療程上。

不過，問題不在金錢上。如果不賣力掙脫的話，每個人多少都受個人出身慣習羈絆，面對健康問題也是一樣。從這個角度來看，窮人處於劣勢，想要追求健康生活，必須比富人付出更多力氣擺脫從小養成的習慣。有過節食經驗的人都知道，要改變習慣是一件多麼困難的事，況且健康的生活習慣並不是馬上就看得到成果。基森大學教授尤根．史威爾便特別強調這一點：「作爲預防性『醫療』，運動並無法直接與成功掛勾，無法儲存成效，也無法在練習時確認功效。」⑰ 飲食習慣也是一樣，放棄披薩、啤酒及薯條，轉向加工程度較低的食品並不會立即帶來好處。對那些生活原本就不是那麼稱心如意的人來說，還要花精力注意身體健康，比本來就對吃食挑剔的人要困難得多。

不過不管怎麼說，無論是誰，無論在什麼樣的社會階層，保持健康生活方式的努力是值得的。只要能堅持下去，就會創造出身體資本，為生命每時每刻帶來幸福。而且強壯健康的身體還會提高社會地位：它能展現個人性格及社會成就，即使沒有權力及財富的權杖傍身也一樣。

管弦樂團近日公開彩排。外頭夏日驕陽正豔，裡頭音樂家穿著休閒服飾在調音。指揮騎著腳踏車過來，穿著百慕達短褲及寬鬆的襯衫，一手拿著指揮棒，另一手拿著水瓶，再也沒有比這畫面更不起眼了。只是，身體慣習還是洩漏出崇高的社會地位：從樂曲第一拍開始整整六十分鐘身體緊繃，全神貫注，精確的動作及充沛的精力。

美顏大作戰？或是體驗生活？端看個人社會身分認同

「或許在不久的將來，皺紋會成為一種風格。其實現在打豐唇針已經跟刺青一樣不入流了。」這是二〇〇七年《明鏡》記者克勞迪婭·沃伊特寫下的句子。[18] 十二年後，潮流果然朝這個方向發展。美貌的年齡限制正在崩解中，至少現在範圍愈來愈寬廣，而且還不需要人為加工的美化或留住青春。時尚經典品牌 Céline 找來八十歲的美國作家瓊·蒂蒂安為時尚廣告代言人；《法蘭克福匯報》稱讚一九五三年出生的法國首相夫人布莉姬·馬克宏是「法式風格」的典範，令人眼紅的高格調且輕鬆自在的酷。[19] 梅根·馬克爾嫁給哈利王子時已三十多歲，是英國皇室年紀最大的新娘，婚禮當天的新娘妝，看起來就像沒化妝，卻美上千萬倍。

如今，引起人們無限遐思的風格典範是：青春完美無瑕固然美好，但個性，以及像時裝設計師吉爾·桑德引進德語圈的英文字 effortless（輕鬆不費力）更加重要，而且這規則適用於所有年齡層。或者，就像《Vogue》關於瓊·蒂蒂安的描述：「她的作品猶如其人：優雅、脆弱、出人意表且毫不做作。」[20]

上流社會的標準面貌——不造作、不拘謹、不急躁。

從前如此，今日有過之而無不及。

在二〇一八年紐約時裝週的伸展台上，光滑柔順、沒特別吹整的閃亮直髮是最熱門的造型。這種髮型被《紐約》雜誌稱爲「富家千金髮型」，理由一目了然：看起來如此輕鬆不費力，只有天生麗質又有錢的人才可能辦到——個個都像從甘迺迪全家福照片中走出來的人物。特別是步入中年的人，這種典雅自然的造型絕對會使一個人看起來與眾不同。

二〇一八年，六十五歲女星伊莎貝拉．羅塞里尼再度成為蘭蔻煥彩保濕霜廣告代言人。彼得．林德伯格為她拍攝的廣告照片完全沒有修圖，羅塞里尼也拒絕肉毒桿菌、填充劑和整容手術：「我認為這些東西對人體不可能帶來任何好處。我努力保持健康，在長島的庭園自己種水果和蔬菜。」至於臉上已有皺紋卻還是被視為美的代言人，羅塞里尼認為這是因為今日廣告焦點不再放在完美的鼻子、嘴巴和身材上，而是自我認同、熱愛生活和活力。[21]

雖然中層以上階級全都樂見運動成果，保持精神最佳狀態，以及以輕鬆的態度面對老化等事，但侵入性或微侵入性美容矯正仍屬於私人領域。眼瞼下垂矯正手術、豐胸、除皺針、服用雌激素等被認爲是膚淺甚至落伍的行爲，不過這是理想狀態。事實上，再怎麼開明有教養的人，仍然要面對現實。最遲到了每天早上要花很多時間遮住臉上的皺紋時，就是該拿財富資本補充身體資本的時候了：玻尿酸、肉毒桿菌、雷射治療、眼瞼下垂矯正手術、鼻子整形、抽脂手術等各式各樣的可能性，遍及身體所有部位。最重要的就是不要讓自己變得灰溜溜、毫不起眼，但另一方面，又不可以像唐娜特拉·凡賽斯那樣誇張。最好是做完美容手術後容光煥發，看起來就像剛享受完三星期的夏天度假。就像保守人士及知識分子不喜賣弄式消費，不愛炫耀頭銜及認識名人一樣，他們也不會明說在身心和諧的表相之後到底投注了多少金錢與心血。

此外，財富自然也可能有截然不同的展示。在德國，隆乳手術植入的體積愈來愈小。[22] 在美國，川普妻女伊凡卡及梅蘭妮亞卻向世界展示完美無瑕的臉龐與身材：潔白閃亮的牙齒、矯正過的顴骨、日益減少的表情紋和增大的胸部。儘管人工美貌在美國也不屬於開明的生活風格，但光滑緊繃的臉皮就像染髮，對美國商界、政界和媒體高層人士，與在紐約第五大道的人沒兩樣，都屬於標準配備。

但在德國，若做得太過火，就會給人「專業粗人」的聯想。這個引人側目的稱呼是法蘭克福未來學研究中心提出的，典型人物則是蓋森家族及卡戴珊家族。這些有錢有閒的極端享樂主義者僅占人口總數的一%，「集聰明、堅強毅力與眞心喜歡低級娛樂、奢華物質與精心妝扮外表於一身。」[23] 儘管開明的中上階級對這種樂於展現肌肉、曲線及大片肌膚的表演訕笑不已，但這些暴發戶毫不在乎。畢竟全世界都知道，那些工作過度的女醫生及套裝上每個扣子都扣緊的商場女強人根本負擔不起這種表演，就像他們也負擔不起一輛拉風的改裝法拉利一樣。

這些「專業粗人」打造及妝扮身體的方式深受部分下層民眾的喜愛。當青少年在ＩＧ上突顯骨感的腹部（#bikinibridge），強調健身結果的肌肉（#InstaMuscleMen），或者手掌寬的大腿縫（#thighgap），也就意味著展現身體已是不分社會階級的事了。至於這種呈現是關注身體的哪一方面，是優雅迷人或是青春洋溢，無論在上或下階層都是文化資本的問題，已經與經濟資本關係不大了。

因此，在排名前一%的富豪裡，這兩種對立的觀念並存。「專業粗人」在視覺上以金光閃閃、突顯女性特徵，或是刻意展示男子氣概與一般人區隔開來。與之相比，傳統的菁英則以優雅及掌握時尚潮流而顯得與眾不同。而眞正名符其實的顯著特徵則是十足的保養並帶著一絲毫不費力的不以爲意。或者，像未來學研究說的：「所謂自然正面臨最大的挑戰：完美地展示不完美。」[24]

爲何馬拉松成爲最受高階主管歡迎的運動？

馬拉松全長四十二．一九五公里。在德國，每年都有超過十萬人努力跑到終點，每八百人中就有一人接受這項長距離的挑戰。[25]不過仍然有個小族群遠遠超過這項統計數字：DAX大型及中型企業的高層主管。他們一百人之中，就有十人參加馬拉松比賽。並且有證據顯示，他們從事這項健身活動也有利於企業組織。

這兩者之間令人訝異的關聯，是科隆大學研究員彼得．林巴赫和弗羅里安．索南伯格發現的：若公司執行長熱衷競技運動，會比規模類似、但執行長不做競技運動的公司，價值高出五％到一〇％。在收購或合併公司時，體能訓練有素的執行長也會產生可觀的剩餘價值。這裡所謂的競技運動，研究人員以一年成功跑完一場馬拉松爲標準。這也證明了：

在運動場上全力奮鬥的人，也會在其他方面爭求優秀成績。

不過，要訓練身心達到最佳成效有各種不同的可能性，爲何偏偏是馬拉松呢？這麼多頂尖人士同時選擇這種長距離的挑戰，也反映出下列事實：一個人偏好什麼樣的運動，不僅僅是個人品味的問題，社會地位也是其中一項因素。

布赫迪厄就曾詳細解釋過，具有高雅慣習的人較偏好的運動種類有以下特點：在特殊時間與風光明媚的地方，和自己選擇的同伴一起進行，像帆船、登山、網球、滑雪，以及高爾夫球。[26] 另一項原因則是，在這樣的圈子裡，大塊肌肉是粗俗的象徵，因此社會前段班較偏好那些動作優雅，能鍛鍊出苗條修長身材的運動方式。

住在加州的記者丹尼爾·杜安一開始和周圍大多數的人一樣，都習慣以慢跑及騎腳踏車健身。在他決定轉向重量訓練，以強健骨骼後，腳步開始變重，胸部也愈來愈寬，他覺得自己愈來愈孔武有力，也樂於展現，但家人及朋友顯然不太能接受這種變化。「有天，一位身材精瘦的三鐵運動員慢跑經過我家窗前，運動帽、超炫的太陽眼鏡，還有GPS手錶，我太太瞪大眼睛，滿臉欣羨。那天晚上我們吵了一架，她也坦承比較喜歡從前瘦削的我。」[27]

但像馬拉松這種需要長時間鍛鍊的競技運動，不只是能塑造出充滿禁欲精神的優雅身形而已。對上流社會來說，在鍛鍊身材的同時，也一邊鍛鍊心性。這點在富豪研究專家齊特曼對高收入者所做的訪談研究中非常明顯：超過一半的受訪者在青少年時期都是全國排名前十的競技運動選手，像滑雪、馬術、划船或十項全能。這些運動教會他們如何超越自己，如何冒險，如何計算機會，以及就算落後也還是要繼續堅持到最後。這種有利於慣習養成的效益，主要來自競技運動。週日早上輕鬆地打場網球或許能增強心肺功能，卻不能培養運動精神。

馬拉松對身心的要求遠高於一般日常運動，投資報酬率也就更高。

不跑馬拉松的話，也是可以挑戰單車越野賽，或是拿三鐵成績來裝飾履歷，或者去中國挑戰華山長空棧道。最重要的是，運動目標明確可衡量，而且會讓那些不怎麼運動的人瞪大眼睛。運動成果早就變成社經地位的衡量標準，因爲人們認爲，一個勇於鍛鍊身體且接受挑戰的人，在其他領域一樣會擁有堅強的意志力。若想得到更多的肯定，就必須完成不可能的任務或突破極限。

艾美·穆林斯出生於一九七六年，天生就有肢體不全的問題。在她一歲時，兩條小腿都得截掉。九歲時，她用腳（義肢）畫了一張火箭噴射器的圖，二十歲時參加殘奧會刷新兩項短跑世界紀錄。如今，她有十二副超級先進的高科技義肢。她會滑雪，為時尚大師亞歷山大．麥昆走上伸展台。裝著義肢的她跑起來輕輕鬆鬆就可以將一般「正常」人拋在身後，「我完全不介意自己的殘疾，我早就超越正常很多了。」[28]

無論選擇馬拉松或是其他領域的體能挑戰，務必記住：頂尖人士對運動的態度就像在做生意，求勝之外還要充滿熱情並保持最高水準。在追求完美的要求下，自然要有品質優良的裝備、最佳的訓練條件，以及一流的教練傍身。

為躍升做準備

將身體視作最重要的資本

曾經，健康的意思就是沒有疾病纏身，如今，健康的定義則是充滿活力且快樂的生活。這要求很高，甚至可以說是高得離譜。因為無論我們有多成功，脆弱永遠是人生的基本常數，我們無法得知這具帶來或多或少成就的軀體能撐多久。儘管如此，投資在身體資本仍是一件值得的事：健康，身心舒暢及保養得宜的外表會使我們心情開朗，提高我們效率及社會聲望，使我們能盡情發揮自己的能力。我們的身體比設計名宅、滑翔機或劇院貴賓席更能展現我們對自己的期許，以及他人應該如何看待我們。

1　教練都會要人確保自己是房間裡所有人中狀況最好的一個。聽起來是否太以自我爲中心？的確！但先不要有成見，這種想法其實是很好的建議。正如在飛機上若遇到緊急狀況，你得先爲自己戴上氧氣面罩才能幫別人一樣。這種原則也適用在生活其他領域：你只能做到身體能夠負擔的程度。一旦耗盡精力，腦力衰竭，健康狀況堪憂時，既無法承擔大任，也無法享受生活，或者至少要更費勁且更有意志力才能達成。因此，想擴增個人身體資本，也要遵守基本原則：顧好你自己。

2　計步器及健身App能幫助身體獲得它應該獲得的關注，不過，日常生活中許多能使身體更爲健美的小事卻常常被忽略。不走樓梯搭電梯，不好好吃午飯只吃巧克力棒，晚上只想賴在床上，沒力氣使用牙線潔牙，這樣是無法累積身體資本的。要達到身心舒暢，內在儀式絕不可缺：充足的睡眠、運動、適當的營養、足夠的休閒，並且經常走出戶外。你可以在家裡等水燒開時做一些伸展運動；以一手心的堅果取代巧克力；睡前一小時不再打開手機。這些對身體健康有益的小事被暢銷書作家布蘭登·布夏德稱爲「高成效習慣」，花在上面的力氣短期間內看不出什麼成效，但從長遠來看，非常有助於慣習的養成。

3　格調的展現往往比窮人想的要隱晦。合身但不過分緊身的剪裁、不裸露太多、中性色調、永不過時的經典風格、天然材質，以及一些不顯眼的飾品，代表著有格調的品味及高度文化資本。財力雄厚的人，能在慕尼黑精品店林立的馬克西米利安大街或倫敦薩佛街買到高貴精緻的行頭，但他們也會在相對便宜的 ZARA 或 Mango 等品牌選擇穿搭。雖然內行人一眼就可以看出差別，是奢侈昂貴或經濟實惠，是手工訂製還是工廠成衣，因此穿一件一百歐元的喀什米爾羊絨套衫並不代表有錢，但卻代表穿衣者知道什麼是高雅品味。

4 看透服裝規矩的自由空間。西裝領帶及套裝、包鞋可說是一般資產階級或高層人士的穿著規矩，但並非絕對。在一般的日常工作場合，商場菁英也會只穿襯衫及運動鞋，而且比起過去的同行，他們也有適合的身材穿這樣的衣服。穿著正式的商業套裝通常是直接面對顧客的服務人員。因此不要搞錯，一個人穿戴的服飾，可能正好顯示出這個人在服裝選擇上有多大的自由空間。

5 研究顯示，人們推測名人的身高通常會比實際數字還要高。這種錯誤印象來自體態習性，地位較高的人習慣抬頭挺胸，自信使得步伐加大，從容冷靜的外表充分展現威嚴。與其相比，緊張的動作傳達出來的訊息則是迫切渴求及內在壓力。根據布赫迪厄的說法，匆忙意味著懼怕，懼怕自己無法達到他人的期望，懼怕自己占用他人太多時間。

6 哈佛大學心理學家艾美．柯蒂的著名研究顯示：當我們身體擺出坦率大方的姿態時，壓力荷爾蒙皮質醇會降低，睪固酮濃度升高，我們的想法及行爲也會更有自信。今日經濟社會學實驗甚至顯示：坦率大方的姿勢能使人看起來比實際擁有的權力更具威望。[29] 實驗以坐姿放肆或拘謹來做對比，你也可以簡單測試這樣的區別：將手臂搭在旁邊空座椅的扶手上，然後翹起二郎腿；作爲對照，你可以把手壓在大腿下，併攏雙腿。

7 比起下層階級，上層階級在身體資本的投資上更顯得理所當然：三九%的人認爲運動、保養及身心健康非常重要；下層階級只有一八%的人能享受這種奢侈。[30] 同樣的，上層階級也認爲運動是下一代全人教育中的一部分。教育水準及經濟程度愈高的家庭，下一代在運動社團愈是活躍：上層階級有超過八一%的孩子會在專業指導下從事運動並參加各種比賽；中間上層階級的比例是六九%；中產階級則是五六%。下層階級只有三二%的孩子參加運動社團，並因此定期接受高水準的訓練。

專家看法 人們相信舉止優雅的人，精神上也同樣優雅

形象顧問暨時裝設計師凱薩琳娜．斯塔雷在她的書、課程及演講中，告訴人們如何讓自己顯得好看。她的忠告是：比青春及天生美貌更重要的是姿態、個性與人品。

朵莉絲．馬爾汀：斯塔雷女士，今日魅力已經成為最重要的地位象徵之一，請問外表為何愈來愈重要？

凱薩琳娜．斯塔雷：我們生活在一個快速發展的時代，觀者對進一步了解表象背後深度資訊的意願愈來愈低，當今的資訊都以圖像化的方式快速傳播。無論在網路或實體世界的社交場所，人們幾乎沒有機會傳達出個人的內在價值，但這其實是最重要的。因此，我們的服裝儀容必須傳達出沒機會說出口的訊息，也就是表明自己是怎樣的一個人。

例如？

一個舉止優雅的人，人們會認為他的精神也一樣優雅；一位穿著講究的人，同樣

也會講究工作品質。或者就像英語格言說的：「風格就是無需開口，即可表明你是誰的一種方式。」

另一方面，很多成功人士並不像IG網紅的照片那麼迷人……比起修飾完美的光滑臉蛋，一張充滿活力及經驗細紋的臉孔更有親和力。人們已經開始厭倦編排完美的故事和柔焦處理的臉孔，現在又重新重視起個人特質的展現，就連公眾人物也是一樣。

在身體資本中，先天注定的比例多大？畢竟不是每個人都擁有理想身材。這裡所講的跟模特兒身材無關，而是如何將自己最好的一面展現出來。活力煥發的身體、皮膚與姿態，炯炯有神的目光及剪裁得宜的服裝，對握有權勢的上位者已成為必備條件。就像送禮，包裝跟內容一樣重要。

意思是說，完美無瑕並不重要？對年輕人來說，矯捷完美的身體自然是種地位象徵，可以在調情或約會時盡情展現。年紀愈大，身體所代表的意義也就愈不相同。例如訓練有素的身體代表的是紀律與意志力，身上每條肌肉纖維都在昭告世人：「我將時間投注在訓練，我享有鍛鍊身體的奢侈。」社會地位及個人價值就這樣透過服裝、身體和肢體語言傳遞出去，並且引人注目地描繪出個人故事。雖然不是永遠完美，但在今日完美也益發顯得可疑。這裡描繪的是一個保養得宜且均衡、具吸引力的整體形象，如果深交後仍舊顯得正直、可信賴，那就是最理想的狀況了。

愈來愈多高階經理人不再打領帶，這在從前是無法想像的事，是否代表服裝規矩愈來愈寬鬆了？

當今服裝的時代精神的確有休閒化的傾向。數位化使人不再有「職場」及「私人」兩種不同角色的區分，這種區分過去是很完美的。今日人們幾乎毫無間斷地處在「職場」位置，另一方面卻同時以「私人」身分活動，結果就導致了服裝休閒化趨勢——這也代表兩者是可置換的。

時尚老佛爺卡爾．拉格斐曾說過：「穿運動褲的人失去掌控人生的能力。」但哈佛大學一項研究顯示，今日人們認為職場上穿著運動服飾的女性特別有自信。

但願人們也會認真聽她講話且記在心裡。不過，休閒裝扮在今日的確釋放出主人有足夠本錢這樣穿的訊息，特別是地位顯赫的人配上休閒造型，就像穿紅色運動鞋的企業執行長，每個人都知道他的地位。除此之外，原則仍然沒變：一個保養得宜、穿昂貴衣物且有禮貌的人，會比穿牛仔褲及帽T的人受到更多禮遇，只是「昂貴」在此應該代換成做工精細，而不只是表面的精品名牌而已。

時至今日，還有可能以具代表性的衣物顯示個人地位與權利嗎？或者，還有這種必要嗎？

今日確認地位的方式隱蔽細緻多了，西歐人不再喜好炫耀，不像俄羅斯文化，展示擁有的物品還是很盛行。南歐各國對待奢侈品的方式又不一樣，就像訂製西裝在義大利比較不會惹人眼紅，而是對美好事物的欣賞。因此在使用這些地位象徵時，另一方——例如商業夥伴、對話對象——的想法也非常重要。畢竟會面時如何穿搭，也是必須將對方考慮進來的策略決定。

在晉升高位的路上還是無法擺脫西裝或套裝？

在一個幾乎要為了打領帶而告罪的時代，穿西裝又變成特別的事。還有，其他國家的狀況也必須留意：西裝在國際上仍是得體的男士服裝，仍然會引起他人的注意與重視。內行人能從訂製西裝的剪裁、質料、做工和細節看出品質，不管裁縫師是誰。女士套裝也是一樣，尤其是當衣服提高主人的影響力時！在藏青色或鼠灰色的兩件式西裝，以及優雅別緻的整體穿搭中，仍然有很多能展現菁英威望的自由空間。

健美、運動風格氣質的重要性如何？

這能讓人聯想到彈性及靈活，精神層面也是。不過，我們不能再將健身與減重想成一件事。有些人身材瘦削，將身體鍛鍊得像鋼鐵般硬梆梆，毫不靈活。也有些人腰圍較大，但身體充滿彈性，散發出輕盈且充滿活力的氣質。重要的是，我們要為自己的身體做些事，要有意識、有規律，並且興致勃勃地做這些事。據說卡爾・拉格斐曾說：「我不跟自己討論這件事。」這能幫助我們堅持下去。

頂尖人士不僅代表自己，也代表企業、品牌甚至國家。中階管理人和頂級聯盟成員的外表有何差異？

一旦登上頂峰，其他人自然會知道這個人的身分地位，因此也就不再需要任何能展現個人地位的明顯象徵。刻意凸顯地位象徵，或者總是擺出高高在上的姿態，代表這個人還汲汲於展現個人的重要性。頂尖人士最好自然地散發出尊貴與親和的氣質，使人樂意聽從。這也是一個值得追求的目標。

請用三個詞說明外表對晉升高位的貢獻有多大？

這樣說吧：外表、舉止、行為，占第一印象的五〇％。

凱薩琳娜．斯塔雷（Katharina Starlay）致力於改善個人及企業之外在表現，爲此她制定了品牌亮相時的風格指南。除此之外，她爲《經理人》雜誌撰寫時尚專欄〈斯塔雷快訊〉，並出版《時尚的祕密》（*Stilgeheimnisse*）和《男士時尚教練》（*Der Stilcoach für Männer*）等書。www.zukunftsinstitut.de

Chapter

7

語言溝通資本

你的說話方式

語言溝通資本：

1. 語言能力、表達方式，以及與之相關的溝通及社交技能。
2. 是一種社會區隔特徵，可回溯出個人的教育、出生地區與社會地位。

一九一二年英國作家蕭伯納發表劇作《賣花女》，一九五六年作曲家弗雷德里克．洛伊將其編成音樂劇《窈窕淑女》。故事膾炙人口：語言學教授希金斯與人打賭，六個月內可以改掉賣花女伊萊莎．杜立德的考克尼口音，並訓練出上流社會的高貴儀態。實驗最後成功了，在一場舞會中，伊萊莎以毫無瑕疵的口音與完美的社交禮儀周旋於高貴的賓客之間。這也證明了造就一個人的是語言，而不是出身。只要有意願，並且有適當的指導，每個人都可以學會有教養的口音、閒聊及得體合宜的表達方式。

在階級意識濃厚的英國，語言慣習從以前到現在一直是社會地位最重要的標誌。即使在其他國家，從語言也可以看出一些出身、教育和地位的相關訊息。視對話對象而定，有時甚至只是拼錯一個字，或者只是日常生活中常見的說法，但字典裡不會這樣說，別人對你的看法就一落千丈。只需一點點差異，濫用語言及維護語言之間便出現一條鴻溝，而這也經常是社交的鴻溝。在上層社會環境裡，會透過口音及表達方式上這種一般認爲的細微差異，辨識誰是與誰不是同個圈子裡的人。

斤斤計較語言上的瑣碎小事，聽起來毫無氣度，但卻對慣習的養成有決定性的影響。這點在加州大學柏克萊分校一項研究中得到證實。實驗中，心理學家讓兩位互不相識的學生開始交談，若兩位學生出身環境類似，談話就很順利展開；但若是不同的出身環境，談話就不是那麼順利。特別是出身環境較爲優勢的學生會顯得不知所措：較爲沉默，也不太有笑容，或爲了掩飾常常露出尷尬的微笑。接下來的實驗，心理學家先讓兩位受試者知道彼此間的共同交集，如此一來溝通行爲的差異就失去影響力了。[1]

措辭影響印象

《窈窕淑女》一劇告訴世人，語言資本是可以培養的。每個人都可以在措辭、論述及發音上下功夫。我們可以要求自己對談話對象展現更多的興趣，不用縮語，盡量進入雙方談話脈絡，呈現的內容要有高低起伏，電子郵件則須簡明有力，要有重點，而且不要塞一堆金句格言或成語濫竽充數。只是，也很少人會像賣花女伊萊莎那樣，一開始的措辭就令上流人士臉色發白。

一九一四年，蕭伯納的《賣花女》首演幾乎成了劇場醜聞：他在第三幕藉由伊萊莎之口，說出下面的句子：「走路！去他的！這怎麼可能，我要搭計程車。」這個句子引起軒然大波，據說有人去看這齣劇就只是爲了「去他的」這個在當時會引起驚駭的詞。

這種事在今日看起來可能只是大驚小怪，但實際上，我們還是會爲了觸犯禁忌界線的用詞或文章而激動，想想饒舌歌裡的挑釁言詞就知道了。今天跟一百年前沒什麼兩樣：形式或內容令人不快的說話風格，通常來自語言裡的「局限型語碼」，很少來自「精緻型語碼」。這兩種不同語域的區別源自英國社會語言學家巴塞爾・伯恩斯坦的研究，一九六〇年代他提出匱乏假說：中間、上層兩個階級的人對這兩種語域都很熟悉，但對社會後三分之一的下層階級而言，大多只使用簡單的日常生活用語。今日人們對這兩種語域的評價漸趨中性，並認爲各有優劣：

- 使用「精緻型語碼」，可以不帶任何價值判斷且較平衡地討論事情。精心修飾的措辭，代表修辭學上優勢，但也可能太過抽象及充滿說教意味。
- 「局限型語碼」則適合拿來作爲一種簡潔有力、有時甚至正中要害的工具。那是一種表現「天生機智」的語言，更容易令人記住，也更情緒化。但也很容易變得粗俗或錯誤百出。

藉由這兩種語域，可以表達出所有事實，而且還可以在強調深奧或直截了當中任選其一。如同維也納語言學家安娜—瑪麗亞・阿達克蒂洛斯所堅持的：「這絕對不是說上層階級的語言就更美、更豐富，或是下層階級的語言既醜陋又貧乏。」❷但我們還是無法忽視上層階級的語言聽起來就是比較高級的事實。

最好是兩者都能掌握，這對學生的在校成績尤為重要。雖然校園裡盛行「局限型語碼」，但要拿到好成績，必須措辭貼切妥當、論述清楚明瞭，而這只能使用「精緻型語碼」才能辦到。不過，同時人們也意識到，某些「局限型語碼」的元素有助於溝通。即使對那些能做複雜思考的人，簡潔有力的語言還是比較容易理解。因此就像領帶一樣，溝通規矩也不再那麼一板一眼，今日成功人士或企業更是特意減少使用精巧的修辭。不過這種自由還是有限度的，例如為了語言上流暢，人們對措辭不再那麼講究，或者不使用敬稱，但同時句法及論述仍然保持最高標準。這會給人一種印象，用字遣詞符合當代精神，但依然不致失禮。賈伯斯就是這種潮流的引導先驅，聰明的人便懂得仿效。

「我們社民黨黨員必須在語言上多下功夫，」曾任社民黨黨魁的安德蕾雅·納勒斯這麼說過：「我們在語言上犯了太多錯誤，它應該要清楚明瞭，還要更有感情，要像辦公室休息時間喝咖啡的閒聊。我們的語言常常太機械，也太冰冷了。」她認為，要使用平等的語言，就要把類似「小老百姓」這種字眼丟到垃圾桶：「這是高高在上的人對待民眾的態度。」❸

「局限型語碼」的典型特徵是字義清晰，句型簡單，附加子句很少，幾乎不用被動式，表達的意思清楚明瞭。像進程或有效這種常見卻空洞的用詞，以及如工業園區或彈性勞動市場這種經過美化的修辭，不會出現在「局限型語碼」中。不過麻煩的是，「局限型語碼」也存有不少有損說話者顏面的語言訊號，若能除去「局限型語碼」中不登大雅之堂的元素，慣習立即提升。

發音含混不清。咬字不清，對聽者來說是件很吃力的事，也會削弱內容意義而給人不經大腦思考的感覺。光是說話速度快似連珠砲，就會給人這樣的印象。

縮語。使用「精緻型語碼」的人通常認爲縮語不好聽，而且給人文化素養匱乏的印象。想要改變其實再簡單不過，只要使用原來的詞彙就好（例如不講北車、隱眼，改說台北車站、隱形眼鏡）。

指稱含糊。習慣這樣說話的人會說出類似下面的句子：「他們根本不懂。」或者：「總得有人做。」語言學家將這類表達稱爲「模糊指示」。這種含混不明的指稱讓人難以理解眞正的意思，也流露出無奈的感覺。因此，使用「精緻型語碼」的人通常會選擇講明是誰或是什麼事，就算句子主詞可以從上下文脈絡中得知也一樣。

單調及陳腐的形容詞。敘述缺乏差異，不管什麼都套上非常刺激或超級糟糕之類的形容模式。在「精緻型語碼」中則有一系列描述細微差異的說法：傑出、優秀、一致、不太成功、令人失望等等。

無所不在的粗俗用詞。像是妹子、有料、靠譜、乾啦、掰啦、屁孩等等。

寫錯或用錯成語。像是把「明日黃花」寫成「昨日黃花」，或是將「南轅北轍」當作南北奔波之意。

詳盡敘述。使用「局限型語碼」的人，敘述事情會帶更多感情，經常重複且多使用直接語句。使用「精緻型語碼」的人敘述事情則較簡潔，通常只講重點，講述個人經驗時會注意故事的起承轉合，並留意聽者是否聽得懂或是否走神。

語法錯誤。例如將「我被他打」說成「我給他打」等等。尤其在使用文法形式較嚴謹且明顯的外文時須特別留意。

有些「局限型語碼」一出口就會被人看不起，無論使用者平時說話多麼優雅。不過，並非所有屬於「局限型語碼」的元素都會遭致同樣的鄙視，文法錯誤或使用外文不正確會使人地位一落千丈，但使用像「去他的」作為加強語氣的語助詞，就連上層階級也是毫無忌諱。

擁有語言空間

德航長途航班的經濟艙座位與前排距離在七十八．七至八十一．三公分之間，最新的商務艙空間寬敞許多：座位可以變成兩公尺長的床。這兩者空間差異非常大，機票價格也是。對我們大部分的人來說，想飛上雲霄後，也只能接受事實：好幾個小時困在小到不能再小的空間裡。不過，在溝通上就不必如此虧待自己，這裡的空間不用錢，大空間的奢侈每個人都負擔得起。只是中產階級出身的人不像一直處在上層階級的人那樣習慣成自然，想到就說，也不太在意用詞。中產階級總是擔心自己顯得太過自大，因此習慣淡化自己的成就，甚至對此毫無自覺。

新開張的廚具專賣店，占地遼闊，乾淨整齊，充滿純粹主義風格。作為旗艦店，展示了各種樣式的廚具及搭配設計，一切都符合今日最新科技且品質優良。訴求非常成功，因此在詢問處預約時間，新上任的店長親自出面：「非常樂意，讓我們先小談一下，看看彼此是否看對眼。」最後談了足足三個多小時，客人離開時心想：可惜，但感覺就是不太對。

與力爭上游的人相比，身居高位的人較常在溝通時流露出身處高位的態度。就像生活中的其他事情一樣，談話時，他們會在措辭、表達、說話節奏及長度方面保留自認適合的空間，並在對方表現得過於自謙時感到大惑不解。要培養成功慣習，或者想以平等心態面對上流人士，就不能在言談中給自己設下不必要的限制。希望自己表達貼切穩當，就必須像權貴人士一樣措辭謹慎。他們的語言慣習強調能力，給予談話內容應有的意義，並與對話者建立信任關係。基本上，談話或會議，就像長程航班上的機艙一樣：

處於最佳狀態的，永遠是擁有空間的人。放棄這種優勢，就會顯得緊張可疑。

影響最明顯的就是言詞可以讓事情變大或變小，選擇的詞彙也可以提高或貶低說話者的身價。德文說一個人說話講究用詞時，代表他使用的是較典雅的語言。這種說法說明了社會地位也會反映在語言的文化教養上。布赫迪厄甚至認為語言文化是說話者社會地位最明顯的標誌之一：「放在語言的脈絡下，這個對比就是不經考慮直說出口的廣大群眾，以及用詞精挑細選的資產階級。」❹

為了解釋上層階級如何顯示他們在語言上的主導權，傳播學家亞敏．賴因斯以一個叫馬汀的虛構人物為例，不無諷刺地描述：「馬汀偏好罕見詞彙（例如『溫文爾雅』『秀異』），或者很少人使用的表達方式（例如『只有不祥的預感』『打從內心的熱情參與』）。有時為了幫自己增添一點知性的氣質，也會使用『精緻型語碼』。他無法抗拒雙關語、名言佳句、成語及隱喻的魅力，但對英文流行用語毫不欣賞。」❺

當然不會欣賞，因爲像馬汀這種人開口說話時，不會像大嘴巴一樣，有什麼講什麼。地位高的人會斟酌用詞，除了內容之外，還講究形式，一旦開口，必是經過深思熟慮，而且不急躁。適時的停頓及清楚的表達，使說出口的每一個字更顯分量。穩重的肢體語言凸顯出話語的意義，掌控全場的眼神更是吸引住聽者的目光。身居高位者不僅在意說話的內容，也在意表達方式。儘管他們盡量避免滔滔不絕的談興，因爲那代表失去控制，但他們的表達方式顯露出自信，相信自己的言語必定會受到對方的尊重與肯定。身處頂級階層的男性——女性較不那麼明顯——喜歡使用較強烈的字眼，並以加強語氣增加這些字眼的影響力，例如：「我全力支持」「出發點完全正確」「有無限多的可能性」，以及「我打從心底相信」。❻

前任美國總統在推特上的貼文，雖然誇張了點，但完全反映出所屬社會階級典型的語言行為。

居於次位的社會階層就沒有這種戲劇化的傾向，他們的表達方式較爲就事論事，層次較多，並且帶有職場智慧。尤其是中間上層階級的人，特別留意表達方式是否文雅。這一階層的女性對正確及規則的重視，甚至勝過頂級階層的男女。[7]

相較之下，階級愈往下，言詞修飾就愈不講究，說話也愈不經大腦，形式較無創意，滔滔不絕毫無停頓，常常會不自覺地提高音調，並流露出害怕惹人厭，以及忘記重要事情的恐懼，還有必須立刻接話的壓力。因急迫而無法兼顧修辭，並因此減損威望。沒時間考慮的人，自然也就無法找到適切妥當的詞彙。同樣的問題也出在肢體語言、論述和表達方式上。

這種匆忙不安的態度不可能在一夕之間改掉，但你可以訓練自己，培養出頂級聯盟成員穩重且受人重視的說話慣習：挺直身體，放慢說話速度，咬字清楚。一旦掌握竅門，每場談話都會變得更加清楚有力。只要記得給自己空間去做這件事，由此產生的自信，如同沉默的勝利：終於學會如何贏得飛機中間座位兩側扶手的使用權。

一流的溝通帶來什麼好處？

約莫在千禧年左右，無論是在談話性節目或是績效面談上，都有了新的調性。上司對著下屬咆哮，顧客拍桌子大罵店家，或者運動員以粗魯的言詞發洩失敗的沮喪，這些行爲遭人側目的機率遠遠大於從前。社交名流報導記者瑪莉·瓦爾德堡就指出，與過去相比，名人變得更有外交手腕，更友善，也更加圓滑。[8]哲學出身的暢銷作家理察·大衛·普列希特也觀察到類似的現象：「今日上談話性節目的人，最重要的是親切友善的表現，政治人物的發言絕對不會偏離事先講好的方向。」

這樣的風格也適用於日常生活中。一旦情緒失控，口不擇言，會被視爲瑕疵而非強勢。說話的人要不是落入必須如此強勢展現個人地位的地步，就是對社會容許的陳述方式無知。雖然權力意識具有最高等級的區隔價值，但語言表達必須從容鎮定。和顏悅色顯示出一個人的格調、懂得自制，以及社會地位：一個無須蠻力，只憑論述就能貫徹個人意志的社會地位。

管理顧問公司創辦人羅蘭·貝格將應具備的語言慣習寫入企業宗旨：「我們說客戶的語言，了解他們的產品、他們的挑戰，以及他們的願景。如何做到這點？我們觀察、傾聽，我們關注且尊重對方。」[9]

粗魯言行不可能消失在這個世界上，大西洋兩岸都不乏患有至尊男症候群的人，這些人總是盛氣凌人，習慣貶損溝通對象。不過無論如何：

避免破壞氣氛仍是理想言談的依歸。

一個人若能在強大的壓力下，依然憑直覺掌握公認、正確的語言慣習，將會贏得眾人的推崇。從小在家裡養成正確修辭習慣的人，較容易做到這一點。

有段時間，他比總理還受歡迎，但最後還是因為自己的失誤只能引退辭職。儘管如此，幾乎一半的德國人還是希望卡爾—狄奧多．楚．古滕貝格能重回政壇。[10] 這種持續的社會肯定，主要是因為他對語言行為的掌握：優雅、敘述清楚明瞭，以及尊重對方的態度。在貴族家庭長大，古滕貝格從小便開始鍛鍊語言能力，十二歲就代表家族在社團週年慶或員工的家庭聚會上致詞。在同齡小孩還在背誦拉丁文單字時，他已經開始學習如何在五分鐘內說服台下觀眾了。

就像其他許多資源一樣，上層階級的孩子從小在家便獲得最具社會優勢的語言慣習。相較之下，在學校才養成的語言能力就像第一外語一樣，就算學得再好，仍無法完全確定自己的表達方式是否正確。雖然在字彙量及文法上，許多中產階級的小孩跟權貴家庭的孩子同等優秀，甚至還更講究言詞，但兩者溝通模式仍然存在差異。

上層階級的修辭目的，主要是爲了凸顯區隔及社會優勢，確定社會地位後，重點就會放在個人威信及責任承擔上。況且與他們同等級的競爭者很少。相較之下，中產階級擁有的資源少太多了，不同的生活感受也造成重點不同：首先要努力晉升高位。因此，與上層階級相比，他們的溝通能力更著重在如何談判及推銷自己。從語言風格就可以看出這個差異：在競爭強烈的地方，修辭很難不受失當情緒的影響，因此有時難免流露出防衛或說教心態，或者有點過於激烈。

這個差異很小，但是卻很明顯，例如，發言被打斷會有什麼反應。無論在談話性節目或專案會議上都一樣，面對打斷者，社會地位高的發言者態度較爲平靜，可能完全忽視插話者，或者不動聲色地要對方稍等，接著專注在自己的發言上，好像什麼事都沒發生。這種態度在無形中傳遞給聽眾這樣的訊息：我不需要努力讓別人聽我說話，它就是會被聽見。重要的是：

保有發言權，意味著高人一等。

但有格調的人不會捨不得傳給下一個，只是必須是自願，而不是被迫交出。

若談話參與者覺得個人地位受到威脅，會認爲插話者不只是行爲不禮貌而已，而是對自己的人身攻擊，發言權的爭奪瞬間擴大成戰場：「請您讓我說完好嗎？之前我也沒打斷您說話。」可惜這樣的忿忿不平只會帶來反效果：禁止別人插話會損害自己的形象，特別是講到破音或兩眼發紅。眞正身居高位的人，並不需要捍衛自己的權利。

眞正具領導特質的人不會讓他人不禮貌的行爲影響自己，並且會在火爆場面中冷靜自持。這種行爲與順從他人、無法貫徹個人意志無關，而是盡力將溝通導向一個更全面、更重要，而且可達到的目標。要做到這點，最簡單的方法就是放下失去地位的恐懼，只處理重要的事。給自己時間找出答案，大方展現目標，並在給建議時，句子盡量簡短好記。

站在領導位置的人不會說：「我們或許可以……」而是：「我認爲要這麼做……因爲……」堅決、直指核心，以及最重要的：以目標爲導向。居高位者雖然沒有魔法，但深知綜觀全局是必要的事，至少要這麼做：分析情勢，接受現實狀況，並專注在可影響的事情上。抱怨、防衛和相互指責只會造成這種情況：「IT部門都這樣。」或者：「這又是誰的主意？」「誰付錢？」[11] 優秀的語言慣習表現不是這樣，而是像下面這個例子：

二〇一八年媒體夏日空窗期*，德國電視二台記者杜賈·哈亞莉因兼職而飽受批評。面對質疑，哈亞莉冷靜回應：「之後我會對自己在電視二台之外的兼職更加審慎小心。」如此一來誰還會繼續聲討？（*德國夏天由於議會休會、運動賽事停擺，因此是媒體空窗期）

展現領導力和以解決問題為導向的說話方式，並不需要是銀行人戶或公司地位高高在上的人才有辦法做到。無論在哪個階層，這種說話方式都會帶來優勢，若再加上第三個基本元素：善意，就更加勢不可擋。什麼是善意？威瑪古典主義四大家之一的約翰·戈特弗里德·赫爾德認為，善意是一種「盡我們所能，讓彼此生活更舒適」的決定。在頂級聯盟中這種想法尤為盛行，這並非因為上層人士對彼此特別無私有愛，而是他們的確比下面階層的人更傾向恭賀彼此的成功，並抱持如下的觀點看待彼此：達到一定的水準後，每個人都是特別的，都是社會上的佼佼者。一個好的領導者正是抱持這種觀點對待所有員工及相關人士，他會讓其他人盡量表現，並且不吝給予讚賞。這種態度表現於外的形式就是讚賞、社交軟體上豎大拇指的圖案、謝函、祝賀信、致詞、榮譽狀、紀念刊物，以及頒獎頌詞。

善意使稱讚者及被稱讚者更顯優雅

企業顧問多蘿西亞．亞希斯與多蘿媞．埃西特特別強調這一點：「對他人成就明確表示讚賞，能顯示個人自信，創造凝聚力，並且有助於建立個人及他人的自我意識。完全屬於情緒管理的範疇。」[12] 可惜的是，這種提升彼此的行爲只在上層階級盛行，其他地方仍然少見。而在下層階級，「不斥罵就已是讚美」的心態仍相當流行。

逢十的大生日，壽星邀請朋友一起烤肉慶生，藍牙喇叭傳出一首首派對歌曲。突然有人敲敲杯子說：「等等，現在我得勉強自己一下，」然後念出一首打油詩：「蛋糕上的蠟燭有幾根……等一下，這怎麼可能……真是不敢相信！你開玩笑吧！真的是四十根嗎？」這是好意嗎？當然。只是，親暱讚賞的用詞會更有善意：「親愛的茱莉亞，轉眼我們已認識十年了，每次與妳見面我就知道：和妳在一起的時光，總是如火箭般飛逝……」

跟著考慮什麼是可接受的

他們希望在職業成就及生活享受上取得平衡，要求扁平化的組織，而且只有優秀的上司才會得到他們的認可。這些千禧世代，也就是一九八〇年至二〇〇〇年出生的人，正在改變就業市場。從前上司僅僅因爲職位高就擁有決定權，以及出席比成就重要的日子已經過去了。新一代的人在富裕、願望成眞及充滿讚美的成長環境下培養出來的慣習，改變了那些早已落伍的狀況。如今，上司與員工之間增溫的速度比海洋還要快。琉森大學專研企業領導、組織與人事的教授彼得．凱爾斯指出這種變化：「『溫和的新一代』在職場上掀起了一陣寧靜革命，他們要求彼此合作的團隊氣氛，要求新的反饋文化，以及更有智慧與彈性的工作。」[13]

特別是在人手短缺的產業中，高學歷的職人工匠和知識工作者要求更多的自由空間。從前只有高層決策者才可能享有這樣的空間，現在，剛踏入職場的新鮮人便可自由選擇工作時間，受人讚賞，接受訓練，升職，成就一番事業。儘管如此，工作仍然不是他們的人生目標，他們與上司直呼其名，且理所當然地與高層領導階級的成員在社交軟體上打交道。看起來似乎在許多產業裡，一瞬間大家都一視同仁了。但其實並不盡然。就算在扁平化的組織裡，還是有決策者，決定框架及規則。雖然這個事實在新的工作世界裡（幾乎）可以被忽略，但是當你晉升愈高，狀況會愈明顯：

只有在溝通時會將細微地位差異考慮進去的人，才可能獲得社會群體的肯定。

這些考慮包括知道什麼時候適合什麼樣的用語，需要展現什麼樣的語言水準，以及什麼樣的話題是可以提到的。要是有人漠視這些不成文的潛規則，莽撞的行爲一開始會先受到間接的抵制。最典型的表現就是談話參與者顯露疑惑的表情，談話經常出現停頓，或者莫名地轉移焦點，少數情況下也會導致公開批評，甚至中斷談話。若希望在每種環境中都能如魚得水，就必須留意身分地位的區別，並調整自己的說話語氣。

即使身居頂端高位，也必須具備這樣的能力。當臉書執行長祖克柏被要求到美國國會聽證會發言時，他捨棄慣常帽 T 的打扮，全身黑色西裝出席。這位全球排名前五的首富以恭敬的態度回答那些對ＩＴ毫無概念的問題，並且始終以頭銜稱呼在場的政治人物。他毫不遲疑地承認錯誤：「這是我的錯，非常抱歉。我創立並經營臉書，發生這些事我必須負責。」這種態度足以放進彰顯智慧的身分地位教科書中。《華盛頓郵報》便如此評論：「祖克柏了解傳統也熟悉官方流程，知道權貴人士怎麼想。」[14]

能力與經濟實力可以使很多美夢成眞，但並非一切。我們每個人無論多成功，外在表現仍然受到周遭環境的種種限制：環境允許我們發表長篇大論嗎？或者會因此惹人嫌惡？環境允許我們不經篩選直接表達個人意見嗎？或者點到爲止就好？能跟別人分享我們成功的喜悅嗎？或者會被視爲炫耀？怎麼做才正確，必須看環境、看對象才能決定。布赫迪厄稱這種感覺是一種「對可接受度的直覺」，他確信：

能說什麼是由掌權者決定，但聰明的人會不動聲色地隨之起舞。

例如，夜半時分開車在路上，被警察攔了下來。你心知肚明不該超速十公里，攔你下來的警察也知道。或許你的社會地位比警察高，但此時他占有全世界的道理與權力，且主導問話，拒絕或駁斥是沒有意義的。懂得溝通的人在這種情況下都會保持禮貌，不會說出可能激怒對方的話。

這種調適需要情商。幾乎所有社會關係都逃不開身分差異，這種因社會地位、不同生活條件或年齡造成的社會不平等，常常可以透過不說，或是謹慎措辭的方式平衡過來。通常我們都很樂意且主動這麼做，就像每個不白目的父母都知道，不要在別人兒子必須補考時，炫耀自己兒子的高分。但在某些狀況下，這種調適並不容易，特別是當對方地位更高，而且還可能掌控你的飯碗跟升遷。不過，還好我們不是生活在十八世紀。

「請您交由信差轉達，在這個下午中的哪一個時段，我可以在不會打擾您的情況下拜訪您。」一七八七年，德國啓蒙文學的代表人物之一弗里德里希·席勒寫給長他二十六歲的克里斯多夫·馬丁·維蘭德，當時——早在席勒之前——維蘭德在威瑪文化圈中已有巨大的影響力。「我不是不尷尬，這樣設法接近一個人，這個人將會以好評與喜愛決定我未來生活的美滿，這也是我的夢想。或許，這份恐懼會讓我無法純粹享受在您身邊的樂趣，但我仍然衷心期盼，您的善意將能消除所有我對自己的疑慮。席勒」

如今，資歷與地位的差異變得細微許多，但尊重他人的行爲舉止依然重要，社會地位或職位愈高，也愈重要。力爭上游的中產階級對這種態度較爲陌生，不像上層階級那樣熟悉。禮貌當然很重要：打招呼，讓別人把話說完，不在背後說人壞話，這些都是能讓社交順利運作的事情。但在行爲舉止上，中產階級因爲對平等、一視同仁的堅持而顯得生硬或太過謙卑。例如在瑞典或加拿大，人與人之間距離沒那麼遠也運作得很好，那爲什麼還需要敬稱？誰該先介紹給誰重要嗎？稱呼有博士學位的商業夥伴「博士先生」重要嗎？談話時分神瞄一眼手機有關係嗎？的確，這些全都不是攸關生死的事，毫無疑問。

只是，上層階級的人不這麼想。在頂級聯盟裡，完美的行爲舉止代表尊敬與優雅，也是贏得他人好感的最佳方式。與中產階級的想法不同，對上層階級來說，尊崇與阿諛奉承或缺乏自信毫無關係，而且恰恰相反。

對別人表示尊敬，同時代表自己隸屬同個圈子，同樣高貴。

當然，你不一定要同意這種看法，若覺得不舒服，不是非得接受上層社會的細膩精緻行爲不可。但如果你想融入那個環境，最好加強自己「對可接受度的直覺」。最重要的規則：力爭上游過程裡適當的行爲舉止，在達到目的地後就不合適了。一旦進入企業高層、社交俱樂部或權貴世家，或者單純社會地位提高一階，務必記得：冷靜下來！提高一階，同時也代表著典範轉移，如果不想只是形式上屬於新環境，而是希望在其中贏得肯定，那麼：少即是多。

少談工作：晉升到某個階段，掌握專業細節的能力就失去它的價值。在社會金字塔的頂尖處，專業技能並無法像在其他階層那般帶來聲望。到了頂尖處，重要的是融入及綜觀全局的眼光。這兩種技能的最佳展現時機是在社交閒聊，以及交換對社會發展的看法時。

少解釋：若你曾是某個階層團體中最健談的一位，那麼當你往上晉升一階後，最好矜持一點。人在愈高處，懂得也愈多，也容易很快就會覺得無聊。最糟糕的情況，莫過於男人喋喋不休地跟女人「解釋」這個世界如何運轉。

少透露消息：菁英（不是名人）重視隱私，每個新進成員對團體間毫無保留的私下交流都是威脅。因此，請表現出你會保密且值得信賴：不八卦，不炫耀認識哪個名人，並且不要隨便將消息透露給第三者，就算這些消息看起來一點都不重要。

受邀參加在荷蘭小鎮奧斯特比克祕密舉行的畢德堡會議是一項殊榮，每年來自政界、商界、媒體、學術界及貴族等高層人士都會在這裡對時事話題交換意見。為了讓思想交流無礙，與會者須遵守已有百年歷史的查達姆守則：「談話內容可以自由引用，但發言者及參與者的身分須嚴格保密。」當你不確定該說什麼、不該說什麼時，這守則是個很不錯的參考標準。

眞正的格調：論事清楚明瞭，語調誠懇

身居高位者希望他們的地位及成就獲得讚賞。對其他身居高位者，或者特別是對企業顧問、員工及服務人員，最重要的要求就是：忠誠與謹愼。這難道是說，社會的頂端是一群唯唯諾諾的人組成的俱樂部嗎？的確有這個危險，從新聞中我們看到的確存在這種現象，而且不是從福斯柴油廢氣排放醜聞一案才開始。

勇敢說出該說的話，不是件理所當然的事。

有時缺乏表態的勇氣，有時不知該如何措辭，問題通常出在企業文化。從水平思考談管理學的彼得．克羅伊茲打破最後一絲幻想：「最容易突破瓶頸登上頂尖高位的人，是那些毫無保留接受現行秩序的體制順應者。行爲獨立自主，持有異議或敢質疑慣例的人，很快就會變成公認的萬惡之源。」[15]

因此從職業發展及社交角度來看，在棘手的情況下張嘴發聲未必能得到回報，例如在手術室裡發現主治大夫手在顫抖的年輕外科醫生、質疑機長決定的副機長、公開批評決策缺陷的機關負責人，都得冒著個人風險：被微笑帶過、無視、發怒，甚或調職。某些環境下可以說的話，卻被相關負責人嚴格禁止。每一句說出口的話，據布赫迪厄的說法，都是在必須說的話與支配場域的潛規則允許說的話之間妥協。但這不代表我們最好統統閉嘴。

「對可接受度的直覺」其實也關乎個人操守，如何捍衛信念、表達疑慮，以及指出弊端，然而，我們也必須考慮自己的立場，找出適合的表達方式。布赫迪厄稱這種較勁爲「委婉化」的過程，也就是說，人們設法爲想說出口的話找出一種能跨越等級界線的表達形式。簡單地說，就像歌舞片《歡樂滿人間》所講的：「一茶匙的糖可讓你吃下所有的藥物……」將眞相稍事修整再拿出來呈現，或許無法說明全部，但也是不錯了。

Netflix 劇集《指定倖存者》中有大量的片段，告訴觀眾高級顧問如何以極有禮貌的態度，直截了當地告訴全世界最有權勢的夫妻赤裸裸的真相。以下是劇中白宮法律顧問坎德拉．戴恩，以及曾是律師的第一夫人亞莉克絲．寇克曼之間的對話：

坎德拉：寇克曼夫人，我沒想到會看到您。

第一夫人：我以為我應該出現。

坎德拉：您絕對有權出現。〔轉向助理〕辛蒂，請帶寇克曼太太到旁觀席上。

第一夫人：喔，我想以共同律師的身分出席。

坎德拉：〔轉向助理〕辛蒂，我們裡頭見。恕我直言，夫人，我不認為這是個好主意。

第一夫人：為什麼？

坎德拉：因為這次開庭會傳喚您母親。

第一夫人：正因如此。

坎德拉：正因如此，我建議您不要這樣做，因為這牽涉到您的私人關係。

第一夫人：謝謝您為我擔憂，但也請理解我的憂心。我無法袖手旁觀，看人家怎麼對我的家人做出判決。

與高層人士打交道，除了要有骨氣之外，還要有讓人信服的溝通行爲：採取明確立場，但要考慮權力地位的落差及對方的敏感度。走在修辭的平衡木上，腦袋要非常靈活，若不是從小就習慣友善堅定的說話方式，一開始在完全沒準備的狀況下很難達到目的。但不要放棄！多練習，就會愈來愈容易說出讓人信服的話，而且還很可能影響你周遭的人。無論如何，你會造成影響並獲得地位。最重要的是，就算不是每次都能成功貫徹自己的意志（這也是意料中的事），但你再也不必因逃避而自責。以下是四個初步做法建議：

提供保障。私下討論問題，使用輕鬆的語氣，表達同理，並尊重對方的職位，譬如使用特別尊敬的稱呼方式。

明確提出疑慮。適切的表達方式是以「我」爲出發點的句子，例如：「我覺得這不是好主意。」或者：「這樣做令我很不安。」

提出建議。「在這種情況下，我想……」「我建議……」「我認爲這樣做會成功。」避免使用像「我們要不要……？」「或許我們也可以……」這樣的句子，這類表達方式有損你的身分，並且會淡化你的論述力。

最後也很重要的一點：描繪出正面結果。你的建議會帶來什麼好影響？對方會得到什麼好處？

與至尊男閒聊

他們住在一公尺高的樹籬笆牆後，坐在霸氣的SUV裡將世界隔絕於外，有一整群助理將訪客及來電保持在安全距離之外。他們會在各種活動或交流會上認識他們需要認識的人，並且被介紹給那些他想與之交談的人。無論是私人或公開場合，社會頂尖人士對誰在什麼時候能接近自己一事謹慎到幾近變態。就連那些憑藉技術在短時間內賺進大筆財富的年輕科技新貴，也與久居上流社會的世家一樣，將個人私領域隔絕於眾人眼光之外。

「讓世界更開放、更緊密連結」是臉書的宣傳標語，透過大數據分析，它也愈來愈了解用戶的私人生活。同時，祖克柏卻盡可能將自己個人及家人，遠遠隔絕於世界之外：尤其在他位於夏威夷考艾島北岸的度假豪宅，占地兩百八十公頃，擁有八百公尺長的私人海灘。

社會學家高夫曼認爲，對隔絕及隱私的追求是社會階級之間最重要的慣習差異：「不僅透過尊重他人隱私這樣的特徵使自己與眾不同，更是透過避免接觸他人的各種防範措施。階級愈高，防範程度愈是全面完善。」[16]

距離與親近在中間、上層兩個階級裡重視程度不一。無論是哪個時代、哪個地區，上流人士總是生活在寬敞的空間裡。相較之下，中產階級就很習慣在相對狹小的空間中彼此調整適應。這兩種不同的社會化過程，產生了不同類型的行爲模式，這也使得兩者之間的溝通就像貓跟狗之間一樣困難，因爲雙方都對彼此發送的訊息有所誤解。同一種行爲，例如很快就從尊稱改成親近的稱呼，這在愈下層就愈顯親切平易近人，在愈上層就愈顯冒犯，甚至是種侵犯的行爲。反之亦然。消費能力強大的遊客，認爲沃爾特湖畔高級旅館擁有通往湖濱的私人通道是件理所當然的事；但對在公共通道等著進入海濱的一般遊客來說意義完全不同：緊閉的私人通道大門表示「上面那些人」與眾不同，不要跟窮人在一起。

對距離與親近的不同態度也表現在閒聊之中。中產階級將閒聊當成敲門磚：透過閒聊可以認識陌生人，建立一個從前沒有的管道。這在上層階級也是如此，甚至有過之而無不及。只是，在這裡閒聊對話的重點在穩固既有的聯繫，而不是建立新的聯絡人。因此想透過閒聊接近權貴人士不像一般狀況那樣容易，恰恰相反：

冒失插入對話會給人留下像用鐵橇硬敲開門的印象。

那該怎麼做呢？最好的辦法就是遵從握手及稱呼轉換的禮儀規則：由地位較高者決定是否要這麼做。舉例來說，邀請至會議致詞的嘉賓聽到陌生人突然對他說：「我叫思帆．布斯曼，您的演講很棒。」未必會覺得榮幸。上層社會的慣習有另一套自我介紹及表達推崇的措辭：「您關於德法經濟關係的演講給了我許多啓發，非常謝謝您。」你會從肢體語言看出對方是否有意願繼續交談下去。

一旦進入狀況後，規則就不再那麼嚴謹了。受邀參加商業飯局或應徵面談時，能言善道不僅是被允許的行爲，甚至受到期待。對話題大膽提出自己的意見，對嶄新、陌生或意料之外的事物保持開放的態度，對突然提及的問題也有所準備，例如：「您認爲股票市場的走向會如何發展？」或者：「您覺得德國隊有機會嗎？」接下發球，勇敢表達自己的意見，但請記得：不要三句不離本行，也千萬不要說教，最遲六十秒，早一點更好，就要把球傳出去。要緊的是保持談話的輕鬆，在理想的狀況下會產生相同波長的契合。這種現象美國人稱為文化契合，造成的影響常常遠大於知識或成就。

凱洛管理學院學者蘿倫·瑞微拉觀察研究紐約各知名律師事務所、投資銀行，以及管理顧問公司的面試情況，得出以下的結論：應徵的職位愈高，應徵者就愈不會被拷問專業上的知識，決定的關鍵反而是閒聊。這樣的結果連社會學者自己都很驚訝：「在一場面試結束後，我立即與面試官進行訪談。他打曲棍球，應徵者也是。談到最後他幾乎有些語無倫次，完全無法解釋自己為何如此欣賞那位應徵者。」瑞微拉下了個結論：「面試官必定喜歡這個應徵者，並且感覺自己願意花更多時間跟他相處。而這種感覺的形成，主要是透過共同文化背景所使用的語言訊號。」[17]

高層喜歡的談話主題是家庭、文化、未來、地方事務、志工及運動。在家族王朝、音樂節、投資、慈善活動及體育賽事的世界裡，這六項主題也是社交生活的全部。一個人對這些話題發表的內容，可以看出彼此是否契合。出身背景相似的人，與至尊男聊天根本是家常便飯，但如果不是的話，最好以目標群體的表達方式、社交生活、興趣和媒體消費為依歸。因為社群歸屬是無法假造的，想做到符合身分的談話，就必須對語言模式、話題及意見上造成區隔的原因有所感覺，並找出共同點。對有教養的上流階級來說，去看音樂劇並不算什麼，就算坐在最好的位置也一樣。相形之下，成爲室內歌劇贊助會成員則會引起更多關注。投注的金錢（而且還不必再多花一歐元）馬上出現三種在上層比在其他任何地方都受重視的價值：文化、傳統及善行。

除此之外，菁英當然也會提到他們買了什麼，但並非拿來炫耀，就只是描述有這麼一件事。若一個人一個月賺到的錢，抵得上高薪者半年所得，那麼很多事就會變得理所當然。閒聊時不經意提起的事物，對大多數人來說遙不可及，但對某些人來說不過是生活日常。

某次，在公司的夏日宴會上，大家聊到澳洲，有位賓客插嘴說他害怕長途飛行，幾乎同時間主辦宴會的總經理說道：「我們會在杜拜轉機，中間停留的時間可以去貴賓室，去泳池游一圈，再去按摩一下就通體舒暢了。帶著孩子也只能這樣安排。」

巧妙掩飾財富差異且不發表任何意見，是高雅慣習的一環，不過，仍然可以調整到相似的波長：帶孩子旅行的經驗是非常好聊的話題，無論是對賺大錢，或者只是賺得還不錯的人。

用表現的，不要用講的：象徵符號的語言

德國有五千七百萬人擁有智慧手機。[18] 地位價值：平凡無奇。其中四二%擁有iPhone，在十六至二十五歲族群則占六〇%。[19] 地位價值：不如預期。一位同事午休時從不拿出她的 iPhone，至少不在同事面前，爲此她引用一項研究數據說，知識工作者在數位溝通上耗掉了八五%的時間，因此幾乎無法眞正工作。這番話令人印象深刻，說話者正訓練自己戒除手機，這件事所散放出來的訊息是：我獨立自主，我的生活完全由我掌握，眞實世界的人際關係比起網路貼文及按讚數都要重要。地位價值：極高。

千禧年後又過了二十多年，不僅商品會說清楚的語言，我們面對所有物的態度傳遞出更多訊息。隨著商品與符號的通貨膨脹，昂貴的葡萄酒、名車或名牌衣物只有在特定的條件下才可能成爲區隔特徵。因爲所有炙手可熱的商品都可以用便宜的價錢取得：伸展台上的新裝很快就出現在ZARA的衣架上；好聞的香氛蠟燭可以在 Outlet 商場買到；在廉價超市Aldi就可以買到 Thermomix 料理機，或者至少是類似的產品。

結果大家都知道了：無論上或下還是中間隨便哪一層，幾乎每個人家裡都堆滿了物品。因此在西方世界，擺脫多餘物品反而會比買下東西更能獲得聲譽，更好的是一

開始就不要買。在物資過剩的世界，整齊無雜物的書桌、極簡風格的房子，以及有計畫的消費，成爲新形式的奢侈。最受自願性極簡生活吸引的，就是那些物資過於充裕的上層階級世家。

卡爾斯魯爾理工學院歷史學研究所教授庫爾特．莫澤提出兩個理由，說明爲何捨棄消費成爲高雅慣習的特徵：「展示空無，象徵捨棄所有物，捨棄庸俗的財產累積，同時也象徵著好品味，而且與眾不同。就像在設計師、建築師等類似品味風格的圈子裡，白色房間非常流行。」[20] 也就是說，比起長篇大論，風格告訴我們什麼是重要的。

四項金球獎、八項艾美獎、三十項其他獎項——HBO影集《美麗心計》是近幾年來獲獎最多的影集之一。主要場景：美如天堂的海岸風景、直通海灘的房屋、看起來總是完美又沒有精心裝扮痕跡的直升機母親、原木天花板、廚房中島、剛出爐的香蕉瑪芬，無須任何言語，這些物品就已經交代出這齣劇描寫的是什麼樣的社會環境。

劇中每個場景也告訴我們，其實不必使用語言展現成功，每個人都可以從圍繞在我們身邊的東西，看出我們的品味、價值觀，以及社會排名。過度追求肯定只會適得其反，因爲對外表示謙虛是高雅慣習的一部分。過於明顯展示地位象徵，看起來就像在自吹自擂，會被降級成自以爲是的人物。心理學家形容成功人士的謙虛態度是一種「反信號」，並解釋它的用處：

以不炫耀來炫耀。

以下就是「反信號」的例子：當一個哈佛畢業生說她曾在波士頓就學時；當主人說口感極佳的香檳來自「我們的御用供應商阿爾布雷希特」時；或者當一家中型企業的老闆被問及是否以嚴格的紀律管理公司時回答：「是的，我努力這麼做。」如此淡化或自嘲個人成就及其象徵，釋放出來的信號是：地位與格調足以說明一切。

為躍升做準備 欣賞自己，也欣賞他人

英國上流人士可以從幾個單字中判斷說話者的社會地位：身處社會頂端的人聽不清楚時不會說「抱歉」，而是「什麼」；提到酪梨時不會稱使用縮寫「Avo」，而是全名「Avocado」。在其他國家，用詞差異並不這麼明顯，但某些用詞還是會造成特定印

象。身分地位愈高者，對言詞也會愈謹慎小心，特別是在與其他同階層的人在一起時，語氣也會顯得愈有文化。因此語言不僅僅是表達內容的工具而已，它從來都是財富、地位和權力的象徵。以下方法可以使個人語言慣習更爲精緻：

1 所謂「細膩」的語言，就是清楚、不籠統含混的表達方式，以下四點尤爲重要：第一、表達清楚精確；第二、使用明確的指稱，就算私人生活也是，例如不要說：「他們又要罷工了。」而是：「報紙編輯呼籲進行爲期兩天的警告性罷工。」第三、避免使用慣用語或俗諺，像是：「別誤會。」「抱歉喔，不過……」「你知道我在說什麼吧？」第四、不要隨便夾雜外語。重視傳統的德國上層社會對英文詞彙的抗拒多於接受，因此盡量避免夾雜。

2 不過分咬文嚼字。培養語言慣習所伴隨的風險是顯得造作不自然，因此最好從小處著手慢慢修正。此外，情緒激動時更要留意，因爲在被激怒的狀態下，容易重回舊有的說話習慣。

3 「從容是展現自信的優雅形式。」這是奧地利作家瑪麗．馮．埃布納—埃申巴赫在約兩百年前寫下的句子。直到今日，謙虛內斂的態度仍然贏過大肆渲染的張揚行動。因此，不要太急著回答問題，留點時間多想一下，斟酌用詞，以穩重平和的語氣和比平常說話更慢的速度說出。如此一來，不只有更多思考的時間，還會讓人顯得既自信又自制。對自己地位有把握的人，不會讓自己受到逼迫，也無須以莽撞的行爲成爲舞台焦點。

4 多使用讚賞、肯定、感激的詞句。多留意別人——無論什麼職位——的成就及貢獻，並詳細說明你讚賞的原因，像是：「對於……我很高興。」「我很讚嘆你竟然能做到……」「你做到……實在太厲害了。」「對於……你實在非常有天賦。」在適當的情況下大方地讚美對方，盡量慷慨。能進入頂級聯盟的人，每個人都有兩把刷子。

5 晉升至高層後，互相攻訐不是好主意，新來乍到者必須先學會這個潛規則。就像馬庫斯．索德剛當上巴伐利亞邦長時公開表示，限制十年任期不只對巴伐利亞有意義而已。這種對當時德國總理梅克爾含沙射影的說詞，使索德的支持度掉了不少百分點。即使有不少人同意這個觀點，但企業界及媒體一致認爲不該如此談論總理。[21] 上層社會心知肚明：無論怎樣衝突，共識會鞏固他們的權力。

6 可想而知，中間階層的中流砥柱最常定義自己的方式是透過績效、效率和專業知識，但在高層，重要的是形塑力、影響力，以及實現願景。這些必須透過人際溝通才可能達成。想要其他人與自己同行，就要跟他們交談，說服他們，並且到他們的位置上領他們過來。對，這很花時間，也得犧牲掉一些專業，而且的確，這也牽涉到政治角力。要在溝通上投注多少精力，取決於你的目標是要專注在內容、帶人，還是調整策略發展方向。

7 正面評價自己及個人目標，但不要過度溢美。到了某個階段，自我稱讚及誇耀就不再有用了，只會讓人懷疑這樣一個頂尖人士爲何還需要自吹自擂。當一個人提到自己的成就，語氣無異於讚美別人的貢獻時，就會顯得自信。

好萊塢女星黛安·克魯格完美地展現要如何辦到這點。以漢堡為背景的電影《烈愛天堂》首映時，她在這座漢薩自由市的貴賓簽名簿簽下自己的名字，在接受這項殊榮時她說：「我很高興漢堡將會因為這個簽名記住我，而我終其一生都會記得漢堡。」[22]

專家看法　身處頂端的人，溝通時不會帶著妒意或怨天尤人

揚．紹曼提供高層管理人員、政治人物、明星及流行歌手訓練課程。訪談中他提到權勢的語言聽起來如何、決策者喜歡聽到什麼，以及志向遠大的人不只要精通文法，還要掌握情緒。

朵莉絲．馬爾汀：挪用一下作家馬克斯．弗里施的說法：若您遇到一位穿著泳褲的人，在對他一無所知的狀況下，如何從語言判斷他是否身處頂峰？

揚．紹曼：頂峰可以有很多不同的意義。對某些人來說，當他快樂、內心平靜、墮入愛河或完全滿足，就已在頂峰。在這種情況下，他的談話說詞通常會積極正面。不過，在某些條件下，也可能得出相反的結論：一個滿口正面說詞，充滿熱情與喜悅的人，可能也正好不在頂峰狀態。

也就是說，說話正面積極的人，很可能也過得不錯？

我們先假設這位穿泳褲的上流人士有正當職業，而且是以誠實的方式晉升高位。

升到某個特定階段，他就常常要代表公司對外，而不只是經營管理而已。也就是說，他的工作需要經常與人溝通，而且大部分是與他一樣職位的高層人士。如果這位穿泳褲的先生無法順暢表達自己，就無法說服他人站在自己這一邊，也就不太可能晉升到今日的高位——無論是穿著西裝還是泳褲。

身居高位者往往要下很多指令，權勢的語言聽起來如何？

理想的狀況下，權勢並非必需，但實際上權勢永遠存在。不過，除了法律約定及訂定的框架之外，權勢應該始終包含高度的同理心。就這點來看，在溝通上要透過傾聽、學習和理解來表達，才能（在經驗與智慧的幫忙下）使用權勢來為所有人謀求利益。雖然現實大多與這個理想圖像有落差，不過這是另外一回事……

例如川普嗎？

曾為美國總統，川普至少在政治上身居頂峰。他的修辭技巧使他贏得各個階層的選民接受他的想法，並順利登上總統寶座。雖然有個闊爸爸，但川普仍是半路改換跑道才登上頂峰。正因如此，他在晉升為全世界最具權勢者的路上，並不太依賴正面的溝通行為，尤其是對他的資金贊助者，就算有些溝通失誤也無傷大雅。川普性格中高度的自戀程度，也使他不會懷疑自己的溝通方式是否有誤，因此也就不會顯露出徬徨不安的態度或示弱。

是否有特定的語言屬性會暴露出人的弱勢背景？

如果自由及自主也算優勢的話，缺乏這兩項，的確會在語言上造成影響。間接語句及謹慎的措辭，會使說話者不那麼容易受到攻擊。下層階級的人較常在表達中流露出妒意、恐懼及怨天尤人的情緒。真正處在頂峰的人，從來不會在言詞中流露出世界虧欠他們的情緒。他們也完全沒必要這麼做。

您如何評估社會地位和語言表達之間的關聯？

蕭伯納《賣花女》中的伊萊莎．杜立德因學會正確的發音方式進入上流社會。不過，地方腔調或方言並不代表說話者就一定地位卑下。簡單的句型及文法，還有不多的詞彙量，倒是更容易看出說話者的背景。

有辦法超越和成長嗎？新的語言模式聽起來常有學舌的感覺。

的確有辦法超越和成長，只要願意走出舒適圈，並且投入時間與精力。就像眾所皆知的，閱讀使我們免於單純無知。不同品質的文學消費，可以構成個人語言發展的基礎。

不過，語言還是要多使用才能熟練。就像我們學外語一樣，剛開始說話總是生硬不自然，這是常態。然而，一旦我們接受這份不完美，漸漸能靈活運用，我們也會跟著變得真實自然，而且愈來愈好。從造作呆板，變得文辭達意。

鋪路者對晉升高位很有助益，但首先必須有技巧地與決策者展開交談。

通往成功的崎嶇路上有不少岔路，到了某個階段不可能繼續獨行。這時就要設法贏得決策者的支持，幫忙掃除一些障礙。沒有人會出於同情跟我們交易，真的沒有這種人！所以問題就是：人家為何要幫我？理由通常出自興趣、好奇或平等交流而產生。我和其他「一般」人有何不同？哪一點令我突出？最好準備好這些問題的答案，不要等到人家提出才開始想。或者換個方式表達：如果在可能為我鋪路的人面前，我無法提出自己的三個具體優勢，那麼就不應該試圖與他交談。此外，當然也要對對方有所了解，無論是職業生涯或是私人生活。了解愈多，就愈容易與對方展開交談。

在這一點上，知識又變成力量了。對我個人的知識、我的長處、我的優點等等，以及對溝通對象的知識，握有這樣的知識才可能開始對話。沒有知識，就不可能交談。

當一個人從中層晉升到頂尖聯盟後，交談的主題、內容和形式是否會改變？

想為晉升做好準備，就要學著適應抵達目的地後的溝通行為。什麼是熱門話題？大家從事什麼樣的職業及私人活動？又有什麼可能成為眾所矚目的焦點？愈深入理解這些問題，就愈可能將它們內化至個人慣習中。我關心什麼？我未來的交談對象又關心什麼？以及最好避免哪些話題？在劍拔弩張的場域裡，我需要——或是應該——表達多少真實的自我？這裡談的，不是找終生好友，而是為了實現我們追求的目標……

但有時候連大人物都會犯錯，遇到這種情況該怎麼辦，是要掩飾錯誤，還是出聲糾正？

對一切唯唯諾諾並不是理想的解決方式，只會見風轉舵的人無法真正抵達頂峰。一隻老是對著人快樂地搖尾巴的小狗，不會有人會想將牠一直帶在身邊。重要的是，委婉地論述自己的立場。也建議絕對不要陷入激烈的爭論，尤其在遇到自己無法冷靜敘述的敏感話題時。優秀的溝通者會盡可能將反對意見納入，再想辦法盡可能巧妙地融合進自己的論點，消弭對立。

這聽起來像是踮著腳尖在鬱金香花叢間跳舞？

正是如此。畢竟這可是頂峰高層，若有那麼簡單，每個人早就身居高位了。

高層人士又怎麼看待保密這件事？

晉升到高位，個個都是禿鷹，而禿鷹是不會互啄對方眼睛的。秉持「己所不欲，勿施於人」的原則，保密是很自然的事。吹哨者在還來不及說「不過」前，就會被逐出圈子了。就像大家常說的：上面發生的事保留在上面就好……

揚．紹曼（Jan Schaumann）提供企業諮詢服務，包括內部和外部溝通、價值導向的談判策略，以及切合時宜的禮貌行為。他的客戶除了政治人物之外，還有國內外的知名演員及高階主管。他的座右銘是：「將心比心，希望別人怎麼待我，就怎麼對待別人。」www.janschaumann.de

Chapter

8

心理資本

你面對事物的態度

心理資本：

1. 能讓人變強的資源：例如希望、自信、樂觀以及韌性。
2. 與其相關的有意志力、情緒平和、追求進一步發展，以及在壓力狀態下也能發揮影響力。

當我們說一個人很有格調時，很少會想到金錢、裝扮，或是出身方面，主要是想表達這個人有突出的品格及風範。一個有格調的人，特點在於性格，他的態度令人印象深刻，這也使得他顯得與眾不同。患有腦瘤的女性，儘管身患絕症，仍然對許多事物感興趣，並且會爲其他人高興，這就是有格調。政治人物承認犯了大錯，並決定辭去公職，也是有格調。足球選手在隊友都放棄希望時，奮力在最後一分鐘射門成功而贏得比賽，這也是格調。在超市寧可讓插隊的人，也不願與之爭論，這也稱得上是格調。

好萊塢黃金時代的貴婦瑪琳·黛德麗混和了勇氣、自持和冷靜，並爲此下了一個絕妙的註腳：「內心深處，我是一位紳士。」

如今在二十一世紀，過有格調的生活，不再像從前那樣與階級出身息息相關。每個人都可以訓練自己的心理資本，培養樂觀心態，控制自我，並學習從容面對逆境。儘管有些決策者仍然認爲，精力充沛、無所畏懼的行爲慣習主要出自上流社會，特別是企業世家。但一般人正迎頭趕上，強大的人格特質比好成績更重要，這不只是頂尖人士知道而已。

遠大目標及充足的安全感：個人蓬勃發展的條件

二〇一八年夏天，十二歲的湯姆．戈倫駕駛兒童版單人帆船，以創紀錄的時間橫渡英吉利海峽。從英國懷特島到法國瑟堡六十海哩的距離，這位法國學生花了十四小時多的時間完成壯舉。湯姆十歲時便立下這個壯志，爲了完成夢想，足足訓練了兩年。六十海哩的路程，他父親駕駛另一艘大一點的帆船全程陪伴，但總是落後在三百公尺之外。這位十二歲的孩子獨立創下紀錄，即便暈船好幾次。「我爲他感到自豪，他很倔強，也很有企圖心，並且堅定執著。」湯姆的母親說。❶

湯姆．戈倫爲如何培養心智堅毅慣習立下最佳榜樣：在有充足安全感與強大支援的環境裡，最容易達成個人遠大的目標。其中家庭所扮演的角色，不僅是最初，也是最重要的。對於下一代，父母有多大的自由空間提供支援，是耗盡潛力，繞道而行，還是實現夢想？

直到幾十年前，為下一代展開所有的可能性，還是少數上層階級的專利。

經濟上的安全感、高水準的學校教育、對音樂和文化的深度理解、特意營造的輕鬆氣氛，以及長時間居留國外，直到一九六〇年代，這些都只有排名前五%的階層才有能力做到。當《第凡內早餐》一九六二年在德國上映時，一百人中只有六人上大學，其他九十四人選擇職業訓練，學習能賺錢的專業技術，而且在十四歲或十六歲時就已經開始賺第一筆薪水。那些想要更多的人，面對的不是肯定，而是種種阻撓。

半個世紀後，局面有了翻天覆地的變化。現在德國有二分之一的人進入大學就讀。❷而且不只是學士、碩士的頭銜，還有從小學音樂，擁有閱讀習慣、空檔年、大學交換學生經驗，住在家裡購置的小公寓，繼續享受媽媽噓寒問暖的照顧，以及延遲進入就業市場。雖然新世代中仍有一半的人覺得這很不可思議，但若補上一些附加條件也就變得很正常了。今日，女性結婚年紀大多落在三十歲，男性則是三十二歲，一九七〇年代則是二十二歲及二十四歲。這多出來的八年，還不必負擔成年人生活裡的種種責任，人們在這八年中研究學問、參加派對享受生命、第一次執行計畫。利用這段時間培養出國際視野的慣習，提高意志力、人格涵養、經驗與自信。許多人因此得以超越他們的父母，不只在數位世界裡，也在思想及行動上。

「對兒子來說，我們的格局都太小了。」一位朋友這樣講起二十二歲的兒子，語調混雜著自豪及困惑。這位朋友是工程師，住在透天厝邊間，閒暇之餘非常熱衷烤肉。

兒子正在史丹佛大學讀書，之後打算到BMW在中國的合資公司實習。

短短幾十年間，從前只對少數人獨享的奢侈，已經開放給更多的人了。不僅是上層社會，就連中產階級提供給下一代的環境，不再只是鼓勵成就表現，同時也鼓勵人格發展。如同上層社會一樣，他們的子女也能享有時間去認識世界、發展自我及創造行動。若需要車庫空間，父母一樣可以提供並鼓勵他們去做，就算父親只是電工師傅，而不是企業高層。

同時，企業裡也正處在典範轉移中。先進的雇主支持千禧世代爲自己規畫的生活方式：自我實現、穩定的生活、彈性的工作時間、扁平化的組織結構、去中心化的工作模式、有利於家庭生活的福利、對個人優點的欣賞、足夠的自主時間，以及一份好薪水。在這樣的環境下，中產階級的慣習愈來愈接近上層階級（但收入並沒有）。漸漸的，中產階級遠離菁英口中的工作狂標籤，這的確值得讚賞。[3] 今日，上層社會面臨的問題是：

注重全人發展、完整圓滿的教育最重要的資源：時間。

上層社會對新中產階級後來居上的趨勢，感覺非常複雜。一方面，他們的企業明顯需要大量的知識及創造力，這些資源不可能只靠少數菁英，需要普羅大眾來提供。另一方面，從前某些只是形式的東西，現在對自己的兒女突然變得非常重要，那就是能繼續維持階級優勢的求學生涯。因此，身處社會上半層的族群紛紛將孩子送進私人學校、雙語教育或音樂重點中學，或是教會學校。加碼將孩子送入英國寄宿學校及國外頂尖大學的人也愈來愈多，那裡學費以五位數（歐元）起跳。這不僅確保個人化的培育教養，也爲他們的下一代及早保住與眾不同的優勢。

經濟菁英想法當然非常現實：對孩子的期望，父母若不出手幫忙，要實現絕對不是理所當然的事。尤其是剛進入經濟菁英圈的第一代，擔心孩子可能又會失去這樣的身分地位。有句話說：「第一代累積財富，第二代管理財富，第三代研讀藝術史。」聽起來彷彿是諷刺諧星奧利佛·維克在《今日秀》節目上會說的話，實際上出自德國第一任首相俾斯麥。就連十九世紀崛起的新富，也擔心社會地位不保，下一代可能又會失去。

他的十七歲生日禮物是保時捷敞篷車。學校放假時，他在維也納的薩赫酒店、馬德拉的里德宮酒店，或者馬爾地夫的四季度假村度過。高爾夫俱樂部錦標賽上，他從地方行政首長手中接過冠軍獎盃。自十四歲起，他就開始在爸爸的公司觀摩。公司在歐洲各國首都設有辦公室，每次觀摩地點都不一樣，也總是在地區負責人身邊。「這樣學得最快。在學校學不了什麼。」他決定中斷文理高中的學業，認為太不實際了，了解線性代數或光合作用又能做什麼？不久後他就會從實科中學畢業，他父母也沒有高中畢業會考文憑，還不是比大部分的大學畢業生還要有成就。他的職業目標是：進入公司，那當然了。一開始可能從廣告部門開始，至於技術部門他不是那麼有興趣，「這交給 IT 工程師就行了」。

許多上層社會的父母可以把世界端到孩子眼前，但是，當子女太把父母的成功當作榜樣又該怎麼辦？或者，如果孩子自己沒有能力，或是沒有動機去證明自己又該怎麼辦？同時，他們又無法想像一個處於下風的生活，一個低於菁英階層的生活，就像刮花了的 iPhone 螢幕一樣令人難以忍受。比起中產階級的孩子——就不必提下層社會了——這些孩子從他們地位崇高的父母得到許多禮物。然而，要保持地位的領先，除了家族名望之外，還必須發展出獨立成熟的人格及個人的目標才行。因此，必須接受與中產階級孩子不同的教育過程。對中產階級孩子來說，教育的挑戰在於需超越傳統力爭上游的慣習，能自信從容地在更高的層級中活動。

但對繼承家產的孩子而言，他們的挑戰是發展自己的目標，並在與眾不同的慣習薰陶下仍能腳踏實地。

這種如布赫迪厄形容的「好家庭出身、有文化素養的兒子的業餘嗜好」，在今日數位化且全球化的世界裡已不再那麼具有優勢。有鑑於中產階級社會環境文化的崛起，繼承家產者比起從前有更大的責任，必須以自身的能力及才智，使習以爲常的上流生活風格臻於完美，否則便會出現紈褲子弟症候群的風險：不費吹灰之力繼承而來的上流氣派被視作空心蘿蔔，出身上流社會與被寵壞畫上等號，變成不勞而獲的代表性人物。

成功的信念：堅定不移地相信自己

「當然，工作非常艱鉅，但我不知道誰能做得比我更好。」這句話出自約翰·甘迺迪，一位出生就躺在成功的搖籃裡，在他之前與之後都鮮有人能與之相比。甘迺迪家庭在當時有如美國皇室，早在他當選第三十五屆美國總統之前，就已經深信：身爲甘迺迪家族的一員，就不可能是第二名。

如何評價甘迺迪的這份信念？不同的社會地位會出現不同的反應。對那些從小便被耳提面命要守本分、不可誇張的人，甘迺迪的豪情壯志無疑是令人作嘔的乖謬之言。但對那些傳統世家出身的人而言，甘迺迪權力欲望的展現就沒那麼荒誕狂妄。他敢這麼宣稱，也不過只是依循家人的榜樣，以及家族對他的期望而已：高瞻遠矚、永遠領先並承擔責任。這當然不是在什麼小事上，而是眞正的大事業。對那些生活條件並不充裕的人來說，將這種想法化成文字說出口是狂妄的表現。但如果一個人從小就在遠大志向的話語中成長，一切就像使用刀叉一樣習慣成自然。在所有欲望都能滿足的環境下，自然從小就會產生自己也是頂尖人士的確信。

充足的安全感是非常寶貴的心理資本，有利於實現個人的遠大志向。不過這當然不是保證，對成功的信心，若不是以個人能力爲基礎，那就只是自以爲是而已。

二〇一八年夏天世界盃足球賽，德國代表隊提早出局就是最好的例子。過去代表隊的成功帶給球隊錯誤的安全感，三場比賽後，自以為是佼佼者的牛皮就被戳破了。精於針貶時事的《西塞羅》雜誌這麼評論：「腦滿腸肥繼續腦滿腸肥，沒人覺得緊張，整個團隊完全失去方向。」[4]

自認爲天選之人的感覺，最後可能是砸自己腳的那塊石頭。但如果對成功未抱持足夠的信心，也是不行的，因爲成功的驅動力、勇氣，以及自負，都必須奠基在相信自己上。這種堅信一定會成功的想法從何而來，組織心理學家研究結果顯示，最重要的就是感覺：無論發生什麼事，一切都會變好；要是跌了個狗吃屎，雖然很丟臉，但其實也沒那麼嚴重。這種天不怕地不怕的心態，上層社會明顯比中產階級多太多了，中產階級又比下層階級多出許多。因此，一個人是否具備冒險犯難的精神，與其說是性格之故，不如說是擁有資源的多寡。

擁有愈多的人，可以輸掉的籌碼就愈多；
擁有不多的人，只能如履薄冰，小心翼翼。

這很合理，只要稍微想像一下：沒戴頭盔，沒有安全鉤環，要通過高山索道幾乎是不可能的任務。一個人若是避開險路，選擇較簡單的道路通過，並不是因爲天生膽小，而是審時度勢後的理智選擇結果。但如果全身攀岩裝備齊全，面對這樣的挑戰自然較能輕鬆以對。

所以，勇氣取決於擁有資源的多寡。這個認知開啓了行動空間：如果你對某件事深信不疑，但因安全感不足而裹足不前時，可以先確認一下，你能投注多少私人、物質和社交資源去做這件事，利用一切可動員的力量去建立安全網。這些準備工作需要投入創造力及毅力，回報則是你可能會突然發現，之前看似無解之事出現了新的可能。

貝爾塔．賓士一八四九年出生時，父親在家庭《聖經》上記下一句話：「又是個女孩。」雖然貝爾塔對機械技術充滿興趣，但在當時根本不可能去讀大學。彷彿命運對她的補償，一八七二年，她與卡爾．賓士成婚，一位身無分文，卻有宏大計畫的工程師：他要打造出一輛不用馬來拉的車。新婚妻子帶來的嫁妝使這一切變得可能。十多年後，他們終於可以為機動車申請專利，只可惜沒人有興趣。貝爾塔決定獨自開車跨過邊界，「不管是燃料不足、閥門堵塞，還是電線磨損，旅途中遇到的所有問題，她都能找到解決方法，無論是用吊襪帶還是帽針……」貝爾塔冒險犯難的精神獲得回報：在多年的冷嘲熱諷後，隨之而來的是財富、讚嘆，以及一個成功的品牌。❺

有勇氣去做某件事，同時也代表著對自己有信心。若從小身邊就有許多獨立行事的成功人士，也會比較容易有勇氣。如果父母原本就經常接受艱鉅任務、管理眾人、啓動專案、做出決策、說服銀行貸款等等，也會增強個人信念，認爲自己以後也能一樣成就大事。畢竟日常生活中就常見到同樣的事，知道如何能夠成功。同樣理所當然的，還有尋找解決方法，以 B 計畫應付無法預知的意外，選擇那些看起來比較適合自己、而不是依賴特權的目標奮鬥，並且能清楚表達自己對職涯發展的想法。

高成就的雙親，孩子更能夠做到這些事。與中產階級環境不同，這些孩子一開始就著眼在更好的學校及菁英大學，追求最高的收入及成爲各行業中的佼佼者。他們不當演員，而是藝術總監；不繼承肉鋪，而是工匠協會會長；不是律師，而是政府高階文官。甘迺迪也是同樣的想法：不當冷板凳議員，而是美利堅合眾國的總統。是什麼讓上流社會的孩子能有這樣的信念？很簡單，任何出生在高成就家庭的孩子，從小就對達到頂尖目標充滿信心。

還有，人資長也不會覺得富裕家庭長大的孩子野心太大。恰恰相反，若應徵者談及職業上更高的目標時，面試官會認爲這是積極的表現。能清楚表達自己的能力與目標，就包含在導向成功的慣習裡。這種能力並不是在最後的晉升階段才需要，在每個階段表達出個人關注焦點及企圖也會帶來好印象，例如：「我的目標是接觸愈來愈廣泛的任務，無論是業務或市場行銷上各個不同的職位，我都希望能有所涉獵。」會引起不滿或疑慮的，不是講出個人遠大的目標，而是在言詞中流露出對自己是否能勝任新任務的遲疑。

資訊工程學系教授蘇珊．艾格斯成長於一九五〇年代，那是一個「看得到小女孩，但聽不到她聲音」的年代。二〇一八年，艾格斯獲頒計算機結構領域大獎，成為首位拿到這項殊榮的女性學者。在獲獎感言中，她提起個人職業生涯中的第一個里程碑：就讀柏克萊大學期間，她和幾位同學獲准與ＩＢＭ研究員，也是圖靈獎得主約翰．科克共進午餐。席間，科克想知道同學們正在研究什麼題目，第一位學生小聲地回答：「我在研發電腦作業系統。」第二個同學出聲附和：「我也是。」艾格斯採取完全不同的方式回答：「我說了類似『我正在解決這個問題，我用的方法是……跟別人方法不一樣的地方是……』的話。」科克對她的回答印象深刻，因此長年從ＩＢＭ提供獎學金及研究經費資助艾格斯的研究。❻

貴族義務：大方地表現

上層階級說自己不需要讚美，畢竟在上流圈子裡，無可挑剔的品味、精心設計的請柬，或是傑出的表現都是理所當然的事。按照這個邏輯，只有那些不懂如何與頂級聯盟圓滑交際的人，才會稱讚別人的成功。❼

這意思難道是說，在晉升路上最好都不要出聲讚美別人？在參加生意夥伴邀請觀賞歌舞劇及品酒會後，難道也不能發送感謝函？在社交俱樂部跟一位財產明顯高自己一位數的講者，恭喜他演講成功，也是不恰當的行為嗎？若事情眞是如此，那就很可悲了。就像衣索比亞王子阿斯法—沃森．亞瑟瑞特的暢銷書《教養》一書所稱，視稱讚爲魯莽、不高尚，只會扼殺坦率直爽的感情。

儘管如此，讚美還是隱藏了一個陷阱：出聲讚美的人，會使自己和對方站在同一等級上。因此，假設一個圍著人造纖維圍巾的人，稱讚朋友的喀什米爾羊絨圍巾很漂亮，這位朋友明顯比他有錢許多，這樣的稱讚乍聽之下的確有些奇怪。但是，社會地位及經濟能力的落差，並不妨礙我們表達欣賞與讚美。對人際關係之微妙甚有見解的王爾德，對於這個問題也提出了不錯的指南：「讚美有如香水，可以芳香四溢，但不能過分嗆鼻。」表達欣賞，需要懂得拿捏的敏感度，除此之外，最重要的原則是：

無論你身處哪個社會階級，都不可以小氣！

大方的態度不會沒有效果。當一個人的努力、成就、決定，甚至是品味及地位象徵引起共鳴時，每個人，眞的是每個人，都會非常高興。有人辦了一場成功的派對，開了一瓶好酒，贏得萬眾矚目的獎項，或者助人一把，都是值得誇讚的。就算這些人擁有一切奢華之物，也早已不必再證明自己的成就，仍然值得別人的尊重與欽佩。

稱讚他人的偉大，特別是對方過得比我們更好時，有助於改善我們的自我中心意識。當然，誰都希望自己是最成功、最受歡迎或最有創造力的人之類的，但高尙的人格卻要求我們爲其他人做到我們未能做到的事情喝采。

善妒的人會用其他方式解決這個兩難，他們會試圖說服自己：那點成就就算送給自己都不要；幹嘛那麼辛苦工作；柴油ＳＵＶ只會造成汙染；榮譽獎又沒錢，一點都不實用……打住！這種說法及想法，只會讓自己變成小氣鬼。就算自己過得不如他人，擁有豐富的選擇還是會使人變得高貴，「大方就是給予超出你所能的東西，而自尊則是索取少於你所需的東西。」黎巴嫩裔美國畫家暨詩人紀伯倫這麼說。

網路平台 Karrierebibel.de 上有個感人的小故事：在冰淇淋還是幾分錢的時代，一個小男孩走進一家冰店問：「冰淇淋一球多少錢？」「二十五分錢！」女服務員回答。男孩從口袋掏出硬幣，數了數，又問：「雪酪一球多少錢？」「二十分錢！你到底想要什麼？」男孩又數了一遍，點了雪酪。冰及帳單送上來，男孩吃完冰，在桌上留下他所有的零錢便離開了。稍後當女服務員過來清理桌子，看到帳單及硬幣後，倒吸了一口氣：桌上放了二十五分錢。男孩為了能給服務員一些小費，放棄冰淇淋改點雪酪。

大方的慣習每個人都負擔得起。因爲大方有各種不同的面貌：將信心、時間及注意力投注在別人身上，是一種大方；將麵包籃先傳給他人取用，最後才輪到自己，是一種大方；不堅持行使自己的權利，是一種大方；忽略他人犯下的微小錯誤，當作從未發生，是一種大方；就算有機會也不揩他人的油圖利自己，是一種大方；原諒自己的愚蠢行爲，是一種大方；考慮大局勝於追究細節，也是一種大方。雖然聽起來頗爲矛盾，但大方確實是從小事開始。

法蘭克福高級餐廳商務餐敘上，兩位德國人和一位美國人高談闊論關於高爾夫球的種種知識細節：最棒的球場、嘆為觀止的推桿進洞、最近的錦標賽等等。其中一位主人今年的差點數值已有二十·八，另一位則是令人眼紅的十七·一。問及美國客人的成績時，他回道：「哦，我只是個柏忌球手。」翻成白話文就是，他一般的差點數值大約在十八上下，跟另外兩人一樣不分好壞，只是換了個說法而已。

兩位德國經理報出他們的成績精確至小數點後一位，美國客人的答案含糊且隨便許多，就算他也只是習慣這麼說，還是顯得更有自信。沒錯，使用約定俗成的話語，加上禮貌的行爲，便可以完美僞裝出大方的態度。當然，這種能自抬身分的態度最好不只是表面行爲而已。大方是從不虞匱乏及過剩中產生的精神力量，也是必須每天培養的的習慣。將小氣的感受轉化成大方的態度，慢慢就會培養出一種以「貴族義務」爲典範的慣習——社會地位崇高者須具備的義務，一種超越庸俗利益追求的行爲準則。

總是能找到出路：成長心態下的動態自我認知

提到歌劇、智慧家電、現代藝術或純素美食時，總會有人說自己不知道這些東西要幹嘛，或者：誰需要這種東西呢？說者似乎覺得自己被冒犯了，其他人只能趕緊換話題或乾脆無視。當然，不喜歡柴可夫斯基，不認識塞．湯伯利，或不覺得二十五年的泰斯卡威士忌有何意義，一點問題都沒有。畢竟每個人的成長環境和受到的影響都不一樣，每個人出生後耳濡目染的慣習也不同。

儘管要包容其他意見及生活方式，但我們深深知道，不是每種慣習的價值都一樣，也不是每種慣習都是晉升高位的理想先決條件。但我們可以改變！因爲：

沒有不能改變的慣習。

除非有人堅持固守舊習，無法想像世界上還有其他不同的可能性。美國心理學教授卡蘿．杜維克稱這種靜態的自我認知爲「定型心態」。習慣這種心態的人，思考會像一個堅信自己這一輩子都學不會數學的孩子一樣。他們相信人的能力是與生俱來的，而且一生都不會改變。不管今天做了什麼，明天還是跟今天完全相同的一個人：擁有語言天賦，天生笨手笨腳，認爲聖誕節一定要吃火鍋，覺得到科西嘉島度假最棒。這種保守心態出現在各個階層，從上層到下層都有人這樣想。

靜態的自我認知有其優點。根據演化心理學家金澤智的研究，堅持固守舊習的人的人，相較於敢於嘗試不同人生道路的人，雖然平均智商較低，但他們對生活比較滿意，比較照顧家庭和朋友，也比較有錢。因此，堅持舊有慣習也是有它的道理。或者，就像維也納記者埃里希．科西納說的，不須每個人都是長襪皮皮，湯米和安妮卡也一樣重要。有足夠的安妮卡維持一般日常生活的運行，長襪皮皮才可能存在。[8]

在最高尚的圈子裡也是有人抱持靜態的自我認知，因為傳統與習俗是維護既得利益的安全途徑。但如果想掙脫原來環境，晉升頂峰，動態的自我認知可以提供比較多助力，也比較「現代」。維護傳統的人愈來愈少，特別是年輕一輩，強調學習、自我改善、改變，以及超越界線。他們的自我認知建立在強大的信心上：「我」可以愈來愈好。

今日我們所經歷的、閱讀的、聽到的，以及為自己所做的，會影響明天的我們。

所有長期圍繞在我們身邊的人事物，都會影響我們的本性。每一場有趣的會面、每一趟旅行、每一集podcast，甚至每跨出一步，都會計入我們的文化、社會、知識或身體資本上。雖然每一個單一經驗影響並不大，尤其慣習具有強大的慣性，羅馬也不是一天造成的，但長遠來看，一點一點慢慢累積，也會形成可觀的局面。

- 如果每次職場活動，你都會試著與還不認識或還不熟悉的人接觸，那麼你的職場人脈將會明顯擴大。
- 如果每天都使用像「多鄰國」的外語學習App記住六個單字，一年後，你的基本字彙量將大為增加。
- 如果每天少花三歐元，一年就少支出一千歐元，十年就省下一萬歐元，這還不包括投資利潤。
- 如果每個週末花時間在Google Arts & Culture瀏覽博物館館藏，那麼你不只是熟悉藝術經典，還能一步一步培養出藝術鑑賞力。
- 如果每次進出門都記得要抬頭挺胸，久而久之，這個動作就會變成習慣，你的姿態也會變得高挺自信。

沒有百分之百的靜態自我認知，也沒有絕對的動態自我認知，每個人的自我認知都是混雜兩者而成。但如果想要改變舊習，動態的視角會幫助我們加快達成目標。因爲「成長心態」就像一道虛掩著的門：雖然還是得穿過這道門才能出去，但我們知道隨時能推開這道門，跨步走向門外的世界。

如果沒有堅強的意志力，《哈利波特》系列就不可能存在。在寫第一集時，作者J．K．羅琳失去母親，跌進一段倉促的婚姻關係，解脫時已是領失業救濟金的單親媽媽。不管怎樣，她還是完成前三章，寄給十二家出版社，卻只收到拒絕信：太多形容詞、題材過時、賣不出去……最後布魯姆斯伯里出版社終於接受書稿出版，但仍然暗示羅琳還是得去找份正經的工作，光寫童書賺不了什麼錢。羅琳無視這個建議，她繼續寫，打造出各個角色和獨立的寫作風格，成為有史以來首位寫書賺進數十億的作家。如今她以筆名羅勃．蓋布瑞斯繼續創作下一套系列小說。

擁有成長心態的人相信，成功是靠決心和努力，這種人生觀促進了成長及發展的可能。相較起來，定型心態限制較多，它將我們束縛在所處的位置上動彈不得。但一個人若已功成名就，達到人生目標後，因循就變得有意義了。坐擁勝利之果不再改變，或者最多一小步一小步慢慢來，感覺舒服多了，而且就算並非總是、但通常也能維持現狀。然而，如果想要更多，成長心態就是最重要的條件，擁有它，才可能達到頂峰。而且，不少傑出人士就算爬到成功的頂峰，仍然繼續保持成長心態的慣習。

「完美是個不斷變化的目標。人會變老，也會重新定義完美。當人變聰明時，也會找到新的定義。最後，等到人不再那麼有力氣，我想，看待『完美』的角度又會不一樣。到時如果還能做些運動就已經很完美了。」拿過多次一級方程式賽車冠軍的路易斯．漢米爾頓這麼說。[9]

自我控制：爲何言行得體不會過時

二〇一八年夏天，德國福斯柴油廢氣排放醜聞的主要涉嫌人已收押禁見；排名前〇．〇〇一％的富豪少繳了三〇％的稅給國家；川普在白宮打破道德底線；矽谷爆發在傳奇企業家如貝佐斯下工作遭受監視、精神崩潰、極具殺傷力的辱罵，以及社會達爾文式的淘汰制度；[10]紐約一位前好萊塢大亨被控強暴正接受司法審判。[11]

與此同時，安永聯合會計師事務所發表了一篇關於企業日常所有違反道德良知的不執行為的研究：二三%的德國經理人承認，為了職業生涯發展有可能做出不道德的行為。相較之下，西歐其他國家平均只有一四%的經理人會這麼做。特別耐人尋味的是，若有利於個人升遷或加薪，一〇%的德國經理人會給上司錯誤訊息。就這一點來看，德國在歐洲三十個國家的貪汙程度僅落後土耳其，高居第二。[12]

我們當然可以猜測，比起其他國家的高階經理人，德國高階經理人可能對實際商業行為的黑暗面更為坦白。不過，比較有可能的是，在單一個人身上找到的證明，同時也適用於整個國家。

當一個人被成功沖昏頭時，就很容易當自己是老大。

加州大學心理學教授保羅．皮夫在名為《財富讓人變得更壞？》的TED演講上，提到他測試一百五十二位汽車駕駛遇到斑馬線的反應，證實了一般刻板印象：所有一般小型車駕駛都會停車，毫無例外；豪華汽車的駕駛則不僅較不禮讓行人，而且在十字路口搶先行權的頻率是前者的四倍。[13] 造成違規行為的原因很複雜，其中之一是上層社會的權利意識特別發達，堅定朝向目標直行的心理根深蒂固，對制裁的恐懼感也較低。錢與好律師可以解決許多事，而且一個成就非凡的人不像中產階級那樣在乎別人對他怎麼想。因此，隨著財富增加，也愈傾向不那麼在乎規則及規範。

當然了，菁英不會這樣看待自己，沒有哪個高層不把「眞實」或「同理」掛在嘴邊，沒有哪個社交俱樂部不特別強調社會參與，沒有哪所大學的簡介不提到對社會及學術的責任，沒有哪次股東大會不提到透明、値得信賴，以及共同福祉等等字眼。

這些偉大字眼頗受客戶、員工和利害關係人的青睞。尤其是在中上階層，更是特別以正念、改變世界、公平貿易、性別平等及包容作爲自我定義。他們欣賞自稱遵守商業道德且誠實的企業，但若只是嘴巴說說，或是大張旗鼓地獨斷專行，也會掀起熱議。就像二〇一八年夏天泰國發生孩童困在睡美人洞事件，伊隆．馬斯克派出迷你潛水艇前去搭救，在社群媒體引起一陣撻伐：這位特斯拉的創辦者顯然利用這次事件來宣傳自家產品。只有實現人道關懷精神，才是恰如其分的得體行爲。

德國工具機械、雷射技術及軟體公司創浦集團執行長妮可拉．萊賓格—卡穆勒被視為新一代模範企業家。從小她就被教導，領導能力首先是態度問題，今日她正是依循這樣的價值觀來經營家族企業。在雷曼兄弟破產引發金融危機波及至機械製造業時，所有員工不得不縮減工時，家族從股權資本中再增加七千五百萬歐元，並且宣布取消孩子們的家庭度假，「這是種宣示行為，主要想表明我們全家與公司共進退。」[14]

企圖心需要帶點侵略性，這點是無庸置疑的。企圖心與堅定不移並不等於自我中心、自戀或種種病態行爲。維持禮貌及善意一樣可能成功，至於具體做法，德國管理顧問專家萊納德．史布萊格爾在研究企業的得體行爲時說過：「要清楚自己的角色，控制情緒，並約束激情。這需要距離，跟自己保持距離，對自己的情緒、反應及怒氣都要保持距離。」[15]

因為重要的不是只有結果而已。

特別是如果還想擁有「優雅慣習」的話。行事得體且有態度的人會質疑自己的行爲，有時也會遵循別人的規則，並接受不是只有一種正確解決方法的事實。換句話說，他會放下自我。這種慣習不是透過交談或引人注意的行動就可以養成，必須從日常生活的實踐與小處開始培養。傾聽別人說話，再麻煩也要；表達批評時不忘爲對方保留顏面，就算其實想大聲斥罵也一樣；公平支付打工接案者的報酬，儘管不這麼做利潤更高。

的確，除了成功之外，還要兼顧成功的環境代價並不是件容易的事。不過，這也不是充滿浪漫情懷的社會工作，將企圖心、道德及利害思考理性地結合起來，仍能在商業行爲獲得回報。

《哈佛商業評論》每年都有全球企業家排名，二〇一七年西班牙人帕布羅．伊斯拉被選為全球最有領導力的企業家。自二〇〇五年起，伊斯拉便是時裝品牌ZARA及Massimo Dutti的母公司Inditex執行長。他上任後，這家企業也成了全西班牙價值最高的企業。他管理企業的風格是安靜與合作精神，避免成為注目焦點，也拒絕自我中心的表現，各地分店店長都是從企業內部提拔，「這使得我們企業變得更團結，因為它不是單獨一個人，而是我們大家的。身為企業，我們盡量低調、謙遜，當然我們也很有野心，不過是以一種謙遜方式表達出來的野心。」[16]

將壓力化爲創造力：學習接受失敗，重整待發

在阿爾高阿爾卑斯山區，登山小道蜿蜒狹窄又很滑，一位父親帶著兩個孩子輕快地走過，三人裝備齊全，突然間小女兒滑了一下，幸好抵住一根細細樹幹，再下去坡

度相當陡峭。雖然沒有即時危險，小女孩還是不禁打了個哆嗦。「沒關係，一切都好嗎？」爸爸問。小女孩點點頭，爸爸伸手過去，「妳反應很快、很好！莉莉。再往前走十五分鐘，我們就到山屋了。」很快的，三個人的身影就消失在彎路之後。

或許你會覺得爸爸的反應很冷酷，他也可以立即停下來休息，拍拍小女孩，安慰她，拿出乾糧等等整套程序……但他沒有，只是繼續往前走，像是什麼事都沒發生。實際上也是什麼事都沒發生。小女孩從爸爸的反應中學到，滑倒不是摔斷腿，無須大驚小怪，走到山屋後可能也就忘記這段小小的驚嚇了。父親表現出來的冷靜會塑造小女孩的慣習，也影響女孩在遇到下一場或大或小的危機時會如何表現。

站起來，深呼吸，繼續往前走，這種堅強的態度無論在英國上流社會、美國東岸權貴，還是普魯士貴族，都一直屬於菁英教育的一環。在菁英寄宿學校的莊園大屋裡，新生代的教育不局限在專業知識上，堅毅的性格也同樣重要：運動家精神、自律，以及韌性。風吹雨打也要去運動、嚴格的原則、簡單的食物，加上學習古希臘語及拉丁文的不合理要求，在在教導未來的菁英要振作，在逆境中也要堅持下去。在嚴格教育下形塑出來的慣習，有著堅強的抵抗力，就算失去財產、家園和公司時，仍能保有抵抗的韌性。

《時代週報》前主編瑪麗昂・登霍夫伯爵夫人在她的自傳《東普魯士的回憶》中寫道：「接下來三年，直到拿到高中畢業會考文憑我都待在波茨坦……寄住在朋友家中，然後上一所男子中學，我是班上唯一的女生。我很早就認識生命中的無常，被迫適應各種情況。」[17] 一九四五年一月，她趕在紅軍到來之前離開東普魯士的家族莊園，一路西逃直至西伐利亞，足足超過一千公里遠。

艱苦的歲月、失去所有、傷害與打擊、縮衣節食的生活及緊張的環境，處在壓力下，我們需要另一種技能才能讓生活隨自己的意志展開，例如：熬過嚴厲的批評、承認錯誤，以及平靜接受願望不會成眞的事實。

能否做到這點，基因也有影響。其中之一是5－HTT基因，它負責調節運輸至大腦的幸福荷爾蒙血清素，有長短兩種不同的結構。擁有長結構的人，有較多的荷爾蒙幫助他們抵抗壓力。不過，就算天生神經就比較脆弱的人，還是可以增強心理的穩定狀態。因爲：

韌性可以練習。每次面對困難，都是寶貴的學習經歷。

堵在長得不見頭尾的車陣裡、比賽時突然陷入低潮、連收十二封拒絕信函，或是收到令人不安的診斷書，逆境教導我們冷靜以對，不要大發雷霆，接受無法避免之事，在困境中找到最好的出路，接受幫忙，並且找尋解決或替代方案。

德國前總理赫爾穆特．施密特曾說過：「危難時才能看出一個人的品格。」一位富有的企業家說的更直接：「在賺大錢時辦派對每個人都會，但在出問題時保持冷靜並且說：『來吧，雖然糟的要死，但我們先去吃一頓，再好好聊一聊。』就更了不起了。要每次都能做到這點，還是需要強迫自己才行。」[18]

心理學家安德烈亞斯．烏奇認為，經歷失敗後的行動導向是成功人士的重要共同點之一。一般人在受到打擊後容易鑽牛角尖，甚至自怨自艾，高行動導向的人會較快從這種狀態解脫出來，朝著新目標前進。[19] 這樣的心理能力並非與生俱來，那些在危難時仍能保持冷靜理智的少數人，是因為他們知道：「若計畫A失敗，不用驚慌，A後面還有二十五個字母。」一個人能夠在困難的環境中比他人更穩重地處理事情，那是因為他有系統地訓練自己的韌性，就像鍛鍊小腹、大腿及臀部那樣。

二〇一五年，時任臉書營運長雪柔．桑德伯格的丈夫猝死於健身房。一年後，她送給加州大學柏克萊分校畢業生的畢業贈言：「你們不是出生就配備著一定數量的韌性。你們可以像鍛鍊肌肉一樣磨練自己的韌性，並在需要時使用它。在這個過程，你會發現真正的自己，然後或許會成為更好的自己。」[20]

最好從小就開始學習如何克服困難。特別是敏感的小孩，讓他們親身體驗，並自己想辦法解決問題是最好的教育方式，就算過程可能與朋友關係不那麼和諧，書包裡老是少帶東西也一樣。面對拒絕或錯誤並不好受，但會使人變得堅強與（身處危機的）自信，只要學會即使身心已達極限或搞砸事情後，仍懂得如何自助。這種經驗的學習，不需要呵護備至，以及無所不知、無所不能的直升機父母，而是能以輕鬆沉著的態度陪伴，並身體力行讓孩子知道：忍受勞累、挫折與不適，以及在困境中找到最好的出路是堅強人格特質中的一環。無法面對及消解困難，就很難去承擔計畫內的風險。無法承擔風險，就無法成大事。或者就像加拿大冰上曲棍球傳奇人物韋恩．格雷茨基所說的：

「不射門，你百分之百進不了球。」

耐人尋味的是，身處最高層及最底層的人往往具有最大的韌性。對出生於頂層的人來說，要在一個極爲成功的權貴家庭裡找到並站穩自己的位置，在情緒壓力上必須要能扛得住；而出生於最底層的人只能靠堅強的意志力才不至於被環境淹沒。處於中間階層的人對這種苛刻的生存條件較爲陌生，既不必費力保住高層位置，也不必爲了生存奮鬥，只有心中存有更高的目標時，才會離開自己的舒適圈。至少在隨波逐流未遇到阻礙之前，大多數的人都抱持著該有的都有了的心態在過日子。這樣的生活條件容易培養出瞻前顧後及避免涉險的慣習。謹愼行事可以避免意外和難堪，但也會因此失去抓住機會，以及從危機中成長的可能性。

加強韌性？還是加強防護？美國社會學家安妮特．拉羅在針對工人及高學歷家庭不同教養風格的研究中提出這個問題與解答：工人家庭的小孩比高學歷家庭的小孩更獨立自主，允許做更多的事，行動也更自由。相較之下，高學歷的父母在教養孩子上採取類似經營管理的手法，時時關切孩子的安全及未來發展。這兩種管教方式各有利弊：高學歷家庭的孩子在校成績表現較佳，但同時也較常抱怨無聊，並期待父母會幫他們解決問題；工人家庭的的孩子成績表現較差，但在逆境中較知道如何自助，長大後也較有韌性。[21]

超越自我：終身成就的想法

他們通常有至少三個孩子，是諮詢委員會或董事會成員，捐款給社福單位，參加帆船比賽或是山區越野單車之旅，都是爲了籌款給弱勢青少年、癌症患者或地區臨終關懷協會。他們就是有錢有閒的一群人——或許有人會這麼說。但事情不是那麼簡單。當然，上層社會的家庭意識就像他們的社會參與一樣，很少只是出自共同福祉的責任感。但說他們只是出於虛榮、自我展現或地位，也是不可能的。比較貼切的說法，應該是自我與社會的雙贏：上層階級以他們的財富與願景，賦予生命更深刻的意義，確保自己能光榮地退場。生命有限，因此，他們要將手上擁有的，轉化成更長久且超越個人存在的東西。心理學家稱這種能力爲「傳承」（Generativity），源自於拉丁文 *generare*，也就是生產的意思。

小提琴家安—蘇菲．慕特在她的人道計畫中幫助羅馬尼亞改建兩所孤兒院。她說，音樂對她來說固然非常重要，但這兩座分別位在奧爾拉特與維多利亞的孤兒院也變得愈來愈重要：「它們也是我認為最有意義的事。重要的是，我們可以留下什麼給這個世界。」[22]

留下什麼？世人會如何想起我？我又要交給這個世界什麼東西？在權貴世家的圈子裡，這些不是快要退休才會開始想的問題。打從出生開始，攸關社會和傳承的行爲就已存在：祖母傳下來的聖誕飾品、祖孫三代都躺過的搖籃，以及滑雪、復活節等一年一度的募款與慈善活動，還有叔叔伯伯都上過的高中。任何出生在權貴世家的人，從小就知道什麼叫做「傳承」：

年長一輩將姓氏、家族傳統和遺產傳給年輕一輩，並將部分財產回饋給社會。

無論是世代傳承的藥劑師家庭，或是家族企業第三代，年輕人或老人都自認是世代傳承的一部分。與一般中產階級的成功多半靠個人能力與成就的狀況不一樣，上層階級的慣習受到強大的地位意識影響。出生在一個受人尊敬且開枝散葉的大家族，從孩提起就是一件很自豪的事。就算身爲子女未曾爲了地位及財富動過一根手指頭，他們還是認爲這是屬於自己的。財經記者克里斯蒂安．里肯斯便觀察到這個現象：「許多富豪的共同點，是他們都擁有強烈的自我意識及使命感。他們相信自己擁有財富是合乎天理，就算只是繼承也一樣。有錢人認爲自己是社會支柱，比一般人有更多的義務且願意付出。」[23]

無論屬於哪個階級，有一點是共通的，那就是兒孫會帶給長輩不朽的感覺。不管經濟條件如何，父母及祖父母都會將自己早年得到的東西傳承下去。心理學家海科・恩斯特在他的書《傳承！》中探討這個現象並做出結論：「這絕對不是單純的利他行爲，任何引導世界發展得更好的努力，都會爲自己創造出個人意義。」[24] 所以，透過「傳承」將大眾與個人福祉結合在一起，或者可以這樣說：使人生更豐富，以及退場時更了無遺憾。

「傳承」在菁英階層還有另一個鮮少人知道的意義：家庭及人道關懷的活動也是區隔特徵和篩選標準。董事會或監事會等高層職位的成員，都有不成文的潛規則：模範伴侶及家庭生活，高能見度的義務社會參與，以及最好出身良好。若缺少這些非正式的先決條件，要突破這層職場的天花板就非常困難。德國聯邦家庭事務、老年、婦女及青年部的一份研究資料中，引用一位高層人士的談話：「若沒結婚，那你的履歷就少了一塊，東西收收回家吧，不用再想了。」結婚是最起碼的要求，最好還有一到四個小孩。[25] 總而言之：

想晉升頂尖職位，「傳承」是檯面下的先決條件。只有那些已經在位的人，才會意識到這有多重要。

「傳承」不僅能提高社會聲望，也會影響人生幸福。心理分析學家愛利克·艾瑞克森在他的生命階段理論中，將「傳承」定義爲中年階段的主要心理發展任務。只有那些出手爲下一代打造生活基礎的人，生命才算圓滿有意義。艾瑞克森所說的「傳承」主要是第一層意義：生小孩，並養大他們。今日，心理學家將所有不是爲了自身存在而投注的心力都定義爲「傳承」。因此，「傳承」不必一定要創造新生命，以自己的經驗與人脈幫助他人，傳遞知識，實踐理想價值，承擔責任，爲下一代做好環境保護及節省資源，或者創造出使這個世界在你身後還能更豐富的東西：一家企業、一座花園、一個基金會、一部影片、一種演算法、一件藝術收藏、一項新發現。而當一個人年事已高，「傳承」也就代表接受下面的事實：愈來愈離不開工具及他人的幫助，父母與孩子所扮演的角色也愈來愈相反。

因爲生命有限，所以要活得更有意義，這也就是終身成就的想法。當然，像安—蘇菲·慕特、史蒂菲·葛拉芙或比爾·蓋茲這類人的行事格局更爲宏大。也有許多有錢人將大筆金錢投注在基金會及援助計畫上，支援其他國家，並動員各種支持管道達到他的目的。「傳承」不必總是那麼規模浩大，每個人都有機會盡自己所能讓（將來）世界變得更美好，並因留下足跡而活得更心安理得。

為躍升做準備　使你的人格更加完美

海明威的短篇小說《吉力馬札羅山的雪》中，主述者哈利．史翠特記起某位記者在一篇報導開頭說：「富人跟你我都不一樣。」聽到這句話，促狹鬼說：「對，他們錢多。」這樣講也沒錯，但只講了一半而已。有錢人的慣習使他們擁有跟其他人不一樣的心態，無論是白手起家或繼承而來的富豪，都有顯著的優越感。出生於高貴環境的人，從小就有十足的成功把握，家庭愈是富有，孩子就愈覺優越，創意受到鼓勵，也能自由發展。良好的教育及充沛的資金讓他們能夠進行各種實驗，並確保失敗的緩衝空間。就算眞的失敗，孩子也會學到總是能找到解決辦法的經驗。不是含著金湯匙出生的人，也可以培養出這種上層階級的心理資本，只要知道該注意什麼就可以了。

1 永遠不要讓人看見你正在冒汗。高層人士不輕易流露情感，想要出人頭地，就要把情緒、恐懼及厭惡藏在心裡，永遠保持禮貌，維護你的人際關係並表現得積極正面。最好在各種情況下都能試圖保持平靜，壓抑住因驚訝或憤怒差點脫口而出的話，過濾忌妒、噁心或恐懼等不良情緒，忽略他人的失禮，控制自己的表情及肢體語言。最重要的：鎮定的行爲需要不斷練習，只有這樣才能避免在高壓的狀態下再度落入自以爲早已跳脫的窠臼之中。

2 永遠不要解釋，永遠不要抱怨，無論有多困難，接受並消化挫折，不要沉溺在究責及指摘之中。不因窒礙難行而動搖是菁英慣習的一環，失敗的存在，只是爲了下次會更好。在這一點上，蘋果公司創辦人賈伯斯堪稱典範，在那場傳奇的史丹佛演講中，他提起自己如何被自己創辦的公司解雇，而且還是被他自己聘請的經理：「我出局了，而且相當轟動。」[26] 接下來的故事大家都知道：賈伯斯從失敗走出來，將蘋果打造成人人追捧的品牌，推出 iPhone、iPad 和 iTunes，澈底改變了數億人的生活。

3 一般認爲富人比窮人更願意接受新經驗，對新知更好奇，也較爲寬容。這種現象的具體表現爲何，財富研究專家湯姆．柯利在他花了五年時間研究富人與窮人的閱讀習慣中清楚顯現。柯利對富人的定義是擁有超過三百萬美元可以支配，在這些人之中，八八%的人每天閱讀超過三十分鐘，書籍內容多爲專業或非小說，或者名人傳記。相較之下，窮人閱讀時間非常少，如果有的話，大多也是爲了娛樂或轉移注意力。[27]

躋身全球富豪之列的華倫·巴菲特曾表示自己八〇%的時間都花在閱讀上：手冊、商業文獻，以及與投資相關的書籍。他建議哥倫比亞大學的學生也這樣做：「每天讀五百頁這樣的書，就會創造出知識。知識的累積就像複利一樣，每個人都有機會這樣做，但我跟你們保證，不會有太多人真的利用這樣的機會。」[28]

4 下層階級的人等待幸運降臨，像是下一次升職，或是愛情，以及中樂透。較高層的人不等待，而是朝著訂定的目標前進，無論是職業、家庭，或是身體健康。在柯利訪談的富人中，七〇%的人每年訂下至少一項大目標，窮人只有二%。白手起家的千萬富翁史蒂夫·西博爾德認爲，目標導向的生活是成功的決定性因素，「富人之所以在財務上收穫更多，是因爲他們遵循計畫行事，而不是因爲他們更聰明。他們不會傻傻地等待他們的船隻進港，而是自己建造個人船隻。」

5 經濟條件較差的人容易受到大眾影響，經濟條件較好的人思考與行動都比較不會隨波逐流。凱洛管理學院管理學教授妮可·斯蒂芬斯探討了這種差異，她的研究顯示：高中輟學生認爲跟鄰居買一樣的車很好，大學畢業生則對這種想法嗤之以鼻。不同的行爲模式同樣出現在重大決定：經濟富裕的人不隨波逐流，他們不跟隨，而是創造潮流。

6 不僅是頂尖職位，就算只是學徒的位置，雇用時也會考慮應徵者是否有企業家精神。全球最大的再生紙箱製造商梅爾麥赫夫卡集團人力資源主管馬里恩．德多拉坦言：「我們雇用的學徒必須從小就有責任感，這種事我們不會教，他們必須在家裡就先學會。」[29] 簡言之，就是受雇者一樣要有企業家的思考方式：跳出各部門的框架，能綜觀全局，有成本概念，並且了解市場、趨勢和競爭對手。或者簡單一點：知道顧客需要什麼，即使這件事不是你的責任範圍。

7 持續不斷地自我發展。梅琳達．蓋茲認爲就算身處高位，也不能安於現狀不思進取，「好幾年來，我與朋友每年都會爲自己找出一個詞，作爲接下來十二個月的努力目標。對我來說，這個方法比一般的新年新希望有效。因爲它並不會要求我做出澈底的改變，而是影響我的思考方式。一月初我選擇了『溫和』這個詞，這一年來我都帶著這個想法生活：以更和緩的方式待人處事，也對自己更溫和。」[30]

專家看法

做自己想做的事，最容易成功

有些人赤手空拳，有些人則受家庭庇蔭走上成功之路。該如何面對這種不平等起始條件？展現自信同時也是展現自己的長處嗎？聽聽心理學家暨暢銷書作者艾娃．弗德列克怎麼說。

朵莉絲．馬爾汀：請問弗德列克女士，出人頭地及爬上更高的社會地位是許多人的夢想，但達到目標後，卻常被認為是自大及不知足。您怎麼看？

艾娃．弗德列克：沒錯，可惜周遭的看法常常是負面的，像是：「這人自認為高人一等。」或是：「這人顯然被野心蒙蔽了。」這些話通常出自沒有大志向的人，而他們的看法通常也是錯的。出人頭地的願望並不是出自忘恩負義的不知足，而是創造性的不滿足。自我成長是人類最深層的需求，不應該否定它。當我們發展個人興趣，並實現心中的願望時，同時也開發出我們的潛能。追求富足充裕的生活並不是因為自大，恰恰相反，對自我發展而言，追求上進的渴望是必須的。因此，我們要懂得與不實的負面評價保持距離，要做到這點，可以先問：是誰在批評？背後的動機是什麼？

努力向上晉升的人，在認知及文化上皆遠離個人出身環境。這常常會導致疏離，其他人則覺得被拋下……

我們是群居動物，歸屬感對我們來說非常重要。在所有關係裡，最初、也最深的就是家人和老友，那些伴隨我們成長的人。每個群體——自然也包括這個群體——都有自己的價值觀、信念和行為準則。若一個人的在身體或心理上全都遠離這個群體時，就會失去群體其他成員的信賴與認同。這會使人感到孤獨，必須設法找到平衡：不要為了重新融入而勉強屈就，但也不要完全背離，畢竟這是一個人的根柢。只有在毫無理解的可能，以及其他人的忌妒及自卑阻礙自己前進的步伐時，才需考慮澈底決裂。是否要走上這一步，端看你與這些人見面後感覺有多悲傷、沮喪或憤怒而定。

父母地位崇高，孩子通常也會有自己是天選之人的感覺。這在心理上會產生什麼影響，是沒有這種優勢的人無法企及的？

當父母是名人、富人或菁英時，孩子會在一種與眾不同的意識下成長，這甚至不必言明，而是像心理學所說的「角色楷模學習」。當孩子時時看到父母四處受到禮遇，就會希望自己也得到優待。

意思是說，成功的必然性也會傳承嗎？

傳承下去的是與階級屬性連結在一起的機會，例如經濟支援或充沛的人脈。還有教養也是加分的條件，對菁英密碼瞭若指掌，使用起來得心應手。這樣的慣習是非常好的成功基礎，卻不是百分之百的保證。在薪資多寡及是否出人頭地上，個人的人格特質扮演非常重要的角色，例如投入多少心血，與他人打交道時的社交智慧，以及追求目標時的恆心毅力等等。

出生在非常成功的家庭，也可能會對人格發展造成不良影響嗎？

有一對事業非常成功的父母，孩子承受的壓力無比巨大，因為總是會被拿來跟爸媽做比較，尤其是當他們選擇與父母一樣的職業時。這種壓力不只是來自家庭本身，也來自外界，而這樣的壓力可能會導致對失敗的恐懼。除此之外，由於孩子從小就有各種隨心所欲的選擇可能，因此很可能學不到如何咬緊牙關堅持到底。

那一般家庭的小孩呢？

一般環境長大的孩子很少能坐享其成，想要出人頭地，就必須培養出敢冒風險、自律、堅持不懈的個性，以及跌倒再爬起來的勇氣。雖然要花很多力氣，但可以培養人格特質，並且是通往成功的良好訓練。

透過良好教育晉升上位的人常常有能力不足的心虛感，儘管專業上再有成就，還是常常害怕自己不過只是名不符實的騙子。

這種現象甚至有個專有名詞叫做「冒牌者症候群」：總是低估自己的表現，將成功當成天時地利的僥倖。問題通常出在童年及青少年時期，這正是形成基本自信的時期。要解開這種心理，只有不斷提醒自己正視個人的能力，具體的做法可將已達到的目標及成就列成一張表格。還有就是要認真面對別人的讚美，而不是用「我只是比較幸運一點」或「只是天時地利人和而已」的說法帶過。最後也很重要的是，要不斷地跟自己說：「別人也只是人，不是神。」每個人都一樣！

職位愈高，慣習就愈重要。如何與那些在「正確」環境長大，擁有「正確」品味的對手競爭？

想進入一個群體時，了解並熟悉那個群體的慣習是非常重要的一件事：舉止、穿著、說話方式，還有流行哪些話題及興趣，這可以透過觀察及專門的訓練達到。不過，千萬不要太想著融入環境而做過頭，記得要保持真我，而且不要否認自己的出身。我記得在一次業界高峰會中，一位成功的出版人在一群學者中大方承認自己沒有大學學位。比起和與會者在知識上較勁，這種做法更能讓人留下深刻的印象。

哪些心理特質有助於向上躍升？

對金錢、權力或聲望的渴望不應排在首位，而是對職責的熱愛。做自己想做的事，最容易成功，因為這樣才會盡其所能發揮長才。還有就是要有欲望，想加入成功者所組成的群體，這包括學習他們的慣習，並大膽地與他們接觸。不過，只是與他們並肩站在一起並不代表什麼，或許到頭來也只被視為暴發戶而已。

沒人願意被這樣看待……

這就是為什麼還是要繼續在生活中實踐個人價值，懂得感激，懷抱同理心，並且尊重每一個人。身處高位，代表有義務將自己擁有的東西傳承給別人，無論是金錢、知識或是支援的力量。凡是將這個要求放在心上的人，不只是外在地位，就連內在精神也是真正的菁英。

請舉出三位您心目中的菁英。

我的選擇標準：在個人專業領域中，為整個社會做出重要貢獻的人。在藝術界就是畫家葛哈德·里希特；在時尚界是有無限創意的卡爾·拉格斐；金融界裡我最欣賞的人是克莉絲蒂娜·拉加德。當然，除此之外還有許多先生女士值得一提。

艾娃·弗德列克（Eva Wlodarek）博士是心理師，在漢堡從事多年心理治療及訓練課程，針對人格發展與溝通問題，是非常熱門的諮詢者。身爲專家，她也在媒體上撰述文章傳授專業知識，其中爲《Brigitte》雜誌撰寫文章超過二十年。她出版的暢銷書籍內容涵蓋自信、魅力、孤獨和生活藝術，並被翻譯成八種語言。www.wlodarek.de

結語

你準備好躍向顛峰了嗎？

頂峰：

1. 客觀而言：比大多數人更富有、更有權力，以及更有名。
2. 主觀而言：每個人為自己定義的最高地位、終身成就目標，以及富裕程度。

在本書完成之際，德國突然熱烈討論起一個問題：年收入超過百萬歐元的富翁算不算中產階級？政治家弗雷德里希·梅爾茨認爲算，畢竟是用自己雙手賺來的錢。科隆德國經濟研究所說不算，這道相對富裕的界線，已是收入中位數的二五〇%。就這個定義來說，中上階層是指一個四口之家每月淨收入不超過九千兩百三十歐元。[1] 這個數字是二〇一四年一月所定，現在應該更高。不過不管怎麼說，年薪百萬比起中上階層收入最高者還要多出好幾倍，他及他的家庭屬於德國最富有的前一%。

那麼，梅爾茨爲何還堅持自己是中產階級？順道一提，這不只是他一個人的想法，許多富人或超級富豪也有同樣的心理。《南德日報》提出尖銳的說詞：上層階級聽起來太浮誇，下層階級聽起來感覺需要社會救助。[2] 換句話說，一旦有人將自己或他人定位在中產階級以外，馬上就會引起刻板印象及各種偏見。梅爾茨至少在下面這一點上完全正確：我們的社會地位並不純粹靠經濟實力大小來決定，同時也靠觀念及生活方式——也就是慣習。然而，慣習在狹窄的上層階級圈子裡，與在廣大且多樣的中產階級裡有著完全不同的樣貌，只是沒有人願意承認。

上層階級及下層階級都跟中產階級一樣，喜歡自認擁有中階的慣習。顯然這個慣習在每個階層中都是最理想的：在極端高雅和極端低俗之間，無過也無不及的適中，就像亞里斯多德德行論中所提倡的，也正如需要選票支持的政治人物最喜歡的自我主張。[3]就這樣，眞正重要的觀點就消失在檯面之下，不再有人提起。

中階慣習適用範圍廣泛，但也不是每個地方都可行。

想出人頭地，並突破上層階級的門檻，必須採取的思考及行動策略，與目前所在環境視爲卓越的策略不盡相同。如果只是抱著已經習慣的行爲方式繼續精進，只會在原地打轉，持續耗損，撞得頭破血流仍無法突破天花板。

企圖心強的人必須大幅改變慣習。擁有愈充裕的知識、金錢、文化、社交、語言、身體和精神這七大資本，就愈容易改變慣習。爲了適應新環境，必須收斂舊習，認識新環境的規矩，並在生活中實踐。只不過，大部分的人不只對自己深陷個人慣習渾然未知，也對其他社會環境有不同慣習的事實毫無所知。

以下九組詞彙可闡明中間和上層社會的差異：

- 晉升 vs 前進
- 追求成就 vs 成就優勢
- 幹練 vs 從容

- 自我行銷 vs 自信
- 不拘小節 vs 熟諳禮儀
- 優勝劣敗 vs 匹配
- 可預測性 vs 創造力
- 廣結人脈 vs 深耕關係
- 抓住眼前機會 vs 放眼遠大目標

何者對你比較重要，端看你目前的位置：如果你剛踏入社會，並且從基層做起，那麼就先以中間階層的價值觀爲導向；如果已經是中階經理人，並一步步朝著上層前進，那麼就應逐漸將頂級聯盟的規矩放在心上。

晉升 vs 前進：階級晉升者這一詞聽起來就像標籤，作家丹妮拉·德洛舍如此敘述自己的出身：「我不喜歡這個詞，因爲它帶著『自吹自擂』的味道。」[4] 但問題是，如果不是出生在自己希望的環境，就無法避免透過晉升來到新環境。或許前進是比較好的詞？或者起飛？優雅、無聲且豪不費力。不管怎麼說，階級晉升這個詞所帶有的不好聯想，如誇口自己認識名人、待價而沽、自以爲是，或者對其他階層的忌妒，或許可以因為選用另一個詞而消失。

- 前進至中層：盡可能爭取大量的專業、方法論，以及文化教育。
- 在最高層的門檻前：成為個人專業領域中第一名、最優秀的人選，占有領先群雄的頭位。

追求成就 vs 成就優勢：無論在中層或上層，成就都是核心命題，只是兩者表達方式不一樣。身處中層的人努力追求並展現成就，有時甚至必須為此付出重大的代價。身處高層的人成就與財產一樣豐厚，個人卓越的能力及成績不再受到質疑。到了這個層級，收入、邀請和榮譽已經夠頂級炫目，成就及能力因此退居於幕後，成為理所當然的必備條件。在這一點上，無論是白手起家或繼承的百萬富翁都一樣，並無差別。

- 前進至中層：追求並展現成就。
- 在最高層的門檻前：樹立標準，並朝著新目標前進。

幹練 vs 從容：身體會顯現出一個人的社會地位。一個人是否自信、是否在周遭環境裡如魚得水，這些都能一眼看出。判斷一人是否安然在位，最明顯的指標就是從容的神態和說話語調，這也是中層及高層人士之間最明顯的區別。在中層人士明顯還有證明自己能力的壓力時，高層人士已擺脫這些日常瑣事及不順心。他們行事更加自由，不太在意別人的看法，行爲表現就像隻黑豹——隨心、恣意且優雅，但如果需要，也能隨時敏捷地一躍而起。

- 前進至中層：以中場休息及輕鬆的態度防止匆忙、緊張及過分熱衷。
- 在最高層的門檻前：讓自己與他人籠罩在從容及認同的氛圍之中。

自我行銷 vs 自信：在人數眾多的中層社會當隻灰色小老鼠是不會有機會的。自我行銷是成功的關鍵：提高市場價值，報告專案進度，吸引他人的注日，遙遙領先競爭對手。但在價值保守的上層社會，人們憑仗的是良好聲望，享受低調的奢侈：自我嘲諷、毫不搶眼的輕描淡寫、和藹可親且慷慨大方，並在必要時表現出一副幾可亂眞的輕鬆神態。這種區別的背後邏輯是：身處頂尖階層的人已經不必再力爭上游了，在這裡重要的是參與談話、被人發現與接受委任。❺

- 前進至中層：應徵，並推銷自己。
- 在最高層的門檻前：接受委任，不想、也不必再證明自己。

不拘小節 vs 熟諳禮儀：中層階級的品味較實用、必要及功能取向。行為舉止力求理性，語言表達則是直接明確。當然有時也需要穿西裝打領帶，但就不再講究多餘的禮儀形式。高層社會有不一樣的生活風格，禮儀形式及高雅的舉止將他們與一般人區隔開來。這種差異也表現在各種生活領域裡：注重養生的飲食、充滿外交辭令的語言、欣賞高雅文化及優雅的行為舉止。這種對格調的要求使他們能在各種社交場合如魚得水，但對不熟悉這種文化的中層階級而言，常會出現不安，甚至厭惡的情緒。

- 前進至中層：掌握行為舉止、語言和服裝規範。
- 在最高層的門檻前：重視美感、禮儀形式、欣賞高雅文化，以及慎言，避免平庸和笨拙。

優勝劣敗 vs 匹配：人才的挑選取決於幾個標準：高素質、無違法之虞，還有當然就是最適合這個職位的人。一直到中階主管的職位大約都是依循這樣的標準，但到了高階職位就出現其他的遊戲規則。對頂級經理人的專業及人格當然也有很高的要求，但最後決定勝出的關鍵卻是匹配與否：共同的興趣、從容的表現、對行事方法及成功因素有相近的理解，以及直覺上的合拍。至於哪種選擇標準比較容易找到眞正合適的人，至今尙無定論。但對應徵者而言，必須準備好自己成爲對方最好的選擇。因此，只有熟習頂級聯盟慣習的人，才能掌握眞正的通關密碼：成爲最佳人選的關鍵，就是給對方彼此互相匹配的感覺。

- 前進至中層：眞正有能力。
- 在最高層的門檻前：給對方看對眼的感覺。

可預測性 vs 創造力：中產階級的權力有限，因此出人頭地的意願及降級的恐懼，左右了他們對生活的態度。爲了避免錯誤、失敗與不公平，中產階級非常注意標準、規範、細節、分析，以及透明度。雖然許多人從事滿意的工作，但身爲受雇階級還是具有相當程度的依賴性。因此，安全感與緩衝空間對他們的人生規畫來說至關重要。這種行爲方式雖然可以避免錯誤和倒退，但也會妨礙對成功的追求。上層社會因爲資源充沛，思考較爲自由，不必因匱乏而被迫行事，也更容易超越限制。從他們的角度來看，中產階層的想法顯得有些像控制狂，經常猶豫不決，並且在道德上太過古板。

- 前進至中層：理性決策，以品質及注重細節說服人，並培養慷慨的氣度。
- 在最高層的門檻前：憑直覺做出決定，掌握複雜性，有綜觀全局的能力。

廣結人脈 vs 深耕關係：參與社交閒聊，加入社交軟體群組，出席見面會等公關活動，中層階級的人都知道，獨自待在小房間裡無法有什麼職涯發展，建立人際網絡也會使日子過得輕鬆一些。人際網絡的建立大多是同產業、同專業領域，或是同社區的鄰居，大家的成就都差不多。在這一階層，私人及職業領域通常分成兩個不同的世界。到了上層階級，人際關係更爲多樣，交織愈爲繁複，也更加國際化。出版人、星級廚師、能源公司執行長、國務祕書或萊布尼茨獎得主都是社群的一部分，他們互相交流，彼此合作，一起參加慶典，以及慶祝彼此的成就。職業及社交生活交織在一起，發展出來的人際關係彼此親厚，絕對不是單純的利害關係而已。

- 前進至中層：尋找人生導師並建立人際網絡。
- 在最高層的門檻前：融入頂級聯盟並深耕關係。

抓住眼前機會 vs 放眼遠大目標：今日對中間階層的人而言，通往上層社會的管道愈來愈開放。線上互動課程讓人有機會進入全球最頂尖的大學；高爾夫球俱樂部也推出九十九歐元的入門課程，讓人迅速了解高爾夫球的基本技巧，以及進入俱樂部的基本禮儀規則；美術館提供各種導覽及專題討論吸引大家對文化的興趣；一位教授出其不意地提出可以當他博士生的建議。若能抓緊這些機會，找到通往頂級聯盟的管道似乎就不是那麼困難了。只是，就像《兔子和刺蝟》的童話，中層階級與上層階級是在不同層次上活動，要認識菁英，不可能在網路上，而是透過面對面的實際交流。當求知欲旺盛的中產階級還在努力弄懂油畫及蛋彩畫的差別時，精通藝術的富人們已經開始蒐集那些尚未被市場發掘的畫作了。

- 前進至中層：抓住機會，就算覺得還沒準備好。
- 在最高層的門檻前：辨識機會，並為長遠目標做好準備。

無論你現在處在哪個階段，也不管你追求什麼樣的目標，都可以加速提升個人的社會地位。想重新塑造個人慣習，也是無論什麼時間、不管哪個階段都可以著手進行。

或許你是家族中首位上大學的人；或許你剛進入新的產業，在那裡，人是否對味與解決方案是否優雅一樣重要；或者你正朝著頂端前進，卻覺得缺少了什麼；或者你正在與最優秀人才交手中，發現原來人格發展是不能停下來的。

無論你關心什麼，或者企圖心有多大，祝福你達到自己所能達到的最高目標。

謝辭

寫書的過程，有時就像守門員在十二碼罰球時那樣孤獨。

我期待這本書能提供另外的動力，也因此贏得八位傑出同事爲這本書帶來的鼓勵與支援。作爲訪談對象，他們提供機會讓我與讀者了解他們的才智；作爲靈感提供者，他們的知識豐富了這本書，就像所有能促進自我發展的慣習一樣，爲這本書創造出一種能激勵讀者，感動讀者，引人注目的氛圍，並成爲榜樣。

謝謝馬提亞斯．克斯勒博士、雷納．齊特曼博士、多蘿西亞．亞希斯和多蘿媞．埃西特、馬蒂亞斯．霍克斯、薩琳娜．斯塔雷、揚．紹曼，以及艾娃．弗德列克博士。他們在自己的工作外，花費時間關注這本書的完成，這本他們一開始只知道書名的書。

參考書目

- Asserate, Asfa-Wossen. Manieren. Dtv 2003.
- Assig, Dorothea; Echter, Dorothee. Ambition. Wie große Karrieren gelingen. Campus 2012.
- Assig, Dorothea; Echter, Dorothee. Freiheit für Manager. Wie Kontrollwahn den Unternehmenserfolg verhindert. Campus 2018.
- Bourdieu, Pierre. Die feinen Unterschiede. Kritik der gesellschaftlichen Urteilskraft. Suhrkamp taschenbuch wissenschaft. 1. Auflage 1987, 26. Auflage 2018.
- Bundeszentrale für politische Bildung. Oben – Mitte – Unten. Zur Vermessung der Gesellschaft. Aus Politik und Zeitgeschichte (APuZ), Band 1576. Bonn 2015.
- Brooks, David. Bobos in Paradise: The New Upper Class and How They Got There. Simon & Schuster 2001.
- Currid-Halkett, Elizabeth. Sum of Small Things: A Theory of the Aspirational Class. Princeton University Press 2017.

- DeAngelis, Tori. Class differences. American Psychological Association. February 2015, Vol 46, No. 2. Seite 62 ff.
- Dossier: Brauchen wir Eliten? Philosophie Magazin, Nr. 06/2018. Seite 43–63
- Dröscher, Daniela. Zeige deine Klasse. Die Geschichte meiner sozialen Herkunft. Hoffmann und Campe 2018.
- El-Mafaalani, Aladin. BildungsaufsteigerInnen aus benachteiligten Milieus. Habitustransformation und soziale Mobilität bei Einheimischen und Türkeistämmigen. VS Verlag für Sozialwissenschaften 2012.
- Eribon, Didier. Gesellschaft als Urteil: Klassen, Identitäten, Wege. edition suhrkamp 7330. Suhrkamp Verlag 2017.
- Friedrichs, Julia. Gestatten: Elite: Auf den Spuren der Mächtigen von morgen. Piper Taschenbuch 2017.
- Hahn, Ulla. Das verborgene Wort. Deutsche Verlags-Anstalt 2001.
- Hahn, Ulla. Aufbruch. Deutsche Verlags-Anstalt 2009.
- Hank, Rainer. Erfolg durch Zufall? Der Leistungsmythos. Frankfurter Allgemeine Zeitung, 10. Juli 2016. Online verfügbar unter: http://www.faz.net/aktuell/

wirtschaft/arm-und-reich/erfolg-durch-zufall-der-leistungsmythos-14333152.html (abgerufen am 31. Oktober 2018)

- Hanley, Lynsey. Respectable. The Experience of Class. Penguin, 2016.
- Hecht, Martin. Das große Jagen. Auf der Suche nach dem erfolgreichen Leben. Deutscher Taschenbuchverlag 2004.
- Hradil, Stefan. Soziale Schichtung. Bundeszentrale für politische Bildung, 31. Mai 2012. Online verfügbar unter: http://www.bpb.de/politik/grund-fragen/deutsche-verhaeltnisse-eine-sozialkunde/138439/soziale-schichtung (abgerufen am 31. Oktober 2018)
- Hartmann, Michael. Die Abgehobenen. Wie die Eliten die Demokratie gefährden. Campus 2018.
- Kestler, Matthias. Besetzung von Spitzenpositionen. Warum Sie immer die falschen Manager bekommen. Wirtschaftswoche, 23. März 2017.
- Kestler, Matthias. Wanted. Headhunter, Unternehmen und die knifflige Suche nach den idealen Kandidaten. Campus 2018.
- Kwan, Kevin. Crazy Rich Asians. Corvus 2013.

- Lee, E. M., & Kramer, R. (2013). Out with the Old, In with the New? Habitus and Social Mobility at Selective Colleges. Sociology of Education, 86(1), 18–35. Online verfügbar unter: https://doi.org/10.1177/0038040712445519 (abgerufen am 31. Oktober 2018)
- Martin, Wednesday. The Primates of Park Avenue. A Memoir. Simon & Schuster 2016.
- Märtin, Doris. Die ungeschriebenen Erfolgscodes der Eliten. Der große Knigge Juni 2016. Seite 35–50.
- Payne, Ruby; Krabill, Don L. Hidden Rules of Class at Work. Why you don't get promoted. aha! Process, Inc. 2016.
- Reitz, Michael. Das Denken Pierre Bourdieus im 21. Jahrhundert. Noch feinere Unterschiede? Deutschlandfunk, 26.11.2017. Online verfügbar unter: https://www.deutschlandfunk.de/das-denken-pierre-bourdieusim-21-jahrhundert-noch-feinere.1184.de.html?dram:article_id=398990 (abgerufen am 31. Oktober 2018)
- SINUS Markt und Sozialforschung GmbH. Informationen zu den Sinus Milieus® 2018. Heidelberg/Berlin 2018. Online verfügbar unter: https://www.sinusinstitut.de/

veroeffentlichungen/downloads/ (abgerufen am 31. Oktober 2018)

- Starlay, Katharina. Stilgeheimnisse. Frankfurter Allgemeine Buch, 4. Auflage: 2016
- Todd, Richard. Who me, rich? Worth, September 1997. Seite 70–84.
- Wlodarek, Eva. Vertage nicht dein Glück, ändere dein Leben. Herder 2018.
- Zitelmann, Rainer. Die Psychologie der Superreichen. Das verborgene Wissen der Vermögenselite. FinanzBuch Verlag 2017.
- Ungleichland - Wie aus Reichtum Macht wird. Was Deutschland bewegt (2/6). Ein Film von Julia Friedrichs, Fabienne Hurst, Andreas Spinrath und Michael Schmitt. Das Erste 7. Mai 2018. 20:15–21:00 Uhr. 45 Min

注釋

Ch 1 要先振翅才能高飛

1 Höner OP, Wachter B, Hofer H, Wilhelm K, Thierer D, Trillmich F, Burke T, East ML (2010): The fitness of dispersing spotted hyaena sons is influenced by maternal social status. Nature Communications, doi:10.1038/ncomms1059.

2 Roland Knauer. Privilegierte Familienverhältnisse. Der Tagesspiegel. 02.09.2010. Online verfügbar unter: https://www.tagesspiegel.de/wissen/hyaenen-privilegierte-familienverhaeltnisse/1916416.html (abgerufen am 31. Oktober 2018).

3 Bourdieu, Pierre. Die feinen Unterschiede. Kritik der gesellschaftlichen Urteilskraft. Suhrkamp, 1987.

4 布赫迪厄區分了四種資本形式，但爲了描述今日的狀況，再區分出知識資本、語言資本、身體和心理資本似乎是必要的。

5 Dominik Erhard. »Wer zu den Entscheidern gehören will, muss sein wie sie.« Mit Michael Hartmann. Philosophie Magazin Oktober/November 2018. Seite 50 bis 51.

6 Tina Groll. Führungskräfte: Vom Klassensprecher zum Topmanager. Zeit online, 12. Dezember 2016. Online verfügbar unter: https://www.zeit.de/karriere/2016-12/fuehrungskraefte-studie-manager-klassensprecher (Abgerufen am: 31. Oktober 2018)

7 Luisa Jacobs. Sieben Mal deutsche Jugend. Zeit online, 26. April 2016. Online verfügbar unter: http://www.zeit.de/gesellschaft/2016-04/jugendliche-typologie-verhalten-sinus-jugendstudie-2016/komplettansicht. (Abgerufen am: 31. Oktober 2018)

8 Bernd Kramer. Studie zum Elternwillen Abitur? Mein Kind doch nicht. Spiegel online, 11. März 2015. Online verfügbar unter: http://www.spiegel.de/lebenundlernen/uni/kinder-eltern-wollen-aufstieg-aber-nicht-alleabitur-a-1022804.html (Abgerufen am: 31. Oktober 2018)

9 Zimmermann, Hans Dieter 1983: Die feinen Unterschiede, oder: Die Abhängigkeit aller Lebensäusserungen vom sozialen Status. Ein Gespräch mit dem französischen Soziologen Pierre Bourdieu. L 80. Demokratie und Sozialismus 28: 123–131.

10 布赫迪厄雖然認爲出身對慣習的影響具有決定性的作用，但絕對不是唯一的因素，請見：»In Abhängigkeit von neuen Erfahrungen ändern die Habitus sich unaufhörlich.« (Meditationen. Zur Kritik der scholastischen Vernunft, Frankfurt 2001)

11 Nicole M. Stephens, MarYam G. Hamedani and Mesmin Destin. Closing the Social-Class Achievement Gap: A Difference-Education Intervention Improves First-Generation Students' Academic Performance and All Students' College Transition. Psychological Science. 19

February 2014

12 Shamus Rahman Khan, Privilege: The Making of an Adolescent Elite at St. Paul's School. Princeton University Press. 2012. Seite 192

13 nck/dpa/Reuters. Einkommensteuer: 4,2 Millionen Deutsche zahlen den Spitzensteuersatz. Spiegel online, 18. April 2017. Online verfügbar unter: http://www.spiegel.de/wirtschaft/soziales/einkommensteuer-jeder-elftezahlt-den-spitzensteuersatz-a-1143624.html (Abgerufen am: 31. Oktober 2018)

14 Howard R. Gold. Never mind the 1 percent. Let's talk about the 0.01 percent. Chicago Booth Review, Winter 2017/18.

Ch 2 知識資本

1 Silvia Ihring. »Du musst dir deinen Gott selbst bauen«. Inconist, 18.08.2016. Online verfügbar unter: https://www.welt.de/icon/mode/article157724303/Du-musst-dir-deinen-Gott-selbst-bauen.html (Abgerufen am: 31. Oktober 2018)

2 Matt Weinberger. Harvard drop-out Bill Gates thinks the value of college is 'easy to underestimate. Business Insider, 08.03.2106. Online verfügbar unter: http://www.businessinsider.de/bill-gates-whycollege-is-necessary-2016-3?_ga=2.223601886.458531918.1519226339-1935094372.1517906037&r=US&IR=T (Abgerufen am: 31. Oktober 2018)

3 Union Investment. Bildung zahlt sich aus. 29. März 2017. Online verfügbar unter: https://unternehmen.union-investment.de/startseite-unternehmen/presseservice/pressemitteilungen/alle-pressemitteilungen/2017/ifo-Studie-Bildung-zahlt-sich-aus.html (Abgerufen am: 31. Oktober 2018)

4 IFO Institut/Union Investment. Bildung hat Zukunft. Bildungsstudie 2017.

5 同上。

6 Statistik der Bundesagentur für Arbeit Berichte: Blickpunkt Arbeitsmarkt – Akademikerinnen und Akademiker, Nürnberg, Mai 2018

7 Julian Kirchherr. Elitenforscher: »Vor allem zählt der richtige Stallgeruch«. Zeit Campus, 28. Februar 2013. Online verfügbar unter: https://www.zeit.de/studium/uni-leben/2013-02/eliten-forscher-hartmann-stipendium-exzellenzinitiative (Abgerufen am: 31. Oktober 2018)

8 Vexcash AG. Versprechen gute Noten einen guten Job? Der große Bildungsvergleich. Online verfügbar unter: https://www.vexcash.com/blog/versprechen-gute-noten-einen-guten-job-der-grosse-bildungsvergleich/ (Abgerufen am: 31. Oktober 2018)

9 Maren Hoffmann, Sven Clausen. Kion-Aufsichtsrätin Christina Reuter über Quote, Karriere und Konflikte »Ganz ohne Druck geht es am Ende nicht«. Manager magazin, 22. Februar 2018. Online verfügbar unter: http://www.manager-magazin.de/koepfe/christina-reuter-kion-aufsichtsraetin-ueber-quote-karriere-und-konflikte-a-1194830-3.html; Johanna Schoener. Interview mit Fränzi Kühne: »Warum sollte ich mich

verkleiden? « DIE ZEIT Nr. 24/2017, 8. Juni 2017

10 Esslinger, Detlef. Kurt Biedenkopf über Rhetorik. Süddeutsche Zeitung 24./25. Februar 2018, Nr. 46, Seite 56

11 Gerhard Summer. Interview mit Julia Fischer. »Ich bin gern mit meiner Geige verheiratet.« Süddeutsche Zeitung, 26. Dezember 2016. Online verfügbar unter: https://www.sueddeutsche.de/muenchen/starnberg/julia-fischer-ich-bin-gern-mit-meiner-geige-verheiratet-1.3308111 (Abgerufen am: 31. Oktober 2018)

12 Annika Andresen. Latente Funktionen von Karriereförderung in Unternehmen. Diplom.de, 2015. Seite 17.

13 同上。

14 Felix Werdermann. »Spitzenmanager sind da nur arme Schlucker«. Der Freitag. Das Meinungsmedium. Ausgabe 34/2016. Online verfügbar unter: https://www.freitag.de/autoren/felix-werdermann/spitzenmanager-sind-da-nur-arme-schlucker (Abgerufen am: 31. Oktober 2018)

15 同上。

16 Karriereblog Svenja Hofert. Coaching-Habitus und Werte: Wenn der Klient sich die Schuhe auszieht … 7. September 2013. Online verfügbar unter: https://karriereblog.svenja-hofert.de/2013/09/coaching-habitusund-werte-wenn-der-klient-sich-die-schuhe-auszieht/ (Abgerufen am: 31. Oktober 2018)

17 Lynsey Hanley. Respectable. The Experience of Class. Penguin, 2016.

18 Michael Hartmann. Deutsche Eliten: Die wahre Parallelgesellschaft? Bundeszentrale für politische Bildung. 1. April 2014. Online verfügbar unter: http://www.bpb.de/apuz/181764/deutsche-eliten-die-wahre-parallelgesellschaft?p=all (Abgerufen am: 31. Oktober 2018)

19 Nicole Bußmann. Fredmund Malik im Interview. Führen in der Transformation. ManagerSeminar, Heft 239, Februar 2018

20 Dorothea Siems. »Habitus ist nicht wichtig.« Welt, 11. März 2017. Online verfügbar unter: https://www.welt.de/print/die_welt/wirtschaft/article162760563/Habitus-ist-nicht-wichtig.html (Abgerufen am: 31. Oktober 2018)

21 Morten T. Hansen. IDEO CEO Tim Brown: T-Shaped Stars: The Backbone of IDEO's Collaborative Culture. Chief Executive, January 21, 2010. Online verfügbar unter: https://chiefexecutive.net/ideo-ceo-tim-brown-t-shaped-stars-the-backbone-of-ideoaes-collaborative-culture__trashed/ (Abgerufen am: 31. Oktober 2018)

22 Martina Scherf. Botschafterin für einen aufrechten Gang. Süddeutsche Zeitung, 8. Februar 2018, Nr. 32, Seite 46

23 Gabriele Strehle, Eva Gesine Baur. Ob ich das schaffe. Der andere Weg zum Erfolg. dva, 2002, S. 38

24 Anna-Lena Koopmann. Über Nacht zum Supermodel: Das Erfolgsgeheimnis von Kaia, Kendall, Gigi & Co. ELLE, 14. September 2018. Online verfügbar unter: https://www.elle.de/das-erfolgsgeheimnis-junger-models. (Abgerufen am: 31. Oktober 2018)

25 Kerstin Kullmann. »Nachhilfe ist meistens Unsinn«. Spiegel online, 27.08.2016. Online verfügbar unter: http://www.spiegel.de/lebenundlernen/schule/erfolg-im-beruf-josef-kraus-verraet-wie-wichtig-gute-notensind-a-1109663.html (Abgerufen am: 31. Oktober 2018)

26 Eilene Zimmerman. Jeffrey Pfeffer: Why the Leadership Industry Has Failed. Stanford Business September 9, 2015. Online verfügbar unter: https://www.gsb.stanford.edu/insights/jeffrey-pfeffer-why-leadership-industry-has-failed. (Abgerufen am: 31. Oktober 2018)

27 Aladin El-Mafaalani. BildungsaufsteigerInnen aus benachteiligten Milieus. Habitustransformation und soziale Mobilität bei Einheimischen und Türkeistämmigen. VS Verlag für Sozialwissenschaften, 2012.

28 Leanovate Blog. Noch kompliziert oder schon komplex? Wie man Systeme begreift und behandelt. 16. April 2014. Online verfügbar unter: http://www.leanovate.de/blog/noch-kompliziert-oder-schon-komplexsysteme/ (Abgerufen am: 31. Oktober 2018)

29 Sebastian Hermann, Plötzlich Experte. Süddeutsche Zeitung, Freitag, 9. März 2018, Nr. 57, Seite 16

Ch 3 物質資本

1 Private Haushalte und ihre Finanzen. Forschungszentrum der Deutschen Bundesbank. Pressegespräch – 18. März 2016. Online verfügbar unter: https://www.bundesbank.de/resource/blob/604922/78fcba28faf8872476f-6b23952504ea6/mL/2016-03-21-phf-praesentation-data.pdf (Abgerufen am: 31. Oktober 2018)

2 Richard Todd. Who me, rich? Worth, September 1997. 70–84. page 74

3 Der Begriff »Unterschicht der Oberschicht« ist entnommen aus: Markus Dettmer, Katrin Elger, Martin U. Müller und Thomas Tuma. Die 1-Prozent-Partei. Der Spiegel, 11/2012. Seite 74 bis 80. Seite 75.

4 Nicolai Kwasniewski. Deutschland ist gespalten - in Superreiche und den Rest. Spiegel online 03.09.2015. Online verfügbar unter: http://www.spiegel.de/wirtschaft/soziales/vermoegen-sind-in-deutschland-sehr-ungleich-verteilt-a-1051286.html (Abgerufen am: 31. Oktober 2018)

5 Ulrike Herrmann. Die Mittelschicht betrügt sich selbst. Spiegel online, 08. April 2010. Online Verfügbar unter: http://www.spiegel.de/wirtschaft/soziales/soziale-gerechtigkeit-die-mittelschicht-betruegt-sich-selbst-a-687760.html (Abgerufen am: 31. Oktober 2018)

6 Steve Annear. Harvard Researchers: Money Can Buy Happiness, Depending On How You Spend It. Boston, 10/17/2013. Online verfügbar unter: https://www.bostonmagazine.com/news/2013/10/17/money-can-buy-happiness-harvard-researchers/ (Abgerufen am: 31. Oktober 2018)

7 hr2 Kultur. Der Soziologe und Glücksforscher Jan Delhey verrät, was ihn persönlich glücklich macht. ARD-Mediathek. 25. Juli 2018. Online verfügbar unter: https://www.ardmediathek.de/radio/Doppelkopf/Der-Soziologe-und-Glücksforscher-Jan-Del/hr2-kultur/Audio-Podcast?bcastId=2868&documentId=54491974 (Abgerufen am: 31. Oktober 2018)

8 Ethan Wolff-Mann. What the New Nobel Prize Winner Has to Say About Money and Happiness. Money, October 13, 2015. Online verfügbar unter: http://time.com/money/4070041/angus-deaton-nobel-winner-money-happiness/ (Abgerufen am: 31. Oktober 2018)

9 Veblen, Thorstein. The Theory of the Leisure Class: An Economic Study of Institutions. Macmillan, 1899.

10 Sabine Hildebrandt. Unglück im Glück: Hilfe, ein Lottogewinn! Frankfurter Allgemeine Sonntagszeitung, 25.09.2005, Nr. 38 / Seite 57

11 Christian Fritz. Die 5 Geheimzutaten für erfolgreichen Vermögensaufbau. Blog Spare mit Kopf. Mittwoch, 10. August 2016. Online verfügbar unter: https://www.sparenmitkopf.de/blog/die-5-geheimzutaten-fuer-erfolgreichen-vermoegensaufbau (Abgerufen am: 31. Oktober 2018)

12 Yasmin Anwar. Affluent People More Likely to be Scofflaws. Greater Good Science Center at UC Berkeley. February 28, 2012. Online verfügbar unter: https://greatergood.berkeley.edu/article/item/affluent_people_more_likely_to_be_scofflaws (Abgerufen am: 31. Oktober 2018)

13 Rainer Zitelmann. Die Psychologie der Superreichen. Das verborgene Wissen der Vermögenselite. FinanzBuch Verlag 2017. Seite 245.

14 Todd Bishop. Gates to students: Don't try to be a billionaire, it's overrated. GeekWire, October 27, 2011. Online verfügbar unter: https://www.geekwire.com/2011/gates-tells-uw-students-billionaire-overrated/ (Abgerufen am: 31. Oktober 2018)

15 Zitiert nach Cornelia Becker. Steuerhinterziehung und Habitus. Sofia-Diskussionsbeiträge zur Insititutionenanalyse Nr. 00-5. Darmstadt 2000. Seite 4.

16 A. Pluchino, A. E. Biondo, A. Rapisarda. Talent vs Luck: the role of randomness in success and failure. Advances in Complex Systems Vol. 21, No. 03n04, 1850014 (2018)

17 Quentin Fottrell. This is why millennials can't have nice things (or save any money). MarketWatch. Oct 3, 2017. Online verfügbar unter: https://www.marketwatch.com/story/this-is-why-millennials-cant-have-nicethings-or-save-any-money-2017-06-26 (Abgerufen am: 31. Oktober 2018)

18 Zitelmann, Seite 66

19 Locke, Edwin A.; Latham, Gary P. New Developments in Goal Setting and Task Performance. Taylor & Francis Ltd. 2012. Seite 5.

20 Patti Fagan. The $140,000 Latte. How little things add up over time. Online verfügbar unter: http://montereymoneycoach.com/the-140000-latte/ (Abgerufen am: 31. Oktober 2018)

21 Henrik Mortsiefer. Männlich, Erbe, Millionär: Woran man Superreiche in Deutschland erkennt. Der Tagesspiegel, 19.10.2016. Online verfügbar unter: https://www.tagesspiegel.de/wirtschaft/maennlich-erbe-millionaer-woran-man-superreiche-in-deutschland-erkennt/14711510.html (Abgerufen am: 31. Oktober 2018)

22 Ali Montag. Kevin O'Leary flies first class, but makes his kids fly coach — here's why. CNBC Make It, 6 July 2018. Online verfügbar unter: https://www.cnbc.com/2018/07/06/why-kevin-oleary-makes-his-kidsfly-coach.html (Abgerufen am: 31. Oktober 2018)

23 Thomas J. Stanley, William D. Danko.The Millionaire Next Door. Pocket Books 1996. Seite 157.

24 Violetta Simon. Plötzlich Milliardär. Interview mit der Finanzcoach Nicole Rupp. Süddeutsche Zeitung, 25 Oktober 2018, Nr. 246. Seite 8.

Ch 4 社會資本

1 Seite »Innegrit Volkhardt«. In: Wikipedia, Die freie Enzyklopädie. Bearbeitungsstand: 9. April 2018, 19:41 UTC. URL: https://de.wikipedia.org/w/index.php?title=Innegrit_Volkhardt&oldid=176314759

2 Jürgen Schmieder. Ihr eigenes Ding. Süddeutsche Zeitung, 18./19. August 2018, Nr. 189. Seite 26.

3 Bianca Xenia Jankovska. Hey ihr verwöhnten Großstadtkinder, hört endlich auf, so zu tun, als ob ihr »arm und asozial« wärt. Ze.tt 22. Oktober 2017. Online verfügbar unter: https://ze.tt/hey-ihr-verwoehntengoeren-hoert-endlich-auf-so-zu-tun-als-ob-ihr-arm-und-asozial-waert/ (Abgerufen am: 31. Oktober 2018)

4 Sarah Vaughan. Anatomy of a Scandal. Simon & Schuster UK. 2018

5 Eribon, Didier. Gesellschaft als Urteil: Klassen, Identitäten, Wege. edition suhrkamp 7330. Suhrkamp Verlag 2017

6 Simon Book. Wo Joe Kaeser immer noch der Sepp ist. Wirtschaftswoche, 8. Dezember 2017. Online verfügbar unter: https://www.wiwo.de/unternehmen/industrie/heimat-des-siemens-chefs-wo-joe-kaeser-immernoch-der-sepp-ist/20682048.html (Abgerufen am: 31. Oktober 2018)

7 Lars Schmitt. Bestellt und nicht abgeholt: Soziale Ungleichheit und Habitus-Struktur-Konflikte im Studium. Springer-Verlag 2010. Seite 45.

8 Stephan Draf. »Was ist schon perfekt?« mercedes me, Nr. 357. 2.2018, S. 26–32

9 Michelle R. van Dellen and Rick H. Hoyle, »Regulatory Accessibility and Social Influences on State Self-Control,« Personality and Social Psychology Bulletin 36, no. 2 (2010): 251–63.

10 Norbert Elias. Mozart: Zur Soziologie eines Genies. Suhrkamp 1993.

11 Alex Rühle. Virginie Despentes über Jugend. 17./18. März 2018, Nr. 64 Süddeutsche Zeitung, Seite 56

12 Marten Rolff. Am Herd für die Weltmeister. Süddeutsche Zeitung, 12./13. Mai 2018, Nr. 108, Seite 58

13 Tuuli-Marja Kleiner. Vertrauen in Nationen durch kulturelle Nähe? Analyse eines sozialen Mechanismus. Springer-Verlag 2013. Seite 135.

14 Brett McKay. #393: The Importance of Building Your Social Capital. The Art of Manliness, April 4, 2018. Online verfügbar unter: https://

www.artofmanliness.com/articles/social-capital/ (Abgerufen am: 31. Oktober 2018)

15 Alexander Menden. Voll im Saft. Wie ein Smoothie-Unternehmer den Zeitgeist zu Geld machte. Süddeutsche Zeitung, Nr. 114, 19./20./21. Mai 2018, Seite 51

16 Johanna Hofbauer u.a. Making sense of career networking. Towards a qualitative approach to social capital. European Organisation Studies Group (EGOS), 23rd colloquium, Subtheme 13: »Career as a dynamic dance between diverse partners«. Vienna, Austria, July 5–7, 2007. Seite 10. Online verfügbar unter: https://www.wu.ac.at/fileadmin/wu/o/vicapp/hofbauer_et_al_career_networking_egos_2007_8_jun_07_upload.pdf (Abgerufen am: 31. Oktober 2018)

17 www.arbeiterkind.de

18 Anne-Sophie Mutter im Interview: »Karajan ist und bleibt das Nonplusultra«. Frankfurter Allgemeine 11. Februar 2008. Online verfügbar unter: http://www.faz.net/aktuell/feuilleton/anne-sophie-mutter-im-interviewkarajan-ist-und-bleibt-das-nonplusultra-1514847.html (Abgerufen am: 31. Oktober 2018)

19 Wolfgang Mayrhofer u.a. International Career Habitus – Thick Descriptions and Theoretical Reflections. Academy of Management Annual Meeting Symposium on »Global Careers and Human Ressource Development: Emerging IHRM Perspectives, New Orleans, Aug. 6–11, 2004. Seite 14. Online verfügbar unter: https://www.wu.ac.at/fileadmin/wu/o/vicapp/Mayrhofer_et_al_2004_thickDescr_carrhab_aom04.pdf (Abgerufen am: 31. Oktober 2018)

20 Matthias Kestler. Besetzung von Spitzenpositionen Warum Sie immer die falschen Manager bekommen. Wirtschaftswoche, 23. März 2017. Online verfügbar unter: https://www.wiwo.de/erfolg/management/besetzung-von-spitzenpositionen-warum-sie-immer-die-falschen-manager-bekommen/19541766.html (Abgerufen am: 31. Oktober 2018)

21 Das Kontor Blog. GESCHLOSSENE ELITEN, oder Willkommen im Club. 18. März 2013. Online verfügbar unter: http://das-kontor.blogspot.com/2013/03/geschlossene-eliten-oder-willkommen-im.html (Abgerufen am: 31. Oktober 2018)

22 Pierre Bourdieu. Ökonomisches Kapital, kulturelles Kapital, sozialesKapital. In: Reinhard Kreckel (Hg.), SozialeUngleichheiten (SozialeWelt-Sonderband2), Göttingen1983, S. 183–198. Seite 191

23 Sinus Markt- und Sozialforschung. Den Menschen hinter dem User aktivieren. Digitale Zielgruppenlösungen von SINUS. Heidelberg, Juli 2018. Online verfügbar unter: https://www.sinus-institut.de/sinus-loesungen/digitale-sinus-milieus/ (Abgerufen am: 31. Oktober 2018)

24 Matthias Horx. Digitales Cocooning: Offline als Status. Zukunftsinstitut Februar 2016. Online verfügbar unter: https://www.zukunftsinstitut.de/artikel/digitales-cocooning-offline-als-status/ (Abgerufen am: 31. Oktober 2018)

25 Erving Goffman. Wir alle spielen Theater. Die Selbstdarstellung im Alltag, Piper, 2017. S. 118 ff

26 http://www.dailymail.co.uk/femail/article-3837746/12-social-media-habits-away-social-class.html

27 https://twitter.com/barackobama

28 https://twitter.com/michelleobama

29 Nils Warkentin. Status und Macht sind nicht dasselbe. Karrierebibel 3. März 2016. Online verfügbar unter: https://karrierebibel.de/statusund-macht/ (Abgerufen am: 31. Oktober 2018)

30 Blader, S. L., Shirako, A., & Chen, Y. (2016). Looking Out From the Top: Differential Effects of Status and Power on Perspective Taking. Personality and Social Psychology Bulletin, 1–15

31 Heike Buchter. New York ist das wahre Zentrum der Macht DIE ZEIT Nr. 43/2016, 13. Oktober 2016

32 Matthias Horx. Digitales Cocooning. Offline als Status. Zukunftsinstitut 02/2016. Online verfügbar unter: https://www.zukunftsinstitut.de/artikel/digitales-cocooning-offline-als-status/ (Abgerufen am: 31. Oktober 2018)

33 Zitelmann, Psychologie der Superreichen. Seite 269.

Ch 5 文化資本

1 Thomas Krause. Kinderalltag in Deutschland: Maximilians Mittwoch. Stern. Online verfügbar unter: https://www.stern.de/familie/familienbande/familienzeit/kinderalltag-in-deutschland-maximilians-mittwoch-3914222.html (Abgerufen am: 31. Oktober 2018)

2 Was erwartet uns 2016? Gespräch mit den Zukunftsforschern Peter Wippermann und Matthias Horx. Hannoversche Allgemeine 1. Januar 2016. Online verfügbar unter: http://www.haz.de/Sonntag/Technik-Apps/Was-erwartet-uns-2016-Vorhersagen-von-Zukunftsforschern (Abgerufen am: 31. Oktober 2018)

3 Arun Jones. Was ich als junger Investmentbanker aus der Unterschicht in London erlebe. Efinancialcareers 16 September 2016. Online verfügbar unter: https://news.efinancialcareers.com/de-de/255722/gastbeitrag-wasich-als-junger-investmentbanker-aus-der-unterschicht-in-london-erlebe (Abgerufen am: 31. Oktober 2018)

4 Die Woche von Lisa Wagner. SZExtra. Süddeutsche Zeitung. Nr. 198

5 Bourdieu, Die feinen Unterschiede, Seite 153.

6 Pierre Bourdieu. Eine illegitime Kunst – Die sozialen Gebrauchsweisen der Photographie. Europäische Verlagsanstalt, Frankfurt, 1981

7 Sarah Levy. Interview mit Alexandra von Rehlingen. Über Geld spricht man (nicht). ZEIT Hamburg Nr. 39/2017, 21. September 2017.

8 Wednesday Martin. Die Primaten von der Park Avenue. Mütter auf Highheels und was ich unter ihnen lernte. Piper 2018.

9 Max Scharnigg. Am Ende der Leiter. Süddeutsche Zeitung, Nr. 114, 19./20./21. Mai 2018, Seite 49

10 Martina Kühne, David Bosshart. Der nächste Luxus. Was uns in Zukunft lieb und teuer wird. GDI Gottlieb Duttweiler Institute 2014. Seite 7.

11 Alexander von Schönburg. Die Kunst des stilvollen Verarmens. Wie man ohne Geld reich wird. Rowohlt 2005. Seite 224

12 Helene Endres. Vorsicht, Fettnapf! Manager Magazin 2. Mai 2007. Online verfügbar unter: http://www.manager-magazin.de/magazin/artikel/a-473245-2.html (Abgerufen am: 31. Oktober 2018)

13 Adolph Freiherr von Knigge. Über den Umgang mit Menschen. S Zenodot Verlagsgesellschaft 2016. Seite 57

14 Ruby Payne. Poverty, Middle Class and Wealth Perspectives. Online verfügbar unter: https://www.slideserve.com/ivi/poverty-middle-class-and-wealth-perspective (Abgerufen am: 31. Oktober 2018)

15 Jan Schmidbauer und Felicitas Wilke. »Die Goldkettchenzeiten sind vorbei«. Montagsinterview mit Jeff Maisel. Süddeutsche Zeitung, 27. August 2018, Seite 18

16 Michael Hartmann. Die Abgehobenen. Wie die Eliten die Demokratie gefährden. Campus 2018. Seite 95

17 Matthias Horx. Somewheres and Anywheres. Auszug aus der Trendstudie Futopolis. Zukunftsinstitut 2018. Online verfügbar unter: https://www.zukunftsinstitut.de/artikel/wohnen/somewheres-anywheres/ (Abgerufen am: 31. Oktober 2018)

18 Jürgen Schmieder. Tänzchen zum Geburtstag. Süddeutsche Zeitung Nr. 170, 26. Juli 2018, Seite 15

19 Jupp Suttner. Hummer oder Würstchen? Süddeutsche Zeitung golf spielen. 3/2018. Seite 24

20 Interview: Sofia Coppola. Petra. Online verfügbar unter: https://www.petra.de/lifestyle/kultur/artikel/interview-sofia-coppola (Abgerufen am: 31. Oktober 2018)

21 Annette Dönisch. Deutsche verstecken ihren Reichtum – das hat psychologische Gründe. Business Insider, 7. Juli 2017. Online verfügbar unter: https://www.businessinsider.de/deutsche-verstecken-ihren-reichtum-das-hat-psychologische-gruende-2017-6 (Abgerufen am: 31. Oktober 2018)

22 Friedericke Gräff. Soziologe Neckel über die Finanzelite: »Kulturelle Allesfresser«. Taz 3. September 2017. Online verfügbar unter: http://www.taz.de/!5441621/ (Abgerufen am: 31. Oktober 2018)

23 Max Scharnigg. Der neue Luxus. Süddeutsche Zeitung, Nr. 75, 31. März / 1. / 2. April 2018. Seite 57

24 Jeremy Greenwood & Nezih Guner & Georgi Kocharkov & Cezar Santos, 2014. »Marry Your Like: Assortative Mating and Income

Inequality«, American Economic Review, American Economic Association, vol. 104(5), pages 348–53, May

25 Elke Krüsmann. Interview mit Kent Nagano. Elle August 2018, Seite 141 bis 143

Ch 6 身體資本

1 Lena Pappasabbas. »Selbstoptimierung ist die Status-Zauberchiffre.« Paula-Irene Villa über den Wandel der Statussymbole. Zukunftsinstitut. Online verfügbar unter: https://www.focus.de/finanzen/boerse/aktien/tid-32876/wirtschaft-feuerwehrmann-an-der-siemens-spitzeseite-2-_aid_1069114.htmlw.zukunftsinstitut.de/artikel/selbstoptimierung-ist-die-status-zauberchiffre-interview/ (Abgerufen am: 31. Oktober 2018)

2 Pierre Bourdieu. Das politische Feld. Zur Kritik der politischen Vernunft. Universitätsverlag Konstanz 2001b. Seite 307.

3 Natalie Wyer. CATEGORY CHANGE: IMPLICIT EFFECTS OF DISREGARDED CATEGORIZATIONS. Society for Personality and Social Psychology. Annual Meeting January 25–27, 2007. Memphis Tennessee. Seite 38 bis 39. Online verfügbar unter: http://spsp.org/sites/default/files/PrintedProgram2007.pdf (Abgerufen am: 31. Oktober 2018)

4 Selina Bettendorf. Attraktivität von Politikern: Schön gewählt. Spiegel online, 10. Januar 2018. Online verfügbar unter: http://www.spiegel.de/politik/deutschland/studie-zur-attraktivitaet-von-politikern-schoenerwaehlen-a-1187152.html (Abgerufen am: 31. Oktober 2018)

5 Halford, Joseph Taylor and Hsu, Scott H. C., Beauty is Wealth: CEO Appearance and Shareholder Value (December 19, 2014). Online verfügbar unter: https://ssrn.com/abstract=2357756 or http://dx.doi.org/10.2139/ssrn.2357756 (Abgerufen am: 31. Oktober 2018)

6 Bjornsdottir, R. Thora; O. Rule, Nicholas. The Visibility of Social Class From Facial Cues. Journal of Personality and Social Psychology 113(4):530–546 · May 2017

7 Nina Degele. Schönheit – Erfolg – Macht. Aus Politik und Zeitgeschichte, 2007. Online verfügbar unter: http://www.bpb.de/apuz/30510/schoenheit-erfolg-macht?p=all (Abgerufen am: 31. Oktober 2018)

8 Umberto Eco. Die Geschichte der Schönheit. Dtv, 2006. Seite 37–38

9 How i get dressed. Giorgio Armani on the importance of taking a ›super-critical‹ look in the mirror. The Guardian 2 Dec 2007. Online verfügbar unter: https://www.theguardian.com/lifeandstyle/2007/dec/02/fashion.features2 (Abgerufen am: 31. Oktober 2018)

10 Jess Cartner-Morley. Get the Davos look: what Sheryl Sandberg teaches us about power dressing. The Guardian, 25 Jan 2016. Online verfügbar unter: https://www.theguardian.com/fashion/2016/jan/25/davos-sherylsandberg-power-dressing-臉書-coo-swiss-winter-conference-highheels (Abgerufen am: 31. Oktober 2018)

11 Silvia Bellezza u.a. The Red Sneakers Effect: Inferring Status and Competence from Signals of Nonconformity. Journal of Consumer

Research 41(1):35–54 · June 2014

12 Inge Kloepfer. Aussehen als Qualifikation: Groß und fit soll der Manager sein. Frankfurter Allgemeine, 06.10.2012. Online verfügbar unter: http://www.faz.net/aktuell/wirtschaft/aussehen-als-qualifikation-gross-und-fitsoll-der-manager-sein-11916116.html (Abgerufen am: 31. Oktober 2018)

13 Tanja Merkle und Jan Hecht. »Gesundheit ist das wichtigste im Leben«. Pharma-Marketing-Journal 6/2011. Seite 22–24

14 Dirk von Nayhauß. »Über Gott steht noch der Künstler«. Chrismon, 07.2018, Seite 40

15 Sandra Navidi: »Hör auf dein Bauchgefühl«. Blog Finanzdiva. Online verfügbar unter: https://finanzdiva.de/sandra-navidi-hoer-auf-deinbauchgefuehl/ (Abgerufen am: 31. Oktober 2018)

16 Peter K. Joshi et al. Genome-wide meta-analysis associates HLA-DQA1/DRB1 and LPA and lifestyle factors with human longevity. Nature Communications. Volume 8, Article number: 910 (2017)

17 Jürgen Schwier. Sport und soziale Ungleichheit. Justus-Liebig-Universität Giessen. Online verfügbar unter: http://www.staff.uni-giessen.de/~g51039/vorlesungVI.htm (Abgerufen am: 31. Oktober 2018)

18 Claudia Voigt. Schön wär's. KULTURSpiegel 4/2007. Seite 19–21.

19 Jennifer Wiebking. Brigitte Macrons Kleidungsstil: Vorbild par excellence. Frankfurter Allgemeine, 15. Mai 2017. Online verfügbar unter: http://www.faz.net/aktuell/stil/mode-design/brigitte-macrons-kleidungsstil-15014475.html (Abgerufen am: 31. Oktober 2018)

20 Kate Branch. Why Joan Didion, at 82, Is Still a Beauty Icon. Vogue, October 12, 2017. Online verfügbar unter: https://www.vogue.com/article/joan-didion-documentary-the-center-will-not-hold-netflix-ageless-beauty-hair-new-york-california (Abgerufen am: 31. Oktober 2018)

21 Regina Stahl. Warum Isabella Rossellini noch einmal eine Modelkarriere startet. Online verfügbar unter: http://www.vogue.de/beauty/beauty-tipps/isabella-rossellini-interview (Abgerufen am: 31. Oktober 2018)

22 Wiebke Hollersen. Die Deutschen haben eine neue Lieblings-Schönheits-OP. Welt, 12. Mai 2017. Online verfügbar unter: https://www.welt.de/gesundheit/article164508285/Die-Deutschen-haben-eine-neue-Lieblings-Schoenheits-OP.html. (Abgerufen am: 31. Oktober 2018)

23 Zukunftsinstititut. Die Zielgruppe ist tot, es lebe der Lebensstil. Online verfügbar unter: https://www.zukunftsinstitut.de/artikel/die-zielgruppeist-tot-es-lebe-der-lebensstil/ (Abgerufen am: 31. Oktober 2018)

24 https://www.zukunftsinstitut.de/artikel/status-schoenheit-unnatuerlich-natuerlich/

25 Marathon-Ergebnis.de. Marathon Ergebnisse ⋯ mit Marathon-Bestenliste für Deutschland. Online verfügbar unter: http://www.marathon-ergebnis.de/FinisherDeutschland.html (Abgerufen am: 31. Oktober 2018)

26 Bourdieu. Die kleinen Unterschiede. Seite 343

27 Daniel Duane. How the other half lifts: What your workout says about your social class. Pacific Standard Jul 23, 2014. Online verfügbar unter: https://psmag.com/social-justice/half-lifts-workout-says-socialclass-85221 (Abgerufen am: 31. Oktober 2018)

28 Kathrin Werner. Aimée Mullins. Sportlerin und Model auf Kunstbeinen. Süddeutsche Zeitung, 13. März 2018.

29 Li Huang (Northwestern University, Evanston) et al.: Psychological Science, Online-Vorabveröffentlichung, doi: 10.1177/0956797610391912dapd/wissenschaft.de

30 Gesundheitsbewusstsein nach Schichtzugehörigkeit. Statista 2018. Online verfügbar unter: https://de.statista.com/statistik/daten/studie/13628/umfrage/gesundheitsbewusstsein-nach-bevoelkerungsschicht/ (Abgerufen am: 31. Oktober 2018)

Ch 7 語言溝通資本

1 Stéphane Côté, Michael W. Kraus. Crossing Class Lines. The New York Times. Oct. 3, 2014

2 Anna-Maria Adaktylos. »Sprache und sozialer Status«. In: Ingolf Erler (Hrsg.). Keine Chance für Lisa Simpson? Soziale Ungleichheit im Bildungssystem. Mandelbaum 2007, Seite 48–55.

3 Andrea Nahles: »Wir müssen als SPD an unserer Sprache arbeiten«. Epoch Times 22. October 2017. Online verfügbar: http://www.epochtimes.de/politik/deutschland/nahles-wir-muessen-als-spd-an-unserer-sprache-arbeiten-a2247609.html (Abgerufen am: 31. Oktober 2018)

4 Pierre Bourdieu, Loïc J.D. Wacquant: Reflexive Anthropologie, Suhrkamp 1996. S. 288

5 Armin Reins, Corporate Language. Hermann Schmidt Mainz 2006 S. 139

6 Anthony Kroch. Dialect and Style in the Speech of Upper Class Philadelphia. Gregory Guy, John Baugh, Deborah Schiffrin & Crawford Feagin, eds. (1995) Towards a Social Science of Language: Papers in Honor of William Labov. Philadelphia: John Benjamins.

7 Labov, W. (1990). The intersection of sex and social class in the course of linguistic change. Language Variation and Change 2: 205–254.

8 Philipp Crone. »So war es wirklich«. Süddeutsche Zeitung, 14. November 2018, Nr. 262. Seite 48.

9 www.rolandberger.com

10 »forsa«-Umfrage: Karl-Theodor zu Guttenberg hätte Chancen auf ein höheres Amt. Presseportal, 30.März 2016. Online verfügbar unter: https://www.presseportal.de/pm/29590/3288316. (Abgerufen am: 31. Oktober 2018)

11 Violetta Simon. Sorgen der Mittelschicht Die Lust am Jammern. Süddeutsche Zeitung, 28. September 2016. Online verfügbar unter: http://www.sueddeutsche.de/leben/sorgen-der-mittelschicht-die-lust-am-jammern-1.3105521 (Abgerufen am: 31. Oktober 2018)

12 Dorothea Assig, Dorothee Echter. Ambition. Wie große Karrieren gelingen. Campus, 2012. Seite 302.

13 Lena Greiner. So haben die Millenials die Arbeitswelt verändert. KarriereSpiegel 01.03.2018. Online verfügbar unter: http://www.spiegel.de/karriere/generation-y-so-haben-die-millennials-die-arbeitswelt-bereits-veraendert-a-1195595.html (Abgerufen am: 31. Oktober 2018)

14 Robin Givhan. Mark Zuckerberg is one of the suits now. He'd better learn to get comfortable in one. The Washington Post, April 10 2018. Online verfügbar unter: https://www.washingtonpost.com/news/arts-and-entertainment/wp/2018/04/10/mark-zuckerberg-wore-a-suit-to-washington-theres-no-going-back-to-hoodies/?noredirect=on&utm_term=.7b-25f242d0d3 (Abgerufen am: 31. Oktober 2018)

15 Interview mit Dr. Peter Kreuz. Erfolg folgt Entschiedenheit. TOP JOB, 05.10.2016. Online verfügbar unter: https://www.topjob.de/news/news-1507.html?newsid=7399 (Abgerufen am: 31. Oktober 2018)

16 G Goffman, Erving: Interaktionsrituale. Über Verhalten in direkter Kommunikation, Frankfurt a. M., 1986. S. 7

17 Konrad Fischer. Vorstellungsgespräch: Erfolg hat, wen der Personaler mag. Interview mit Lauren Rivera. Wirtschaftswoche, 12. Juni 2015. Online verfügbar unter: https://www.wiwo.de/erfolg/beruf/vorstellungsgespraech-erfolg-hat-wen-der-personaler-mag/11862934.html (Abgerufen am: 31. Oktober 2018)

18 Statista. Anzahl der Smartphone-Nutzer in Deutschland in den Jahren 2009 bis 2018 (in Millionen). Online verfügbar unter: https://de.statista.com/statistik/daten/studie/198959/umfrage/anzahl-der-smartphonenutzer-in-deutschland-seit-2010/ (Abgerufen am: 31. Oktober 2018)

19 Julian Schulze. iPhone-Statistik: Vor allem junge Nutzer stehen auf Apple. DeinHandyBlog, 07.11.2017. Online verfügbar unter: https://blog.deinhandy.de/news-und-trends/zahlen-und-fakten/07112017/iphonestatistik-vor-allem-junge-nutzer-stehen-auf-apple (Abgerufen am: 31. Oktober 2018)

20 Moeser Kurt. Neue Grauzonen der Technikgeschichte. KIT Scientific Publishing 2018. Seite 40

21 Roman Deininger und Wolfgang Wittl. Der Größte seiner Art. Süddeutsche Zeitung, Nr 143, Montag, 25. Juni 2018, Seite 3

22 Fatih Akin: »Hamburg ist mir eine Herzensangelegenheit«. Welt, 21. November 2017. Online verfügbar unter: https://www.welt.de/newsticker/dpa_nt/infoline_nt/boulevard_nt/article170812170/Hamburg-ist-mir-eine-Herzensangelegenheit.html (Abgerufen am: 31. Oktober 2018)

Ch8 心理資本

1 Tom Goron, zwölfjähriger Segel-Rekordler. Der Standard, 28. Juni 2018. Online verfügbar unter: https://www.derstandard.de/story/2000082437040/tom-goron-zwoelfjaehriger-segel-rekordler (Abgerufen am: 31. Oktober 2018)

2 Statista. Entwicklung der Studienanfängerquote* in Deutschland von 2000 bis 2017. November 2017. Online verfügbar unter: https://de.statista.com/statistik/daten/studie/72005/umfrage/entwicklung-derstudienanfaengerquote/ (Abgerufen am: 31. Oktober 2018)

3 Pierre Bourdieu, Jean-Claude Passeron. Die Illusion der Chancengleichheit. Untersuchungen zur Soziologie des Bildungswesens am Beispiel Frankreichs. In: »Texte und Dokumente zur Bildungsforschung«, hrsg. vom Max-Planck-Institut für Bildungsforschung; Ernst Klett Verlag, 1971. Seite 39.

4 Alexander Kissler. WM-Aus der deutschen Nationalmannschaft – Sechs Lektionen. Cicero, 28. Juni 2018. Online verfügbar unter: https://www.cicero.de/kultur/nationalmannschaft-joachim-loew-mesut-oezil-fussball-wm-russland (Abgerufen am: 31. Oktober 2018)

5 Webseite Daimler AG. Bertha Benz. Eine Frau bewegt die Welt. Online verfügbar unter: https://www.mercedes-benz.com/de/mercedes-benz/classic/bertha-benz/ (Abgerufen am: 31. Oktober 2018)

6 Lori Cameron, Michael Martinez. »Little girls should be seen, not heard,« she was told. Here's how one-time secretary Susan Eggers defied tradition—and became the first woman to win computer architecture's top award. IEEE.org, July 18, 2018. https://publications.computer.org/micro/2018/07/18/susan-eggers-computer-architect-pioneer-professor/ (Abgerufen am: 31. Oktober 2018)

7 Paul Fussell. Class: Style and Status in the USA. Touchstone 1992.

8 Erich Kocina. Sei nicht wie Pippi, sei wie Annika. Die Presse, 06.November 2016. Online verfügbar unter: https://diepresse.com/home/leben/mode/kolumnezumtag/5113653/Sei-nicht-wie-Pippi-sei-wie-Annika (Abgerufen am: 31. Oktober 2018)

9 Stephan Draf. »Was ist schon perfekt?« mercedes me, Nr. 357. 2.2018, S. 26–32

10 New York Times

11 Maja Brankovic. Wer die meisten Steuern am Staat vorbeischleust. Frankfurter Allgemeine. 1. Juni 2017. Online verfügbar unter: http://www.faz.net/aktuell/wirtschaft/arm-und-reich/neue-forschungserkenntnisse-wer-die-meisten-steuern-am-staat-vorbeischleust-15042313.html (Abgerufen am: 31. Oktober 2018)

12 EY. EMEIA Fraud Survey – Ergebnisse für Deutschland. April 2017. Online verfügbar unter: https://www.ey.com/Publication/vwLUAssets/EY_-_EMEIA_Fraud_Survey_–_Ergebnisse_für_Deutschland_April_2017/$FILE/ey-emeia-fraud-survey-ergebnisse-fuer-deutschland-april-2017.pdf (Abgerufen am: 31. Oktober 2018)

13 Paul Piff. Does Money Make You Mean? TEDxMarin | October 2013. Online verfügbar unter: https://www.ted.com/talks/paul_piff_does_money_make_you_mean/transcript (Abgerufen am: 31. Oktober 2018)

14 Uwe Jean Heuser. »Wir waren durchgeschwitzt. DIE ZEIT Nr. 18/2017, 27. April 2017

15 Andrea Seibel. Wir sind alle Marionetten des Managerschnickschnacks. Welt 19. Dezember 2015 https://www.welt.de/wirtschaft/article150122025/Wir-sind-alle-Marionetten-des-Managerschnickschnacks.html (Abgerufen am: 31. Oktober 2018)

16 The Best-Performing CEOs in the World 2017. Harvard Business Review. From the November–December 2017 Issue. Online verfügbar unter: https://hbr.org/2017/11/the-best-performing-ceos-in-the-world-2017 (Abgerufen am: 31. Oktober 2018)

17 Marion Gräfin Dönhoff. Bilder, die langsam verblassen. Ostpreußische Erinnerungen. Siedler Verlag, 1988. Seite 148.

18 Zitelmann, Seite 363.

19 Andreas Utsch. Psychologische Einflussgrößen von Unternehmensgründung und Unternehmenserfolg. Inaugural-Dissertation zur Erlangung des Doktorgrades der Philosophie des Fachbereiches 06 (Psychologie und Sportwissenschaften) der Justus-Liebig-Universität Gießen 2004. Seite 90

20 Discours de Sheryl Sandberg à Berkeley le 14 mai 2016. Online verfügbar auf: https://www.youtube.com/watch?v=_oLcAJTHWuo (Abgerufen am: 31. Oktober 2018)

21 Annette Lareau. Class, Race, and Family Life, With an Update a Decade Later. University of California Press, September 2011.

22 Volker Blech. Anne-Sophie Mutter: »Rezepte habe ich nur für Pasta-Soßen«. Berliner Morgenpost, 3. April 2016. https://www.morgenpost.de/kultur/article207357281/Anne-Sophie-Mutter-Rezepte-habe-ich-nurfuer-Pasta-Sossen.html (Abgerufen am: 31. Oktober 2018)

23 Reinhard Jellen. »Überraschend wenig komplett Wahnsinnige.« Interview mit Christian Rickens über Reiche in Deutschland. Telepolis, 08. August 2011. Online verfügbar unter: https://www.heise.de/tp/features/Ueberraschend-wenig-komplett-Wahnsinnige-3390693.html (Abgerufen am: 31. Oktober 2018)

24 Heiko Ernst. Weitergeben! Anstiftung zum generativen Leben. Hoffmann und Campe 2008.

25 Frauen in Führungspositionen. Barrieren und Brücken. Heidelberg, März 2010. Beauftragtes und durchführendes Institut: Sinus Sociovision GmbH, Heidelberg. Projektleitung und Autor (Sinus): Dr. Carsten Wippermann. Seite 48.

26 Stanford News. Video of Steve Jobs' Commencement address on June 12, 2005. June 14, 2005. Online verfügbar unter: https://news.stanford.edu/2005/06/14/jobs-061505/ (Abgerufen am: 31. Oktober 2018)

27 Tom Corley. 16 Rich Habits. Success Magazine, September 8, 2016. Online verfügbar unter: http://www.success.com/article/16-rich-habits

(Abgerufen am: 31. Oktober 2018)

28 Kathleen Elkins. Berkshire Hathaway star followed Warren Buffett's advice: Read 500 pages a day. CNBC Make It, 27 March 2018. Online verfügbar unter: https://www.cnbc.com/2018/03/27/warren-buffetts-keytip-for-success-read-500-pages-a-day.html (Abgerufen am: 31. Oktober 2018)

29 Andrea Lehky. Elitelehrlinge und Kreativrecruiting. Die Presse, 11. Dezember 2016. https://diepresse.com/home/karriere/karrierenews/5131076/Elitelehrlinge-und-Kreativrecruiting (Abgerufen am: 31. Oktober 2018)

30 Sarah Berger. How Mark Zuckerberg, Melinda Gates and other leaders approach New Year's resolutions. CNBC Make It, 28 Dec 2017 https://www.cnbc.com/2017/12/28/how-mark-zuckerberg-and-melinda-gatesapproach-new-years-resolutions.html (Abgerufen am: 31. Oktober 2018

結語　你準備躍向顛峰了嗎？

1 Judith Niehues Die Mittelschicht in Deutschland Vielschichtig und stabil. Institut der deutschen Wirtschaft Köln. IW-Trends 1, 2017. Online verfügbar unter: https://www.iwkoeln.de/fileadmin/publikationen/2017/322410/IW-Trends_1_2017_Mittelschicht.pdf (Abgerufen am: 31. Oktober 2018)

2 Alexander Hagelüken. Friedrich Merz: Gehört ein Millionär zur Mitte? Süddeutsche Zeitung, 16. November 2018. Online verfügbar unter: https://www.sueddeutsche.de/wirtschaft/friedrich-merz-millionaer-1.4212376 (Abgerufen am: 21. November 2018)

3 Aristoteles. Nikomachische Ethik. Kindle Edition

4 Dröscher, Daniela. Zeige deine Klasse. Die Geschichte meiner sozialen Herkunft. Hoffmann und Campe 2018. Seite 23

5 Dorothea Assig; Dorothee Echter. Freiheit für Manager. Campus 2018. Seite 114 ff.

Eurasian Publishing Group
圓神出版事業機構
用心與你對話．網野無限寬廣
先覺出版社
Prophet Press

www.booklife.com.tw reader@mail.eurasian.com.tw

人文思潮 168

慣習Habitus：輕鬆做好準備，躍向人生顛峰

作　　者／朵莉絲・馬爾汀 Doris Märtin
譯　　者／劉于怡
發 行 人／簡志忠
出 版 者／先覺出版股份有限公司
地　　址／臺北市南京東路四段50號6樓之1
電　　話／（02）2579-6600・2579-8800・2570-3939
傳　　真／（02）2579-0338・2577-3220・2570-3636
副 社 長／陳秋月
資深主編／李宛蓁
責任編輯／劉珈盈
校　　對／林淑鈴・劉珈盈
美術編輯／李家宜
行銷企畫／陳禹伶・黃惟儂
印務統籌／劉鳳剛・高榮祥
監　　印／高榮祥
排　　版／陳采淇
經 銷 商／叩應股份有限公司
郵撥帳號／ 18707239
法律顧問／圓神出版事業機構法律顧問蕭雄淋律師
印　　刷／祥峰印刷廠
2023年11月　初版
2024年5月　5刷

Habitus: Sind Sie bereit für den Sprung nach ganz oben?
by Doris Märtin

定價 460 元　ISBN 978-986-134-476-8

企圖心強的人必須大幅改變慣習。

擁有愈充裕的知識、金錢、文化、社交、語言、身體和精神這七大資本，就愈容易改變慣習。

——《慣習Habitus：輕鬆做好準備，躍向人生顛峰》

國家圖書館出版品預行編目資料

慣習 Habitus：輕鬆做好準備，躍向人生顛峰／朵莉絲．馬爾汀 Doris Märtin 著；劉于怡譯．
-- 臺北市：先覺出版股份有限公司，2023.11
400 面；14.8×20.8 公分
譯自：Habitus: Sind Sie bereit für den Sprung nach ganz oben?
ISBN 978-986-134-476-8（平裝）
1. 成功法　2. 生活指導

177.2　　　　12016102